Vladimir Vertlib
Spiegel im fremden Wort

W0059548

THELEM
2008

Die Dresdner Chamisso-Poetikdozentur wird von der Robert Bosch Stiftung gefördert, die auch den Druck der ersten Auflage dieses Buches freundlich unterstützt hat.

Vladimir Vertlib

SPIEGEL IM FREMDEN WORT

Die Erfindung des Lebens als Literatur

Dresdner Chamisso-Poetikvorlesungen 2006

Mit einem Nachwort von Annette Teufel und
Walter Schmitz sowie einer Bibliographie

THELEM

2008

Bibliographische Information der Deutschen Bibliothek
Die Deutsche Bibliothek verzeichnet diese Publikation in der Deutschen
Nationalbibliographie; detaillierte bibliographische Daten sind im Internet über <http://dnb.ddb.de> abrufbar.

Bibliographic information published by Die Deutsche Bibliothek
Die Deutsche Bibliothek lists this publication in the Deutsche
Nationalbibliographie; detailed bibliographic data is available in the
internet at <http://dnb.ddb.de>.

ISBN 978-3-939888-69-7

Titelbild: Annette Teufel
Druck und Bindung: Pbtisk s.r.o. Příbram.
Gedruckt auf säurefreiem, alterungsbeständigem Papier
nach DIN 53124 und DIN-ISO 9706.
Made in EU.

Für meine Mutter

1. VORLESUNG

DIE ERFINDUNG DES LEBENS ALS LITERATUR

Emigration und »autobiographisches« Schreiben

Seit im Jahr 1995 mein erstes Buch veröffentlicht wurde, habe ich etwa vierhundert Lesungen gehalten. Ich las in Buchhandlungen und Literaturhäusern, in Bibliotheken und Schulen, auf Buchmessen, in Restaurants, Kaffeehäusern und Bierstuben. Die Lesungen brachten mich nach Deutschland und in die Schweiz, nach Italien, Polen und Schweden, nach Norwegen und Tschechien, nach Slowenien, Israel und in die USA. Am Anfang führte ich noch penibel Buch darüber, notierte Ort, Datum und Uhrzeit, beschrieb meine Eindrücke und legte alles in einem Ordner mit der Aufschrift *Lesereisen* ab. Auf diese Weise gelang es mir, meine Angst vor dem, was bei einem öffentlichen Auftritt alles schiefgehen kann, zu bannen. Irgendwann, kurz vor der Jahrtausendwende, gab ich das Zählen auf. Spätestens zu diesem Zeitpunkt verfügte ich über genug Routine, um das Vorlesen, vor allem aber das anschließende Gespräch mit dem Publikum, zu genießen. Als man mich vor einiger Zeit zu einer »Poetikdozentur« einlud, kehrte jedoch die alte Angst zurück.

Selbstverständlich sagte ich sofort zu. Ängste können hilfreich sein, wenn man kreative Herausforderungen sucht, und der alte Ordner steht ja weiterhin – neben zahlreichen anderen – in meinem Bücherregal. Ich kann ihn jederzeit herausholen, wenn ich ihn brauche.

Dennoch habe ich beschlossen, es mir nicht schwerer als nötig zu machen. Ich sehe es nicht als meine Aufgabe an, wissenschaftliche oder literaturhistorische Konzepte zu entwickeln (ich bin Schriftsteller und kein Germanist). Ich möchte vielmehr in erster Linie meine Literatur vorstellen, meinen persönlichen literarischen Werdegang nachzeichnen und über Erfahrungen berichten, die zum Nachdenken anregen und Stoff für Diskussionen bieten sollen. Mein Ziel wird es sein, aus der Schilderung meiner Entwicklung als Autor eine Grundlage herzuleiten, um vielleicht über die Möglichkeiten und Grenzen von Literatur im Allgemeinen sprechen zu können.

Meine erste Vorlesung ist dem Thema eines vermeintlich »autobiographischen« Schreibens gewidmet. In den folgenden Vorlesungen werde ich mich unter anderem damit beschäftigen, wie aus Emigrationserfahrungen und Familienlegenden historische Texte entstehen, ich will über Chancen, Möglichkeiten und Grenzen von Literatur in einer Fremdsprache nachdenken, einige Überlegungen darüber entwickeln, ob es Moral und Ethik in der Literatur geben kann oder soll, und einige Beispiele zur Rezeption meiner Literatur vorstellen, an denen erkennbar wird, wie Literatur im deutschsprachigen Raum wahrgenommen und eingeordnet wird.

Zu jedem der fünf Vorlesungsthemen habe ich Texte aus meinen Romanen oder Essays ausgewählt. Ich betrachte sie als integrale Bestandteile meiner Vorlesungen. Poetik macht, meiner Ansicht nach, nur dann Sinn, wenn das Werk sie beglaubigen kann.

Ich beginne mit einem Ausschnitt aus meinem Roman *Zwischenstationen*, in dem von den Irrwegen einer russisch-jüdischen Familie auf der Suche nach einer »idealen Heimat« berichtet wird, weil diese Passagen – wie der gesamte

Roman – besonders dazu provozieren, als Autobiographie gelesen zu werden.

Die folgende Episode spielt zu Beginn der Siebzigerjahre in Wien. Der Protagonist und spätere Ich-Erzähler ist sechseinhalb Jahre alt. Zwei Jahre zuvor sind seine Eltern mit ihm aus der Sowjetunion nach Israel emigriert. Doch das neue Heimatland entspricht nicht den Erwartungen seiner Eltern. Bürokratie, Korruption und soziale Ungleichheit erzeugen bei manchen Immigranten die bedrückende Vorstellung, sie seien in die »sechzehnte Sowjetrepublik« gelangt. (Die Sowjetunion selbst bestand aus fünfzehn Republiken.) Enttäuscht vom »jüdischen Heimatland«, reisen auch die Eltern des Protagonisten wieder aus Israel ab und kommen als Gastarbeiter nach Österreich, wo sie allerdings – mit den Vorurteilen und der Fremdenfeindlichkeit der Einheimischen konfrontiert – genauso wenig glücklich werden können:

Aus *Zwischenstationen*:[1]

Eine Wohnung zu finden, erwies sich als schwieriges Unterfangen. Mutter schnitt aus den Tageszeitungen die Wohnungsanzeigen aus und ging damit zur nächsten Telephonzelle. Eine halbe Stunde später kam sie meist niedergeschlagen zurück. Man vermiete nicht an Ausländer, habe man ihr gesagt, kaum dass sie den Mund aufgemacht habe. […] Doch schließlich hatte Mutter Erfolg, und wir konnten in unsere neue Wohnung einziehen. Das Haus […] lag […] in der Brigittenau, an einer baumlosen Straße, gesäumt von grauverputzten, alten Zinshäusern aus der Zeit um 1900. Die Wohnung war relativ billig. Die Toilette befand sich zwar am Gang, doch in der Küche gab es ein Waschbecken mit Kaltwasseranschluss, und im Zimmer standen ein schönes Doppelbett, ein richtiges, solides Einzelbett für mich, zwei Schränke, ein Schreibtisch, vier Stühle: der reinste Luxus.

Meine Eltern wären zufrieden gewesen, hätte es da nicht das ältere Ehepaar im Haus vis-à-vis gegeben, das den ganzen Tag am Fenster stand und in unsere Wohnung starrte. Pünktlich um neun Uhr morgens waren sie da. Der Mann immer mit Anzug und Krawatte, die Frau mit Spitzenkragen, Perlenkette und Hütchen mit Feder. Sie standen dort, bei offenem Fenster, die verschränkten Arme auf das Fensterbrett gestützt, bei jedem Wetter, bei fast jeder Temperatur. Manchmal zog die Frau einen Mantel an, der Mann band sich einen Schal um, und nur wenn das Thermometer unter Null sank, blieb das Fenster geschlossen. Wie erstarrt wirkten die zwei, bewegungslos sahen die beiden Augenpaare stundenlang zu uns herüber. Um zwölf verschwanden sie, wohl um zu Mittag zu essen, schlossen das Fenster und kamen wieder um Viertel nach eins. Man konnte die Uhr danach stellen. Erst um Punkt fünf Uhr nachmittags war die Vorstellung zu Ende – bis zum nächsten Morgen.

Vater tobte, denn in unserer Wohnung gab es weder Vorhänge noch Rollläden. Er zeigte den beiden die Faust, beugte sich aus dem Fenster und rief ihnen russische Schimpfwörter zu. All das zeitigte keine Wirkung. Die Gesichter blieben ernst und unbeweglich, wachsfarben, als wären sie nicht aus Fleisch und Blut, sondern ein Relief aus längst vergangener Zeit, einer Stuckdekoration gleich, ähnlich den Köpfen von Putten, Medusen und Titanen an der Fassade ihres Hauses.

Dann ging Vater auf Mutter los, verlangte von ihr, sie sollte etwas gegen dieses ungeheuerliche Eindringen in unsere Privatsphäre unternehmen. Doch Mutter weigerte sich, das ältere Ehepaar im Haus gegenüber aufzusuchen. »Glaubst du, sie werden ihre liebste Tagesbeschäftigung einfach so aufgeben?«, fragte sie. »Der Blick in unsere Wohnung ist vielleicht ihr einziger Kontakt mit der Außenwelt.«

»Ja, aber auf unsere Kosten!«, schrie Vater. »Irgendwann stelle ich mich nackt vors Fenster, strecke ihnen meinen Hintern entgegen und schaue, was passiert.«

Schon bald setzte Vater seine Ankündigung in die Tat um. Ich war entzückt, lief durch die Wohnung und klatschte in die Hände, während Mutter in der Küche verschwand und fast den ganzen Tag lang nicht mit Vater redete. Doch die Adressaten des obszönen Spektakels hatten auf Vaters nacktes Hinterteil gestarrt, ohne auch nur einen Gesichtsmuskel zu verziehen.

Schließlich gewöhnten wir uns an die Anwesenheit der ungebetenen Gäste, als gehörten sie zum Wohnungsinventar.

Ich wurde 1966 in Leningrad, UdSSR, geboren. Die Emigration meiner Eltern, die 1971 ihr Heimatland verlassen mussten, hatte mehrere Stationen: Israel – Österreich – Italien – Österreich – Niederlande – wieder Israel – wieder Italien – wieder Österreich – USA – und schließlich endgültig Österreich. Der Einwanderungsversuch in die USA endete mit Schubhaft und Abschiebung. Was ursprünglich nur als Übersiedlung aus der UdSSR nach Israel geplant gewesen war, entwickelte sich in der Folge zu einer Anzahl weiterer Emigrationen und Remigrationen, einer mehr als zehn Jahre dauernden Pendelroute zwischen verschiedenen Exilstationen.

Das Land Israel war zwar nicht die »sechzehnte Sowjetrepublik«, doch es entsprach kaum den naiven, idealistischen Erwartungen meiner Eltern. Insbesondere mein Vater hatte die Vorstellung von einer »sozialistischen Utopie«, die ein prägender Faktor seiner sowjetischen Sozialisation und Erziehung gewesen war, durch eine entsprechende »zionistische Utopie« ersetzt. Die Utopie einer realen Freiheit, annähernder Sicherheit und einer umfassenden Solidarität war eine Spiegelung jenes kindlichen Traums vom Ausstieg aus den Zwängen und Abgründen der menschlichen Existenz, die sehr gerne von Menschen, die in repressiven Gesellschaften und Systemen leben, auf die so genannte »freie Welt« projiziert wird. Als typischer »Homo Sovieticus« dachte mein Vater in Kategorien von Schwarz und Weiß. Grautöne, Schattierungen oder Farben verunsicherten ihn eher, als dass sie sein Leben bereicherten. Er bevorzugte Dogmen, wo es kritisch zu hinterfragen galt, suchte nach klaren Antworten und einfachen Lösungen, wo es besser gewesen wäre, Uneindeutigkeit und Offenheit zuzulassen. Die »ideale Heimat«, die er suchte, existierte nur in seiner Phantasie. Das »bessere Leben« blieb eine Illusion.

In Österreich, der »Heimat Adolf Hitlers«, einem Land, in dem Antisemitismus und Ausländerfeindlichkeit alltägliche Realität waren, wollte er nicht bleiben. Die USA, Kanada oder Australien nahmen nur qualifizierte Fachkräfte auf (das in der Sowjetunion abgeschlossene Jusstudium meines Vaters war dort nichts wert), und in den Niederlanden oder der Schweiz gab es schon genug andere Gastarbeiter – die Regierungen dieser Länder hatten einen Zuwanderungsstopp verhängt. Die Emigrationsversuche meiner Eltern waren zum Scheitern verurteilt. Sie waren schlecht vorbereitet und dilettantisch durchgeführt. Es scheint, als wären sie von meinem Vater bewusst so arrangiert worden, um nicht zu gelingen. Das Scheitern schützte vor Enttäuschungen. Es schützte davor, die eigenen Grenzen zu erkennen und in ihrer Endgültigkeit zu akzeptieren, und vor allem schützte es vor der Banalität des Lebens, das dem Gelingen folgen könnte.

Meine Mutter hatte die destruktive Energie, die hinter unserer Odyssee stand, schon früh erkannt. Wenn es nach ihr gegangen wäre, hätten wir wahrscheinlich Russland niemals verlassen oder wären in Israel geblieben. Doch letztlich war sie diejenige, die den Großteil der Last und der Verantwortung zu tragen hatte. Sie lernte die Sprachen der Immigrationsländer, fand Arbeit, suchte Behörden auf und kümmerte sich um jene Seiten des Alltags, die für meinen Vater angeblich zu mühsam gewesen wären. In einer Mischung aus Selbstverleugnung und Pflichterfüllung unternahm sie alles, um ihre eigene Illusion am Leben zu erhalten: eine intakte Familie, die dem Kind – also mir – Geborgenheit und Sicherheit bot.

Aus *Zwischenstationen*:[2]

Mutter fand bald Arbeit als Stickerin in einer Manufaktur, wo Tiroler Lodenjacken hergestellt wurden. Wenige Monate später wurde sie »aus Einsparungsgründen« wieder entlassen. Madame Friedmann vermittelte sie an wohlhabende jüdische Familien, für die sie an den Vormittagen die Wohnung putzte, während sie an den Nachmittagen für die Sauberkeit in der Zentrale einer großen Versicherungsgesellschaft zu sorgen hatte. Vater fand Arbeit im Magazin der Wiener Universitätsbibliothek. Ich erinnere mich noch gut an die Wochen, die er auf eine definitive Zusage aus dem Personalbüro der Bibliothek warten musste. »Bevor wir einen Ausländer einstellen, müssen wir sicher sein, dass sich für diese Arbeit kein Österreicher findet«, hatte man ihm erklärt. Das sei Vorschrift. Ein Österreicher fand sich in jener Zeit annähernder Vollbeschäftigung nicht, und Vater wurde eingestellt.

Solange er noch zu Hause war, holte mich Vater von der Schule ab und verbrachte mit mir die Nachmittage. Er kontrollierte meine Hausaufgaben und wunderte sich, wie schnell ich Deutsch lernte. »In unserer Klasse gibt es zehn Ausländer«, erklärte ich. »Die Lehrerin lobt mich oft, dass ich besser bin als diese Türken.« Vater ermahnte mich, ich solle nicht so abschätzig von »diesen Türken«

sprechen, sie seien nicht schlechter als ich. Aber ich hatte es gar nicht abschätzig gemeint, denn die türkischen Kinder wurden von allen nur »diese Türken« genannt, und sogar das türkische Mädchen, das neben mir auf der Schulbank saß und sonderbarerweise nicht nur eine Hose, sondern darüber auch noch einen Rock trug, sagte manchmal: »Ich bin eine von diesen Türken.«

Meine Eltern bemühten sich um einen Tagesheimplatz für mich. Man vertröstete sie auf später. Es gebe unzählige Interessenten und eine lange Warteliste, hieß es. Österreichische Staatsbürger mit dem richtigen Parteibuch brauchten nicht so lange zu warten. Aber das wussten meine Eltern damals noch nicht. Und wenn sie es gewusst hätten, hätte es ihnen auch nicht viel geholfen.

»In diesem Land«, beschwerte sich Mutter, »erwartet man von einer Frau mit Kind, dass sie zu Hause bleibt. Als ob wir uns so was leisten könnten. In Russland arbeiten fast alle Frauen. Die meisten Ärzte sind Frauen. Hier ist es ja noch fast wie im Mittelalter. Sogar den Familiennamen des Mannes müssen die Frauen annehmen. So ist er eben, dein fortschrittlicher Westen.«

»Das ist nicht mein Westen«, widersprach Vater. »Und zu welchen Konditionen arbeiten sie denn in Russland, die Frauen?«

Eines Tages wartete nicht Vater, sondern Mutter vor der Schule auf mich. Vater habe heute seinen ersten Arbeitstag, erklärte sie mir, und auch sie müsse spätestens um zwei Uhr in der Versicherungsgesellschaft sein.

Nach dem Mittagessen beugte sie sich herunter zu mir, so dass ihr Gesicht ganz nahe an dem meinen war, und erklärte, ich müsse jetzt tapfer sein. Die Nachmittage werde ich ab nun allein verbringen müssen, etwas Ungewohntes für mich, aber für alles müsse es ein erstes Mal geben. »Es kann dir überhaupt nichts passieren«, sagte sie und gab ihrer Stimme eine betont sorglose, fast fröhliche Note. »Das Haus ist voller Menschen. Du bist also nicht allein. Und stell dir vor: Die ganze Wohnung gehört jetzt dir! Ist das nicht toll? Du kannst herumlaufen und spielen, soviel du willst. Nur mach nichts kaputt. Auf dem Küchentisch findest du zwei Gläser Orangensaft und eine Tafel Schokolade.«

Dann zeigte sie mit dem Finger auf die Uhr, die an der Wand hing und die uns die Vormieter zurückgelassen hatten: »Wenn der kleine Zeiger auf die Fünf zeigt, kommt dein Vater heim. Wenn der große Zeiger eine Runde gemacht hat, ist eine Stunde um. Es sind noch vier Runden, die der Zeiger zu machen hat, denn jetzt ist es erst eins.«

Ich geriet in Panik. Vier lange Stunden allein! Ich klammerte mich an den Rock meiner Mutter und bat sie, bei mir zu bleiben.

»Red keinen Unsinn«, sagte sie. »Du weißt doch, dass ich Geld verdienen muss.«

Ich begann zu weinen.

Sie umarmte mich und flüsterte: »Hab keine Angst! Hab keine Angst! … Hör auf zu weinen, verdammt!«

Aber ich hörte nicht auf.

Sie zögerte, seufzte, warf mir einen besorgten Blick zu, schüttelte den Kopf, murmelte etwas, das ich nicht verstand. Dann ging sie und zog die Tür hinter sich zu. Ich hörte, wie ihre Schritte am Gang und auf der Stiege verhallten.

Die erste halbe Stunde gehe ich in der Wohnung auf und ab. *Das Haus ist voller Leute, es kann mir nichts geschehen.* Immerfort wiederhole ich diesen Satz. Dann mache ich schnell meine Hausaufgaben, schaue auf die Uhr: es ist halb drei.

Ich sitze am Schreibtisch und kann meinen Blick nicht von der Uhr losreißen. Angelötet an das Zifferblatt erscheinen mir die Zeiger. Vielleicht, schießt es mir durch den Kopf, ist die Uhr einfach stehengeblieben. Vielleicht ist es schon halb fünf oder sogar fünf. Jeden Augenblick kann Vater da sein. Ich lausche den Schritten draußen vor der Tür. Dann beginne ich die Sekunden zu zählen. Sechsmal zehn Finger ist eine Minute, hat man mir erklärt. Nacheinander biege ich die Finger um, balle die Fäuste, beginne die Hand zu öffnen. Nach dem dritten Mal schaue ich auf die Uhr: Der große Zeiger ist tatsächlich um eine Minute vorgesprungen. Die Uhr ist also nicht stehengeblieben.

Ich beiße mir in den Zeigefinger der rechten Hand. Was ist, wenn meine Eltern in der großen Stadt verlorengegangen sind, denke ich. Ich weiß, dass die Einheimischen die Aussprache der Eltern oft nicht verstehen, so wie sie sich mit dem Dialekt der Wiener schwertun. »Das ist nicht die Sprache, die ich einmal gelernt habe«, hat Mutter, die in Russland Deutsch als Fremdsprache in der Schule hatte, oft erklärt.

Und was, wenn meine Eltern mich allein gelassen haben, weil sie meiner überdrüssig geworden sind? Vielleicht sitzen sie schon im Flugzeug nach Israel oder Russland. Ich aber werde tagelang hier auf sie warten, bis ich verhungere, denn es gibt niemanden mehr, der sich um mich kümmert, niemanden, der irgendein Interesse an mir hat ...

Ich schaue aus dem Fenster. Gegenüber beobachtet das ältere Ehepaar, wie ich verzweifelt im Zimmer auf und ab laufe. Ich öffne das Fenster, beginne, so laut ich kann, zu weinen, winke. Die beiden beobachten mich weiterhin aufmerksam, ohne in irgendeiner Weise zu reagieren. Ihre Gesichter bleiben ernst und konzentriert, wie eh und je.

Ich öffne die Wohnungstür. Unten im Erdgeschoß sind Schritte zu hören. Ich heule los und gehe hinaus auf den Gang. Es vergeht etwa eine Minute, dann steht ein großer, beleibter Mann vor mir. Ich weine und reibe mir die Augen. Der Mann mustert mich von oben bis unten, zuckt mit den Achseln und geht weiter. Bestärkt in meinen Befürchtungen, dass ich allen Menschen gleichgültig bin, brülle ich so laut los, dass es bestimmt bis hinunter auf die Straße zu hören ist.

Die Tür zur Nachbarwohnung wird geöffnet. Ein Mann in Unterhemd, Shorts und Hausschuhen, mit dichten, leicht ergrauten Haaren auf der Brust und einer Zigarette im Mundwinkel, kommt heraus.

»Was is 'n da los?«, schreit er. »Halt endlich die Papp'n, sonst tusch i' da aane.«

Vorsichtshalber mache ich ein paar Schritte Richtung Wohnung, ergreife die Türklinke, bereit, jeden Augenblick den Rückzug anzutreten. »Meine Eltern sind nicht da, und allein habe ich Angst«, sage ich schüchtern.

»Das ist mir doch wurscht!«, schreit der Mann. Und: »Bist du ein Tschusch?«, fragt er.

Ich nicke.

»Eh klar! Man sollte euch endlich alle raushauen. Früher, da ist man mit euch noch anders verfahren! Bagage, elendigliche.«

Bagage? Ich verstehe nicht, warum meine Eltern Gepäck sein sollen. »Meine Eltern sind keine Koffer«, schluchze ich.

»Doch!«, brüllt der Mann. »Vollkoffer.«

Als Vater heimkam, fand er mich weinend auf dem Bett vor. Ich erzählte ihm, was der Nachbar von nebenan gesagt hatte. Den ganzen Abend lang schrie mein Vater meine Mutter an. »Wir dürfen uns so etwas nicht gefallen lassen«, ereiferte er sich. »Wir müssen gegen diesen Faschisten etwas unternehmen. Er muss verstehen, dass er nicht einfach ungestraft...«

»Was sollen wir denn tun?«, unterbrach ihn Mutter.

»Ich gehe zu ihm rüber und werde ihm eine solche Ohrfeige geben, dass ... «

»Und dann kommt die Polizei, und du kommst ins Gefängnis, und wir werden bald alle nach Israel abgeschoben oder einfach an die nächste Grenze gebracht und auf Nimmerwiedersehen.«

Langsam beruhigte sich Vater wieder.

Schweigend aßen wir zu Abend.

Es sei schon beschämend, das kleine Kind allein zu Hause lassen zu müssen, sagte Vater schließlich.

»Oh Gott«, seufzte Mutter, »es ist nicht das erste Mal in unserem Leben, dass wir etwas tun, das eigentlich beschämend ist, und es wird nicht das letzte Mal bleiben.«

Mein Vater war Ende der Sechzigerjahre Mitglied einer illegalen zionistischen Vereinigung in Leningrad gewesen. Die Organisation bestand aus einer Reihe lose miteinander verbundener und nur sporadisch gemeinsam operierender Kleingruppen, die für das Recht der sowjetischen Juden kämpften, nach Israel ausreisen zu dürfen.

Die Tätigkeit der Mitglieder dieser Gruppen war vielfältig. Sie druckten illegale Broschüren zur Geschichte des Judentums und des Zionismus, organisierten Vorträge und Hebräischsprachkurse und knüpften Kontakte nach Israel und zu zionistischen Untergrundorganisationen in anderen sowjetischen Städten. Außerdem verfassten sie Briefe an den Obersten Sowjet, in denen sie das Recht auf Auswanderung einforderten. Kopien dieser Briefe wurden von ausländischen Diplomaten in den Westen geschmuggelt und dort in Zeitungen veröffentlicht. Im Juni 1970 wurden zahlreiche Aktivisten verhaftet. Einige von ihnen hatten eine Flugzeugentführung nach Schweden geplant. In den Monaten danach war es vor allem mein Vater, der die Familien der Verhafteten unterstützte, Geld für sie sammelte und für deren rechtlichen Beistand sorgte ...

Nach der Februarrevolution 1917 wurden alle Beschränkungen, denen Juden im zaristischen Russland unterworfen gewesen waren, aufgehoben. Das kommunistische Regime bemühte sich vorerst, die jüdische Bevölkerung in die sowjetische Gesellschaft zu integrieren. Religiöse Institutionen wurden allerdings – so wie die aller anderer Religionsgemeinschaften – zerschlagen oder der staatlichen Kontrolle unterstellt. Erst Mitte der Vierzigerjahre wurden die sowjetischen Juden erneut zu einer diskriminierten Minderheit, wobei die Zugehörigkeit zum Judentum nun nicht mehr religiös, sondern »rassisch« definiert wurde. Jude war, wer von Juden abstammte und einen entsprechenden Vermerk in seinem Personalausweis hatte. Die diesbezügliche Rubrik mit der Bezeichnung »Nationalität« war schon in der Zwischenkriegszeit eingeführt worden und sollte – so die offizielle Begründung – dem Schutz der Minderheiten dienen. Erst im postkommunistischen Russland wurde dieser Punkt im Personalausweis wieder gestrichen.

In der Stalinzeit wurden zahlreiche jüdische Intellektuelle, Wissenschaftler und Künstler unter dem Vorwurf des »Kosmopolitismus« verhaftet. Einige wurden hingerichtet, andere verschwanden in Lagern. Juden in leitenden Positionen verloren ihre Arbeit, viele durften nicht studieren oder erhielten nicht jene Ausbildung, die sie sich wünschten. Außerdem schürten die Behörden bewusst den Antisemitismus in der Bevölkerung, um von den eigentlichen gesellschaftlichen Problemen abzulenken. Antisemitische Karikaturen in Zeitungen, die so genannte »Kosmopoliten« und »vaterlandslose Gesellen« darstellen sollten, gehörten ebenso dazu wie die permanente Nennung jüdischer Namen im Zusammenhang mit Gerichtsverfahren gegen »Landesverräter« oder »Spekulanten«.

Immer öfter hatten Juden oder Menschen, die »jüdisch aussahen«, mit Beleidigungen oder tätlichen Übergriffen zu rechnen. Eine von Stalin geplante »Endlösung« der Judenfrage – die Deportation aller Juden in unwirtliche Gegenden Sibiriens – wurde durch den Tod des Diktators im März 1953

verhindert. Seine Nachfolger sagten den geplanten Massenmord ab. Wahrscheinlich waren sie pragmatisch genug, um
zu erkennen, dass eine von ihnen initiierte »zweite *Schoa*«
der Sowjetunion international schaden oder sie gar isolieren
würde. Zu einer grundsätzlichen Abkehr vom Antisemitismus
kam es aber erst unter Michail Gorbatschow.

Der erste Antrag meiner Eltern auf Auswanderung wurde
im Jahre 1969 abgelehnt. Danach mussten sie behördliche
Schikanen und eine ständige Überwachung über sich ergehen
lassen. Freunde und Verwandte distanzierten sich von ihnen,
weil sie fürchteten, der Kontakt mit »Landesverrätern« könnte
ihnen schaden. Als meine Eltern schließlich doch ausreisen
durften, war die zionistische Organisation, der mein Vater
angehört hatte, zerschlagen. Viele führende Mitglieder saßen
im Gefängnis, andere mussten jederzeit mit ihrer Verhaftung
rechnen. Wieder andere durften ausreisen. Die Machthaber
hatten einmal mehr demonstriert, dass Willkür zu den wirk-
samsten Methoden der Demütigung zählt.

Nach der Emigration hat es fast fünfzehn Jahre gedauert, bis
ich die notwendige Distanz zu haben glaubte, um über meine
Erlebnisse als Kind und als Jugendlicher zu reflektieren und sie
zu Literatur zu verdichten. So entstand mein erstes Buch, eine
längere Erzählung, eigentlich ein Kurzroman, mit dem Titel
*Abschiebung.*³ Um dessen Entstehung zu verdeutlichen – und
das führt mich wieder zum Kern des Themas, der Erfindung
des eigenen Lebens als Literatur – scheint mir ein Ausschnitt
aus meinem Essay *Der subversive Mut zur Naivität* besonders
geeignet zu sein:

Als ich vierzehn Jahre alt war, versuchten meine Eltern
nach Amerika auszuwandern. Meine Eltern und ich
waren Emigranten und zu diesem Zeitpunkt schon seit
zehn Jahren unterwegs. Doch die US-Behörden waren
der Ansicht, dass unsere Gegenwart keine Bereicherung
für ihr Land sei. Nach einem Jahr vergeblichen Wartens
auf eine Aufenthaltsgenehmigung, nach zahlreichen
ermüdenden Behördengängen und nach Dutzenden ab-
geschickten Bittbriefen, wurden wir aus den Vereinigten
Staaten abgeschoben.

In jener Zeit begann ich, Tagebuch zu führen. Ich
versuchte, alles festzuhalten, was ich nie mehr vergessen wollte. Doch was ich vergessen musste, vergaß ich
schließlich trotzdem, und was ich aufschrieb, war bald
keine Chronik mehr. Die Wirklichkeit erschien mir
als karge und trockene Oberfläche dessen, was ich als
eigentliche Wahrheit hinter der Wirklichkeit zu erkennen
glaubte. Es war nicht allzu schwer, zu dieser Wahrheit
vorzustoßen. Ich brauchte sie nur zu erfinden. Dabei
gab ich selten dem Wunsch nach, die Ereignisse so niederzuschreiben, wie ich sie gerne erlebt hätte. Mogeln
wollte ich nicht. Phantasie war eine ernste Angelegenheit.
Manchmal versuchte ich mir vorzustellen, was geschehen wäre, wenn ich in bestimmten Situationen anders
reagiert hätte. Dann fügte ich Traumsequenzen oder
kleine Zusatzerzählungen ein. Zur Realität der Welt in
ihrer Gesamtheit gehörte immer auch der Konjunktiv.
Die Realität der Welt war vielschichtiger als die Realität
der Fakten, aber ich vergaß nie, auf welcher Bewusst-
seinsebene ich mich gerade befand.

Ich akzeptierte die Fakten, doch hinderte mich das
nicht daran, diesen meine eigenen hinzuzufügen. So

suchte ich zum Beispiel nach aufschlussreichen biographischen Details aus dem Leben der leitenden Beamten der Einwanderungsbehörde, um damit ihr Verhalten und ihre charakterlichen Eigenschaften zu erklären. Bald wurde ich fündig (besser gesagt – erfündig). Ich stellte fest, dass Mr. Feldman, der Chef des Einwanderungs- und Integrationsamtes von Boston, Schwierigkeiten mit seiner Potenz hatte. Da er nicht den Mut aufbrachte, gegen seine Frau aufzubegehren, die ihn jedes Mal verhöhnte, wenn er im Bett versagt hatte, musste er seine aufgestaute Wut an Zuwanderern und Flüchtlingen auslassen. Seine Stellvertreterin Mrs. Shea litt an einer unangenehmen chronischen Hautkrankheit. Ihre permanent schlechte Laute kam ohne Zweifel daher, dass es ihr im Büro nicht möglich war, die Bluse auszuziehen oder den Rock hochzuheben, um sich zu kratzen. Die meisten ihrer Entscheidungen, Flüchtlinge in Schubhaft zu nehmen oder abzuschieben, waren auf den von Stunde zu Stunde stärker werdenden Juckreiz zurückzuführen.

Je umfangreicher mein Tagebuch wurde, desto plastischer und facettenreicher wurden die Geschichten »hinter den Fakten«: Mr. Feldman hatte eine dominante Mutter, die ihn täglich im Büro anrief, um zu erfahren, ob er ordentlich gefrühstückt, den Wagen getankt und eine frische Unterhose angezogen habe. Mrs. Shea glaubte, ihre Hautallergie stamme von einer seltenen Bakterienart, die von einem Flüchtling nach Amerika eingeschleppt worden sei. An den Grenzen der USA begann die Welt des Lasters und der gefährlichen Keime. Das war der Grund, warum Mrs. Shea Ausländern nie die Hand gab …

Später, als ich schon seit vielen Jahren in Österreich lebte, übersetzte ich meine Tagebücher aus dem Russischen, meiner Muttersprache, ins Deutsche. Dabei veränderte oder ergänzte ich manches, strich einige Passagen weg und schuf so die Grundlage für *Abschiebung*, mein erstes Buch. Bis das Manuskript schließlich fertig war, mussten aber noch viele weitere Transformationsschritte durchlaufen werden.

Die meisten meiner Geschichten sind auf diese Weise entstanden – aus Erfahrung und Anschauung und aus deren kreativer Ergänzung. Nur so hatte ich das Gefühl, die Welt als stimmiges Ganzes zu erleben. Manchmal frage ich mich, ob Kreativität nicht bedeutet, eigene Vorstellungen so lange zu hinterfragen und zu variieren, bis sie den scheinbar fremden Gegebenheiten oder irritierenden Eindrücken eine Dimension des Vertrauten und somit Greifbaren geben. Oder wird nicht umgekehrt das scheinbar Vertraute zum irritierend Fremden und gerade dadurch umso greifbarer und verständlicher?

Soweit die Fiktion als Ergänzung zu Selbsterlebtem eine symbolische und allgemein gültige Dimension besitzt, kann sie, wie ich glaube, zu guter Literatur werden. Wenn ich beim Schreiben das Gefühl habe, dass das Erlebte oder das Erinnerte sowie das Erinnerte, das man nachträglich als Erlebtes wahrnimmt, etwas widerspiegelt, das über die eigene Person hinausgeht, in dem sich also auch andere Menschen spiegeln könnten, dann kann daraus etwas Wertvolles entstehen. Wenn dieses allgemein Gültige nicht erreicht wird, bleibt das Schreiben nur eine Art Selbsttherapie für den Verfasser. Außerdem ist Qualität natürlich eine Frage der Form. Die Sprache muss, wie ich glaube, einerseits so präzise sein, um das Erlebte und Phantasierte klar wiederzugeben, gleichzeitig aber so viel offen lassen, dass die erwähnte Spiegelung beim Leser, diese Identifikation oder Abstoßung, überhaupt möglich wird. Das ist eine Gratwanderung, ein ständiger Prozess der Konkretisierung, der Reduktion und des Aussparens.

***

Sogar eine Autobiographie, die sich explizit als solche ausweist, ist eine Fiktion, weil durch die Streiche, welche uns die Erinnerung spielt, durch Auslassungen und Interpretationen, das eigene Leben nachträglich neu »erfunden« wird. Bei einem Roman mit autobiographischem Hintergrund wird dieser Prozess noch verstärkt. Der Plot eines Romans unterliegt stets seinen eigenen dramaturgischen Gesetzen. So sehr einzelne Episoden eines Romans auch auf biographische Erfahrungen zurückzuführen sein mögen, so werden sie doch – indem sie »nach–erzählt« werden – zugleich in einen dramaturgischen Ablauf gebracht, in welchem sie einen eigenen, unter Umständen anderen, Sinn und Stellenwert erhalten als in der Biographie des Autors.

Das Wesentliche daran ist für mich, wie schon gesagt, ob bzw. wie sich die Mischung aus Erlebtem, Hinzugedachtem und Assoziiertem zu einem exemplarischen Fall verdichtet und somit für den Leser zu einem Spiegel – auch einem Zerrspiegel – der eigenen Gefühle, Erfahrungen, Ängste und Sehnsüchte wird. Nur wenn das gelingt, vermag der Text wirklich zu berühren. Er kann dem Leser einen neuen Blickwinkel eröffnen oder aber helfen, Abgründe auszuloten. Dies möchte ich an einer weiteren Passage aus meinem Roman *Zwischenstationen* illustrieren. Diesem Text liegen Erfahrungen zugrunde, wie ich sie als Kind von Zuwanderern im Wien der Siebzigerjahre gemacht habe. Wichtig scheint mir jedoch, ob sich ein Leser – unabhängig davon, ob er über einen vergleichbaren biographischen Hintergrund verfügt – in den viel allgemeineren Erfahrungen von Fremdheit und Kindsein zu spiegeln vermag.

Aus *Zwischenstationen*:[5]

Da ein Tagesheimplatz voraussichtlich erst im Sommer
frei sein wird und meine Eltern mich nicht mehr allein
in der Wohnung lassen möchten, bleibt Mutter nichts
anderes übrig, als mich an den Nachmittagen in die
Arbeit mitzunehmen.

Das Gebäude der Versicherungsgesellschaft liegt an der
Donaukanallände, einer dreispurigen Durchfahrtsstraße,
die durch eine parkähnliche Grünfläche vom Kanal ge-
trennt ist. [...] Durch eine Drehtür gelangt man in die
Vorhalle, wo in einer verschlagartigen hölzernen Kammer
der Portier sitzt, in Zeitungen oder Magazinen blättert,
eine Wurst- oder Leberkässemmel in der Hand hält, kurz
aufblickt, wenn man das Gebäude betritt, das runde
Glasfensterchen seiner Bude öffnet, um Auskunft zu geben, oder den Besucher nur weiterwinkt mit dem Kopf.
Auf einer Tafel, die eine halbe Wand einnimmt – Zim-
mernummern, Pfeile, unverständliche Bezeichnungen
wie Haftpflicht-Unfall-Krankenversicherung (HUK),
Lebensversicherung, Schadensfälle, Statistik. Die Wände
sind geweißelt wie in einem Krankenhaus, der Boden
mit Linoleum ausgelegt, alles im Licht der Neonröhren.
Nur das Knattern des Paternosters mit seinen vielen, sich
ständig auf und ab und im Kreis bewegenden, nie zur
Ruhe kommenden Kabinen aus Holz gibt dem Raum
eine warme Note, weil das Geräusch so gleichmäßig
und beruhigend ist, dass ich zu gähnen beginne, mich
gerne hinlegen würde, gleich auf die Bank gegenüber
vom Paternoster. Ich höre, wie Holz auf Holz schlägt,
und ein wenig erinnert es mich an das Brennen von
Scheiten im Ofen. Noch oft werde ich unten einsteigen
und hinauffahren und sehen, wie die Stockwerke mit
den immer gleichen Vorräumen und Wegweisertafeln

langsam an mir vorbeigleiten, und werde oben noch rechtzeitig aussteigen, hinausspringen aus dem Gefährt, und werde immer dieses Gefühl von ein bisschen Angst und ein klein wenig Stolz haben, wenn ich mit dem rechten Fuß voraus den Ausstieg wage. Dann werde ich wieder hinunterfahren und wieder hinauf. Mehrmals am Tag. […]

Am Ende des Ganges im Erdgeschoß ist ein kleines Zimmer, in dem sich alle Wasch- und Putzmittel befinden. Das Zimmer wird Besenkammerl genannt.

Im Besenkammerl residiert die Chefputzfrau. Sie ist eine Frau undefinierbaren Alters, die einen hellgrauen Kittel mit weißem Kragen trägt. Der obere Kragenknopf ist immer sorgfältig geschlossen, der Kittel glattgebügelt. Sie lächelt nie, denn sie weiß ihre Macht würdevoll zu tragen, sitzt aufrecht, etwas steif auf ihrem Stuhl, erteilt in knappen Sätzen Befehle an ihre Untergebenen: Milena, Jovanka und meine Mutter.

Milena stammt aus dem serbischen Sandschak, spricht nur einige Brocken Deutsch, ist eine äußerst stille junge Frau, die beim Putzen, für die anderen kaum hörbar, ein Lied summt, nie eine Pause einlegt, nach getaner Arbeit nur ein schüchternes »Auf Wiedersehen« murmelt und geht.

Jovanka lerne ich gleich am ersten Nachmittag etwas besser kennen. Sie hat es sich im Besenkammerl, zwischen den Staubsaugern, Kübeln, Fetzen, Fläschchen und Tuben mit Reinigungsmitteln, auf dem Stuhl bequem gemacht, hat eine Schnapsflasche in der Hand und begrüßt Mutter mit einem freudigen: »Chefin heute nicht da. Chefin krank! Heute schöner Tag. Heute wie Feiertag. Da, nimm auch was!« Sie hält Mutter die Flasche entgegen und strahlt übers ganze Gesicht. Ich sehe, dass ihr einige Schneidezähne fehlen. »Trink, Kollega!« Mutter lehnt dankend ab.

Da bemerkt Jovanka mich, winkt mich zu sich, nimmt mich auf den Schoß, sagt etwas Freundliches auf Serbisch. »Nettes Kind hast du«, sagt sie zu Mutter. »Mein Sohn ist schon groß, fünfzehn.«

Mutter holt die Putzutensilien, füllt einen Kübel mit Wasser. Sie muss mit den Toiletten beginnen. Dann sind Werkskantine und Küche an der Reihe, anschließend die Archivräume, die Vorräume und Korridore und erst zuletzt, wenn die meisten Angestellten schon nach Hause gegangen sind, die Büroräume.

»Ruh dich aus«, sagt Jovanka. »Milena macht alles. Milena brav. Milena immer brav.« Sie lacht. Doch Mutter schüttelt den Kopf und geht. »Ich werde nicht dafür bezahlt, Schnaps zu trinken«, erklärt sie mir. »Außerdem kann ich harte Getränke nicht ausstehen.«

Mit Milena und Jovanka habe ich nicht viel zu tun. Sie putzen meist nicht auf demselben Stockwerk wie Mutter. Die beiden Frauen, die einander nicht sonderlich zu mögen scheinen, unterhalten sich manchmal auf Serbisch, und ich erinnere mich, wie ein älterer Angestellter sie ermahnt: »Ihr seid jetzt in Österreich, also redet gefälligst deutsch. Wir wollen auch verstehen, was ihr da sagt. Sonst wär's ja noch schöner.«

Frau Dorfmeister, die Chefputzfrau, ist nur selten krank. Feierlich, fast als wäre es ein sakrales Ritual, teilt sie Staubsauger, Kübel, Fetzen, Besen aus, sagt: »Jovanka! Putzen erster Stock heute! Milena! Heute putzen zweiter und dritter Stock! Dann Mistkübel ausleeren in Büros!« Zu meiner Mutter gewandt: »Du jetzt putzen Klos im Erdgeschoß! Dann ordentlich staubsaugen Vorraum. Ordentlich ist ordentlich! Ja? Auch Ecken! Ja? Nicht vergessen Staub wischen großer Tisch.«

Mutter nickt, zieht ihren Arbeitskittel über, bindet sich ein Kopftuch um, legt die Brille ins Etui. Ich aber wundere mich, warum die Frau so sonderbar spricht, und frage: »Warum reden Sie denn so falsch?« Mutter wirft mir einen strengen Blick zu und schüttelt den Kopf. Die Chefputzfrau jedoch antwortet in perfektem Wienerisch: »Sei ruhig, du bleder G'schropp. Mit dir red't eh kaana.« Und zu meiner Mutter gewandt: »Kind darf hier nicht bleiben. Kind muss weg!«

Aber ich darf trotzdem bleiben, weil der Leiter des Ökonomats, unmittelbarer Vorgesetzter der Chefputzfrau, bei dem sie sich über meine Anwesenheit beschwert hat, nur gutmütig gelächelt und »Jo mei« gesagt hat.

»Wenn jede Mitarbeiterin das tut, haben wir hier bald einen Kindergarten«, wird sich die Chefputzfrau noch oft aufregen und hinzufügen: »Wenn sie nicht weiß, wohin mit dem Kind, dann soll sie zu Hause bleiben und nicht arbeiten gehen.«

»Habe ich dir nicht schon oft gesagt: Reden ist Silber, aber Schweigen ist Gold«, erklärt mir Mutter, während sie die Pissoirs säubert. »Wenn du einen dummen Menschen triffst, sei lieber still und lächle. Mit einem gewinnenden Lächeln gewinnst du die Welt.«

Eines Tages ist Fensterputzen angesagt, und die Chefputzfrau holt eine Sprühdose, auf der *Glücklichsauber* steht, öffnet den Verschluss: »Du über Glas sprühen! Dann wischen! Wenn du drücken Knopf: Bssst! Knopf drücken, macht bssst! Ja? So funktioniert das! Zuerst sprühen, dann wischen! Ja?«

»Ich verstehe«, sagt Mutter, die in Russland Physik und Mathematik studiert hat. »Ich weiß, wie man mit so was umgeht. Danke.« Sie lächelt.

»Umso besser! Ja dann: raboti, raboti! Gemma, gemma!«

»Das heißt rabotai, Frau Chefputzfrau.«

»Ach, das ist mir doch egal.«

»Auch gut«, sagt Mutter und lächelt.

[…] Die Chefputzfrau besteht darauf, von Jovanka, Milena und natürlich auch von meiner Mutter mit »Frau Chefputzfrau« und nicht mit Frau oder gar Fräulein Dorfmeister angeredet zu werden. Es gibt einen Herrn Doktor, einen Herrn Magister, einen Herrn Gruppenleiter, einen Herrn Bereichs- und Abteilungsleiter, einen Herrn Diplomingenieur und einen Herrn Ingenieur – die man beide auf keinen Fall verwechseln darf –, und sogar der »Rechenmensch«, wie er von allen genannt wird, legt Wert auf einen furchtbar langen Titel: »Herr Akademisch Geprüfter Versicherungsmathematiker«. Und der kleine Mann mit dem schweinchenrosafarbenen Gesicht heißt Herr Prokurist Furtlehner. Er ist Schadensreferent, zuständig für Brände in Fabriken, Silos, Lagerhallen und ähnlichen Großobjekten. Deshalb wird er von fast allen Mitarbeitern »Großschädling« genannt.

Herr Furtlehner ist die einzige Person im Betrieb, die mir wirklich sympathisch ist. Als er mir das erste Mal eine Schokolade schenkt, bin ich so ängstlich und verlegen, dass ich kein Wort herausbringe, verstohlen um mich blicke, sofort die Verpackung aufreiße und zu essen beginne.

»Du bist ein ungezogenes Kind«, empört sich Mutter, als ich mit der halben Tafel vor ihm stehe. »Du musst schon Danke sagen, wenn der Großschädling, eh, ich meine der Herr Prokurist, dir etwas schenkt.«

Das nächste Mal bekomme ich von Herrn Furtlehner ein wunderschönes, rotes Lutschbonbon auf einer Stange, möchte schon davonlaufen, schnell das Zellophanpapier entfernen, genießen, doch ich erinnere mich noch rechtzeitig an Mutters Ermahnungen und sage laut, so dass es auch die anderen Mitarbeiter im Büro hören können: »Vielen Dank, Herr Doktor Prokurist Großschädling.«

Die Schreibmaschinen verstummen. Kurze Zeit herrscht absolute Stille. Großschädlings Kollegen versuchen ihre Gesichter zu verbergen. Ihre Körper zittern. Eine Frau wischt sich mit dem Taschentuch die Tränen aus den Augen. Für einen Moment verfinstert sich Furtlehners Blick, dann prustet auch er los und kann sich nicht mehr halten vor Lachen. Wenn er ein Großschädling sei, sagt er, sei ich ein Kleinschädling, weil alle Kinder eigentlich böse kleine Schädlinge seien. Das wisse er genau, schließlich habe er drei. Und auch ich lache, weil mir diese Bezeichnung gefällt. »Nur«, meint er, »Doktor bin ich keiner.«

Meine Lieblingsbeschäftigung im weitläufigen Gebäude der Versicherungsgesellschaft waren die vielen Fahrten mit dem Paternoster. Das Alleinfahren von Kindern unter zwölf Jahren sei verboten, wurde Mutter mitgeteilt, und sie erklärte mir daraufhin, ich solle mich nicht erwischen lassen, am besten nur ein Stockwerk hinauf- und wieder hinunterfahren. Der Paternoster sei bei weitem nicht so gefährlich, wie die Chefputzfrau behaupte, ich solle aber trotzdem aufpassen. Doch ich habe vor dem Gefährt bald ohnehin keine Angst mehr. Nur unten oder oben herumfahren traue ich mich nicht.

Wenn man von oben hinunterfährt, kann man zwischen dem ersten Stock und dem Erdgeschoß auf einer Tafel in roten Lettern lesen: »Achtung! Alles aussteigen! Weiterfahren gefahrlos.« Dieser Text verwirrt mich. Wenn das Weiterfahren gefahrlos ist, warum steht dort »Achtung« und hinter dem Achtung ein Rufzeichen? Warum müssen dann alle aussteigen? Und überhaupt, wie kann das Weiterfahren gefahrlos sein, wenn sich doch die Kabinen zweifellos unten im Keller umdrehen, so dass man mit den Füßen nach oben und dem Kopf nach unten auf der anderen Seite wieder herauskommen wird? Man muss schon ein guter Akrobat sein, um dies ohne Schaden zu überstehen.

Bestärkt werden meine Befürchtungen durch eine Geschichte, die mir Prokurist Furtlehner erzählt hat. »Junger Mann«, hat er mir gesagt, »gib acht auf die Tücken des Paternosters!« Mein Gesicht muss sehr überrascht gewirkt haben, denn der Mann hat zu lachen begonnen und meinen Kopf gestreichelt. Das Wort »Tücken« kenne ich nicht, doch verstehe ich bald, was der Großschädling mir sagen möchte.

»Einmal, es ist gar nicht so lange her«, erzählt er mir, »musste der Herr Doktor Huber zum Generaldirektor hinauf. Er ist mit dem Paternoster gefahren und war wohl sehr nervös, hat noch schnell seine Zigarette an der Liftwand ausgedrückt, was ja an und für sich strengstens verboten ist. Als er aussteigen wollte, ist er gestolpert, hingefallen und der Lift hat ihn am Hals eingeklemmt und ihm den Kopf abgerissen.«

»Und dann?«, flüstere ich entsetzt und beschließe, das mörderische Gefährt nie mehr zu betreten.

»Ja, da-ann«, sagt der Prokurist schmunzelnd und dehnt die Wörter, »dann haben die Ärzte mindestens zehn Stunden gebraucht, um den Kopf wieder anzunähen. Und als der Doktor Huber wieder gesund war, ist er Vorstandsmitglied geworden ... Ja, ja, wie das Leben so spielt.«

Mutter kann meine Angst vor dem Untendurchfahren nicht verstehen. »Du bist doch ein kluges Kind«, sagt sie. »Ich habe dir doch erklärt, das Ganze sei so gebaut, dass die Kabinen sich gar nicht umdrehen können. Glaubst du mir das?«

Ich schüttle den Kopf.

»Dann werde ich es dir beweisen. Wir machen gemeinsam diese Fahrt.«

Noch vehementer schüttle ich den Kopf. »Nein, nein, nein!«, schreie ich. »Bitte, Mama, bitte, bitte nicht!« Ich sehe mich schon im Lift einen Kopfstand machen.

»Du bist alt genug, um endlich logisch denken zu lernen«, sagt Mutter streng. »Stell dir vor, wie viele Unfälle passieren würden, wenn sich die Kabinen wirklich umdrehten! Es gibt doch Richtlinien, Sicherheitsvorschriften, an die sich Betriebe, die so viele Menschen beschäftigen, halten müssen.«

Das alles überzeugt mich nicht. Aber ich muss meiner Mutter gehorchen. […]

Ich habe weiche Knie. Unerbittlich führt mich Mutter an der Hand zum Paternoster. Bedrohlich knurrend gleiten die Kabinen an mir vorbei, als wären sie die malmenden Zähne eines blutrünstigen Riesen. »Also, hops!«, sagt Mutter, und schon hat das wilde Lebewesen uns verschlungen. Wir sinken langsam ab, hinunter in die Hölle. Weit über mir erkenne ich zum letzten Mal den Lichtstreifen aus dem Vorraum. In absoluter Dunkelheit umklammere ich Mutters Hüften, kralle mich an ihrem Kittel fest. Das Rattern und Tuckern der Maschine wird lauter und lauter. Nur noch wenige Augenblicke und sie schnappt nach uns und lässt uns nie mehr los. Nur noch wenige Augenblicke und ich werde umfallen und hart mit dem Kopf auf der Decke aufschlagen, die dann der Boden sein wird. Doch es geschieht nichts dergleichen. Ich spüre, wie die Kabine nach rechts abgleitet, wie sie sich seitlich bewegt, ohne ihre aufrechte Stellung zu verändern. Nun hat sie den tiefsten Punkt überschritten, ich spüre, wie es wieder hinaufgeht.

Plötzlich ein Ruck. Die Maschine stöhnt noch einmal leise auf und verstummt. Still und dunkel ist es um uns, und wir sitzen im Paternoster fest.

»Ach, o je«, sagt Mutter, »ich habe gar nicht daran gedacht, dass sie um diese Zeit den Lift abstellen.«

Ich beginne zu weinen und vergrabe das Gesicht in Mutters Schoß, habe die entsetzliche Vorstellung, dass wir die Zeit bis zum nächsten Morgen in völliger Dunkelheit in dieser engen Kabine verbringen müssen. Und dabei bin ich so müde und außerdem hungrig.

»Nur keine Panik«, sagt Mutter und drückt mich an sich, »die holen uns schon raus.«

»Hallo! Hallo! Wir sind da unten!«, schreit sie.

»Hilfe! Hilfe! Hilfe!«, schreie ich.

So vergeht eine endlos lange Minute. Endlich setzt sich der Lift wieder in Bewegung. Das Licht im Vorraum blendet mich, und das erste, was ich erkennen kann, ist das wütende Gesicht der Chefputzfrau und das schmunzelnde Gesicht des Portiers.

»Ich werde dafür sorgen, dass Sie entlassen werden!«, schreit die Chefputzfrau, ausnahmsweise in perfektem Hochdeutsch, und der Portier beschwichtigt lachend: »Na, so schlimm ist es auch wieder nicht.«

Mutter wird nicht entlassen, sondern kündigt bald selbst. Bei einem großen Elektronikunternehmen bekommt sie eine gut dotierte Stelle als Mathematikerin. Und ich komme Ende Juni endlich in ein Kindertagesheim.

∗∗∗

Seit der Anwerbung so genannter Gastarbeiter in den Sechzigerjahren gibt es in Österreich, Deutschland und der Schweiz eine starke Präsenz von Zuwanderern. Obwohl – oder gerade weil – sie sichtbar waren, wurden sie lange Zeit im Selbstverständnis von Gesellschaften, die sich weitestgehend als homogen imaginierten, gleichzeitig übersehen und exponiert, also zum Fremden und anderen dieser Gesellschaften erklärt. Das Spektrum an Reaktionen auf dieses andere war früher

und ist auch heute noch breit gefächert: Es reicht von der un-
reflektierten Idealisierung des Fremden und der Neugier auf
das Exotische über Irritationen bis zu einer offen zur Schau
gestellten Verachtung und einer klar artikulierten Angst vor
der Bedrohung, die vermeintlich oder sogar sehr real vom
Fremden ausgeht (Stichwort: Islamischer Fundamentalismus).
Das »Andere« ist schließlich nicht zuletzt ein willkommener
Anlass, sich seiner eigenen »nationalen Identität« und des
vermeintlichen Wertes derselben noch einmal versichern zu
können. Der politisch korrekte Umgang mit der Kultur jener
»Andern« ist zumindest zum Teil nur mehr die andere Seite
ein und derselben Medaille.

These 1: Literatur von Zuwanderern ist keine »Bereicherung«
    der Literatur eines Landes.

Die Behauptung, Zuwandererliteratur sei für eine »nationale«
Literatur eine Bereicherung, wird nicht nur von Leserinnen
und Lesern, sondern oft auch von Kritikern, Literaturwissen-
schaftlern und sogar von Politikern vertreten. Meiner Ein-
schätzung nach impliziert »Bereicherung« jedoch, dass zum
Normalzustand etwas Zusätzliches, Wertvolles hinzukommt.
Literatur sollte aber, wie jede Kunst, die kulturelle und gesell-
schaftliche Vielfalt eines Landes in seiner Gesamtheit abbilden.
Die Welt der Zuwanderer mit ihren Besonderheiten und
Perspektiven, ihre kulturelle und sprachliche Verortung sind
Teil dieser Normalität. Wenn es demnach keine Literatur von
Zuwanderern gibt, wenn diese besondere Perspektive fehlt, so
wie es im deutschsprachigen Raum bis vor nicht allzu langer
Zeit der Fall war, dann herrscht ein Mangel, eine Anomalie.
Durch die Literatur von Zuwanderern wird also Normalität
hergestellt und keine Bereicherung erzeugt, so wie die Gene-
sung von einer Krankheit zwar wohltuend ist, aber nicht mit
der Bewältigung eines Marathonlaufes gleichzusetzen ist, der

dem Körper tatsächlich etwas außerhalb der Norm Liegendes abverlangt. Allerdings ist die Überwindung einer schweren Krankheit oft eine viel größere Leistung als das Training für einen Marathonlauf.

Die Literaturkritik tendiert jedoch dazu, zu schubladisieren und die Schubladen zuzusperren, anstatt die Wände des Schrankes aufzubrechen. Dazu ein Beispiel, das nichts mit Zuwandererliteratur zu tun hat, aber meiner Einschätzung nach trotzdem symptomatisch für die oben erwähnte Tendenz ist, Klischees zu transportieren und Schubladisierungen vor zunehmen. Die bekannte Literaturkritikerin Iris Radisch war in den Neunzigerjahren Jurorin des *Ingeborg-Bachmann-Literaturwettbewerbs* in Klagenfurt, der heute *Tage der deutschsprachigen Literatur* genannt wird. Eine der Teilnehmerinnen des Wettbewerbes im Jahre 1999 war Ruth Erath, eine Schweizer Autorin. Die Juroren hatten einiges an ihrem Text zu beanstanden. Was mich irritiert hat, war aber nicht die literarische Kritik, sondern eine Äußerung von Iris Radisch, bei der es nur scheinbar um Literatur ging. Frau Radisch warf der Autorin vor, ihre Geschichte spiele in einem Schweizer Dorf. »Warum«, ereiferte sich die Jurorin, »schreiben so viele Autoren ständig irgendwelche Dorfgeschichten? Wir brauchen endlich urbane Literatur, die das Leben in unseren Großstädten widerspiegelt, also dort, wo das passiert, worauf es ankommt.«[6] Frau Radisch weiß natürlich, worauf es ankommt, und alles, was sich außerhalb von Berlin, Hamburg, Köln oder München abspielt, ist nichts als ein Ausdruck von provinzieller Einöde…

These 2: Da es keine »reinen« Nationalstaaten gibt, gibt es auch keine Nationalliteraturen mehr.

Die Literatur von Zuwanderern ist in vielen Fällen zeitgemäßer und dadurch »moderner« als die so genannte Nationalliteratur, weil sie Mehrfachidentitäten, gegenseitige Beeinflussung und permanente Veränderung direkt oder indirekt zum Thema hat oder zumindest implizit zu vermitteln vermag. Ein von einem gebürtigen Deutschen oder Österreicher, einem »Einheimischen«, geschriebener Roman verleugnet zwar seine ausländischen Vorbilder oft nicht, es wird aber trotzdem eine klare Trennung von Innerhalb und Außerhalb, hier und dort, vorausgesetzt.

In den meisten Fällen hat der »einheimische Autor« eine ziemlich klare Vorstellung davon, was einen Deutschen oder einen Österreicher ausmacht. Nach vielen Jahren der Arbeit mit Texten und aufgrund meiner zahlreichen Bekanntschaften mit Autoren nehme ich mir das Recht, eine solche Behauptung aufzustellen, obwohl ich weiß, dass viele Kolleginnen und Kollegen heftig dagegen protestieren werden. Der »einheimische Autor« sieht sich und die Figuren seines Werks als Teil der Kultur, der Geschichte und der Mentalität seines Landes. Das Wissen um diese Kultur, um ihre Nuancen und Abgründe, setzt er auch bei seinen Lesern voraus. Behandelt er in seinen Texten dennoch etwas, das real oder vermeintlich außerhalb dieses Kulturraumes liegt – wenn die Handlung zum Beispiel in einem fremden Land spielt oder wenn darin Zuwanderer, Fremde oder generell Menschen, die »anders« sind, vorkommen –, wird es, unabhängig von der literarischen Qualität seines Textes, aus der deutschen bzw. österreichischen Perspektive für ein deutsches bzw. österreichisches Publikum beschrieben. Das ist keine Schwäche, sondern eine Selbstverständlichkeit. Es ist bezeichnend, welche Eigenschaften oder Verhaltensweisen einer Figur oder welche Details einer Landschaft oder eines Gebäudes von einem Autor hervorgehoben werden, um sie für den Leser verständlich und interessant zu machen. Es ist gleichermaßen bezeichnend, wie ein Plot konstruiert ist und in welcher Sprache er präsentiert wird. Die »Wurzeln« des Autors erkennt man an der Art des Humors, vor allem aber an den für die Beschreibung von Gefühlen und Grenzsituationen gewählten Bildern.

Die Literatur von Zuwanderern erzeugt hingegen Uneindeutigkeit, und zwar nicht nur, weil die Perspektive des Autors und der Schwerpunkt seiner Interessen andere sein können als die eines Einheimischen, sondern weil der emotionelle Hintergrund, der seinem Text zugrunde liegt – die Wahrnehmung und Interpretation der Welt – auf einen kulturellen Zwischenbereich verweist. Die Selbstverständlichkeit, mit der ein »einheimischer Autor« eine kultur- und mentalitätsbedingte Kodierung seines Textes vornimmt, um Erwartungshaltungen zu bedienen – oder umgekehrt gegen diese anzuschreiben –, um Stimmungen zu erzeugen, um zu irritieren oder um Informationen zu vermitteln, gilt für »Zuwandererliteratur« nur bedingt. Auch wenn der »zugewanderte Autor« für dieselbe Leserschaft schreibt, wird der »fiktive Idealleser«, den jeder Schriftsteller als theoretische Kontrollinstanz bei der Abfassung seiner Texte benötigt, nicht mit dem »fiktiven Idealleser« eines »einheimischen Autors« identisch sein können. Auf den Punkt gebracht, bedeutet dies: Der »zugewanderte Autor« wird seine Mehrfachidentität auch dann nicht verleugnen können, wenn er es möchte.

So wie der »einheimische Autor« den Zuwanderer (im Idealfall) zwar gut verstehen, sich aber nie zur Gänze in ihn hineinfühlen wird können, so wird auch der »zugewanderte Autor« nie ganz die Perspektive eines Einheimischen übernehmen können, weil er nicht dessen, sondern seinen eigenen, von Generation zu Generation tradierten kulturellen und historischen Ballast zu tragen hat – einen Ballast, der allerdings durch die Erfahrungen im Zielland und durch die Auseinandersetzung mit der Kultur dieses Ziellandes zu etwas Neuem, das nach außen hin wie auch in seinen Bestandteilen nur schwer abgrenzbar ist, verändert wurde.

Der »Mehrwert an Erkenntnis«, über den ein »zugewanderter Autor« verfügt, ist aber nur dann ein »Gewinn«, wenn er durch ihn die Uneindeutigkeit und Widersprüchlichkeit der Welt umso genauer erkennen kann. Diese Uneindeutigkeit spiegelt letztlich nur eine Tendenz wider, die für moderne Gesellschaften symptomatisch ist: dass nämlich klar begrenzte Lebenswelten immer seltener werden und dass die Offenheit gegenüber neuen Formen von Wahrnehmungen und Interpretationen eine permanente Infragestellung des eigenen Selbstverständnisses und eine ständige Herausforderung bedeutet.

These 3: Für den Leser ist es gleichgültig, ob ein Text einen autobiographischen Hintergrund hat oder nicht.

Der Literaturbetrieb hat, wie mir scheint, ein ambivalentes Verhältnis zum Begriff der so genannten »Authentizität«. Einerseits sind Autobiographien, Lebensgeschichten und Reportagen bei Leserinnen und Lesern sehr beliebt. Auch die Literaturkritik nimmt sie ernst. Was hier beschrieben wird, hat sich ja »wirklich ereignet«, heißt es. Das macht den besonderen Reiz dieser Geschichten aus. Nun habe ich schon erwähnt, dass »wahre« Geschichten in den meisten Fällen Fiktionen sind, während Fiktionen umgekehrt meist einen autobiographischen Kern besitzen. Trotzdem wird das eine oft als »ernsthafte Literatur« wahrgenommen, während das andere eben »nur« eine Autobiographie oder eine Reportage ist und demzufolge – trotz aller Vorzüge, die in dem einen oder anderen Fall hervorgehoben werden – eine Stufe tiefer angesetzt wird als Romanliteratur, Drama oder Lyrik. Dieses Vorurteil wird nicht selten auf den Verfasser übertragen, dem wahlweise die Fähigkeit, literarisch zu schreiben oder sich zu einem »richtigen« Literaten zu entwickeln, abgesprochen wird. Manchmal geschieht auch beides.

Dazu ein persönliches Erlebnis: Bei meinem Buch *Zwischenstationen* handelt es sich um einen Roman. Rezensenten wie Leser gingen jedoch zumeist davon aus, es handle sich um eine Autobiographie und alles, was ich darin schildere, habe sich genau so zugetragen.

Etwa ein Jahr nach dem Erscheinen des Buches war mein Verlag dabei, die Taschenbuchrechte an den *Zwischenstationen* zu verkaufen. Zwei Mitarbeiterinnen eines großen Taschenbuchverlags waren sehr an meinem Buch interessiert. Das Kaufangebot dieses Verlags wurde schließlich von einem anderen Verlag überboten, doch der Chef der erwähnten beiden Mitarbeiterinnen war nicht bereit »mitzugehen«, das heißt seinerseits das Angebot zu erhöhen, mit dem bezeichnenden Argument: »Es lohnt sich nicht, so viel in den Vertlib zu investieren. Er ist ja kein richtiger Schriftsteller. Nach den beiden autobiographischen Romanen wird er bestimmt kein weiteres Buch mehr schreiben. Ihr werdet schon sehen, er kehrt jetzt sicher zum Journalismus zurück.«

Das war 1999. Ich habe jenem Chef nicht den Gefallen getan, zum Journalismus »zurückzukehren«.

Dennoch ist damit die Frage, inwiefern der Roman *Zwischenstationen* als autobiographisch oder als fiktional – das heißt: als »literarisch« – zu betrachten ist, noch nicht beantwortet. Was kann man an ihm als exemplarisch ansehen? Wenn man einen Roman mit einem Gebäude vergleichen würde, dann wären im vorliegenden Fall das Fundament und die Außenmauern autobiographisch, das Interieur, die Zwischenstöcke, Treppen, vielleicht auch der eine oder andere Balkon, jedoch fiktional. Meine Mutter hat 1973 tatsächlich in der Zentrale einer Versicherungsgesellschaft als Putzfrau gearbeitet. Sie nahm mich an den Nachmittagen in die Arbeit mit. Eines Tages blieben wir beide im Paternoster stecken. Es gab eine Frau Chefputzfrau, die in Wirklichkeit jedoch viel freundlicher war als die entsprechende Romanfigur in der geschilderten Szene. Und die anderen Figuren? Ich habe sie alle getroffen, wenn auch an anderen Orten und zu anderer Zeit.

Welche Szenen wählt man aus, um sie zu literarisieren? Was von all dem, das man erlebt oder gehört hat, eignet sich dafür, literarisch »verwertet« zu werden? Es gibt Erlebnisse, die trotz – oder gerade wegen – ihrer Dramatik derart typisch sind, dass sie zum Klischee verkommen und dadurch literarisch uninteressant werden. Wo also setzt man an, um jenes Exemplarische und Allgemeingültige zu finden – und dabei dennoch das Außergewöhnliche, Interessante und Spannende hervorzustreichen? Das ist, wie mir scheint, die einzige Frage, die ein Autor nicht beantworten soll und in den meisten Fällen auch nicht beantworten kann. Ich glaube, dass ein Autor über die Programmatik sprechen sollte, die hinter seinem Schreiben steht, dass er das Ergebnis analysieren und einordnen und über schreibhandwerkliche Fragen nachdenken kann. Der kreative Prozess als solcher bleibt jedoch etwas, das sich der greifbaren und begreifbaren Analyse entzieht. Widrigstenfalls ergeht es dem Autor so wie jenem Tausendfüßler in einer Fabel, der einmal gefragt wurde, wie er sich fortbewegen würde, ohne über einen seiner Füße zu stolpern. Der Tausendfüßler begann darüber nachzudenken und konnte fortan keinen einzigen Schritt mehr tun.

2. VORLESUNG

HOLPRIGKEITEN, LÜGEN, NEUKREATIONEN

Chancen, Möglichkeiten und Grenzen von Literatur in
einer Fremdsprache

Wenige Tage nachdem im Frühjahr 1995 mein erstes Buch, die
Erzählung *Abschiebung*, publiziert wurde, fand im Salzburger
Literaturhaus die Buchpräsentation statt. Es war die zweite
Lesung in meinem Leben. Einige Monate zuvor hatte ich
im Rahmen eines Literaturfests in Wien eine Kurzgeschichte
– meine erste literarische Veröffentlichung – vorgestellt. Bei
meinem Auftritt hatte ich mehr gestammelt als vorgelesen.
Kein Wunder also, dass ich nun sehr nervös war. Ich bewältigte
den Text trotzdem. Größere Katastrophen blieben mir erspart.
Die Stimme versagte mir nicht, ich übersprang keine Zeilen,
hatte keine Freudschen Versprecher, warf das Wasserglas nicht
um und scharrte nicht mit den Füßen.

Meine Lektorin saß neben mir auf dem Podium. Sie stellte
mir im Anschluss an die Lesung ein paar Fragen zur Entstehung des Buches. Danach eröffnete sie das Publikumsgespräch.
Der Saal war voll. Niemand wollte sich zu Wort melden. Etwa
eine halbe Minute lang blieb es still.

Ich wurde immer nervöser. Jetzt kommt der Augenblick
der Wahrheit, dachte ich. Jemand wird aufstehen und eine
Frage stellen, die ich nicht beantworten kann. Ich hatte nie
Germanistik oder Literatur studiert, doch ich wusste, dass

einige Germanistikstudenten und sogar Professoren im Saal waren. Ich hatte Angst davor, mit Fachausdrücken konfrontiert zu werden, die ich nicht verstehen, oder mit kritischen Bemerkungen, denen ich nichts entgegnen würde können.

Schließlich zeigte ein junger Mann in der hinteren Reihe auf. Er schaute nicht mich, sondern meine Lektorin an und fragte in einer Mischung aus Hochsprache und Dialekt: »Warum spricht denn der so gut Deutsch? Das ist ja nicht seine Muttersprache, aber er hat überhaupt keinen Akzent! Wieso ist das so?«

»Diese Frage reiche ich gleich an den Autor weiter«, meinte die Lektorin.

Ich zögerte, holte tief Luft und sagte, zuerst unsicher, dann immer selbstbewusster: »Wissen Sie, das ist so: Wenn ein Zuwanderer die neue Sprache vor der Pubertät, bei Knaben – und das ist sehr wichtig – vor dem Stimmbruch, erlernt, dann macht er meist keine Grammatikfehler und hat keinen Akzent. Lernt er sie hingegen später, wird er sie nie wie ein Einheimischer beherrschen. Das ist eine Theorie, die von namhaften Ärzten und Linguisten vertreten wird. Ich persönlich kann sie nur bestätigen. Ich habe Deutsch im Alter von sechs, sieben und acht Jahren gelernt. Deshalb habe ich keinen Akzent, mache nur noch selten Fall- oder Zeitfehler und spreche sogar, wenn ich will, Dialekt.«

Zu meiner Überraschung gab sich der junge Mann aus der hinteren Reihe mit dieser Antwort zufrieden. Im ganzen Saal gab es weder Gelächter, noch regte sich Widerspruch gegen meine Behauptungen. Die Leute nickten.

Später, beim Signieren der Bücher, meinten einige, sie hätten von meiner »Pubertätstheorie« schon gehört. Jemand erklärte mir, dass auch Mädchen einen Stimmbruch hätten, nur dass dieser nicht so ausgeprägt sei wie bei Burschen, und er fügte hinzu, dass »das soziale Umfeld wohl auch eine gewisse Rolle spielen dürfte.« Die Frau, die bei ihm einmal in der Woche die Wohnung putze, sei im Alter von zehn Jahren von Ostanatolien nach Salzburg gekommen. Sie habe leider immer noch einen schweren türkischen Akzent…

Das Thema der 2. Vorlesung lautet: *Holprigkeiten, Lügen, Neukreationen: Chancen, Möglichkeiten und Grenzen von Literatur in einer Fremdsprache.* Zuvor jedoch scheint mir ein Exkurs wichtig zu sein – der Blick auf gewisse biographische Umstände sowie einige Reflexionen, die meine sprachliche Verortung bzw. Entortung deutlich machen.

Imperiale Hintergründe

Das Imperium, in dem ich geboren wurde, hatte über hundert anerkannte Nationen, Völker und Völkerschaften und fast genauso viele Sprachen. Zwischen Nationen, Völkern und Völkerschaften gab es einen formalen Unterschied. Die Einwohner der fünfzehn Sowjetrepubliken wie Russen, Ukrainer, Kasachen oder Letten galten als Nationen, jene von Autonomen Republiken innerhalb der einzelnen Sowjetrepubliken wie Tataren, Tschetschenen, Baschkiren und auch Juden als Völker. (Ja, auch die Juden hatten eine eigene Jüdische Autonome Republik – Beribidschan in Ostsibirien: Allerdings zogen die meisten Juden vor, dort nicht zu leben.) Die zahlenmäßig kleineren Völker, die oft nur eine so genannte Autonome Region oder einen Autonomen Bezirk bewohnten – Ewenken, Tscheremissen, Tschuktschen und andere – wurden als Völkerschaften bezeichnet. Die Hierarchie war klar: An erster Stelle standen die Russen, und wer es in diesem Land zu etwas bringen wollte, musste Russisch sprechen können – vorzugsweise fehler- und akzentfrei. Die meisten Nichtrussen, ob nun Angehörige von Nationen, Völkern oder Völkerschaften, beherrschten neben ihren Muttersprachen

Russisch. Die Russen sprachen Russisch. Die Sprachen der anderen Nationen, Völker und Völkerschaften beherrschten sie nicht. Sie herrschten auch so.

Die Vorsitzenden der lokalen Sowjets der Autonomen Republiken, Regionen und Bezirke waren Einheimische, deren Stellvertreter meist Russen. Manchmal war es auch umgekehrt. So oder so – es spielte keine Rolle. Die Befehle kamen von oben, und das Politbüro bestand zu allen Zeiten mehrheitlich aus Russen. Den Völkern und Völkerschaften wurden oft eigene Schriftsprachen (meist mit kyrillischem Alphabet), eigene Literaturen, eigene Kulturen und Folkloren dekretiert, die nur bedingt etwas mit ihren wirklichen Kulturen oder Folkloren zu tun hatten. Doch das Imperium wollte die multikulturelle Fassade nie ganz aufgeben. Das Fremde wurde nicht abgeschafft, es wurde angeglichen.

Die Hälfte der Bevölkerung bestand aus Russen. Von einer kleinen Minderheit abgesehen, waren sie alle, wie schon erwähnt, monoglott. Lebten sie nicht an der Peripherie des Imperiums, sondern im Kernland, nahmen sie andere Sprachen ohnehin nicht wahr. Das Imperium war ein Kontinent. Seine Grenzen waren unüberwindbar wie vor tausend Jahren die Weltmeere. Dahinter lag das Reich der Fabel und der Sehnsucht. Wer es sich vorzustellen versuchte, nahm es als schattenlose Variante des Eigenen wahr. Die gebildeten Menschen lasen die Klassiker der Weltliteratur (soweit diese nicht verboten waren) in russischer Übersetzung. Es gab in Russland viele talentierte und hervorragend ausgebildete Übersetzer. Sie waren gewissenhafter als ihre gestressten und unterbezahlten Kollegen im Westen, die wie am Fließband Texte, meist aus dem amerikanischen Englisch, in schlechtes Deutsch, Französisch oder Italienisch transformierten. Etliche russische Übersetzer waren nie im Ausland gewesen. Die Glücklicheren unter ihnen kamen bis Sofia, Budapest oder Ostberlin. In ihren Übersetzungen passten sie Guy de Maupassant, Romain Rolland, Jack London, Bert Brecht, Lion Feuchtwanger oder

Stefan Zweig ihren Sehnsüchten an und machten aus ihnen russische Autoren. In den Straßen von Wien, Paris und San Francisco schwang die Atmosphäre von Moskau mit, einem Moskau, das so vielleicht hätte werden können. Vor allem die Dialoge waren formvollendet – alle Regionalismen und Brüche, harter Slang oder Anspielungen, die für russische Leser nicht oder nicht ganz verständlich waren, wurden kunstvoll geglättet, angepasst und, wenn nötig, mit Fußnoten und Kommentaren versehen.

Übrigens gibt es in diesem Zusammenhang eine große Ähnlichkeit zwischen der Sowjetunion und den USA. Ich habe in New York und Boston Menschen getroffen, die die Welt »da draußen« über Penguin-Taschenbücher kennen und lieben gelernt haben. Aber das eine Imperium ist trotzdem nicht mit dem anderen zu vergleichen.

Auch meine Eltern wuchsen in Russland weitgehend mono-glott und monokulturell auf. Der Fremdsprachenunterricht in der Schule war ein Witz, das Fremde eine verschüttete Erinne-rung an die eigenen jüdischen Wurzeln, eine ungefähre Ahnung, eine Illusion. Dabei hatten ihre Vorfahren jahrhundertelang an der Schnittstelle von Sprachen und Kulturen gelebt. Die weiß-russischen Dörfer und Kleinstädte, aus denen sie stammten, kamen erst mit den polnischen Teilungen des 18. Jahrhunderts zu Russland. Die Bevölkerung bestand aus Weißrussen, Russen, Juden, Polen, Ukrainern und anderen Minderheiten. Mein Ur-großvater mütterlicherseits sprach neben seiner Muttersprache Jiddisch, der Staatssprache Russisch und Weißrussisch, der Sprache der ländlichen Bevölkerung, außerdem noch Hebräisch – das er im Cheder, der jüdischen Schule, gelernt hatte und regelmäßig in der Synagoge hörte –, ein wenig Ukrainisch und etwas Polnisch. Auf Deutsch konnte er sich ebenfalls verstän-digen. Ein Großonkel väterlicherseits war Rabbiner in Rowno. Er sprach Hebräisch wie seine Muttersprache.

Meine Großeltern ließen diese Welt hinter sich. Sie übersie-delten in den Zwanzigerjahren in die Großstadt, nach Leningrad. Das neue Regime hatte alle Beschränkungen für Juden aufgehoben. Als Preis dafür erwartete es die Assimilation.

Also assimilierten sie sich.

Die Eltern meines Vaters sprachen vor dem Krieg miteinander Jiddisch, wenn die Kinder sie nicht verstehen sollten. Die Kinder spielten mit und taten so, als würden sie nichts verstehen. Später, nach dem Krieg, war der jiddische Wortschatz der Großeltern zu gering geworden, um noch Gespräche führen zu können, und es gab keine Freunde oder Verwandten mehr, die ihn hätten auffrischen können. Kurz vor ihrem Tod verstand meine Großmutter kein Jiddisch mehr. Sie hatte ihre Muttersprache vergessen.

Meine Eltern und ihre Geschwister waren die ersten in ihren Familien, die in Russland geboren wurden und Russisch als Muttersprache erlernten. Als Kleinkind hatte mein Vater noch einen leichten jiddischen Akzent. Er konnte das R nicht richtig artikulieren. Er sprach so, wie es Kabarettisten oder Antisemiten auf der Straße taten, wenn sie Juden imitierten. Der »Sprachfehler« wurde meinem Vater schnell ausgetrieben. Wenn er wollte, war sein Russisch fortan makellos, so kultiviert und bar jeglicher regionalen Färbung, dass man ihm als jungem Mann eine Karriere als Radiosprecher nahe legte. Doch Juden konnten zu Beginn der Fünfzigerjahre keine Karrieren machen.

Das Denken und Fühlen meiner Eltern war derart von der russischen Kultur und Sprache geprägt, dass für andere Kulturen und Sprachen nur wenig Raum blieb. Ihr Judentum bestand für sie aus den Marotten der Großeltern, aus Familiengeschichten und dem Antisemitismus, mit dem sie konfrontiert waren und der ihr Verhalten gegenüber ihrer nichtjüdischen Umgebung prägte. Die Religion spielte für sie keine Rolle. Sie waren Agnostiker, so wie es das Regime von seinen Bürgern verlangte.

Das Jiddische überlebte in einigen wenigen Redewendungen oder ironisch gemeinten Bonmots. Hätte man sie gefragt, ob sie Russen seien, hätten sie dies verneint. Aber es gab für sie keine Sprache, die reicher, und keine Literatur, die so vielfältig und so hintergründig war als die russische. Keine Stadt war so schön wie ihre Stadt, die doch nie ganz die ihre sein durfte. Dieser Widerspruch machte sie rastlos. Er nahm ihnen ihren Platz in der Welt und ließ sie nie einen neuen finden.

Mein Vater war ein gebildeter Mensch. Er hatte Jus und etwas später Journalistik studiert. Doch er bewunderte »die einfachen russischen Menschen«. Insgeheim wollte er so sein wie sie und sehnte sich danach, von ihnen etwas zu bekommen, was sie ihm, dem Akademiker und dem Juden, nie zu geben bereit waren. Er wurde niemals einer von ihnen. Er konnte es nicht sein.

Sein Leben lang war mein Vater stolz darauf, als Jugendlicher nach dem Krieg einer Gang angehört zu haben, die die Gegend unsicher gemacht hatte. Er erzählte gern davon, wie er als Student in den Ferien auf diversen Baustellen gejobbt hatte, dass er genauso geschickt und fleißig gewesen sei wie die einfachen Arbeiter, dass er sich gut mit ihnen verstanden habe. Er habe bald, erklärte er, »eine gemeinsame Sprache« mit ihnen gefunden. Er beherrschte den Slang. Außerdem verstand er »Blat«, die Gaunersprache, eine Geheimsprache der Kriminellen. Der »russische Mensch«, behauptete mein Vater, habe ein intuitives Verständnis für die Abgründe des Lebens – ein Verständnis, das dem Westeuropäer in seiner durch rationales Denken bedingten Beschränktheit und durch mangelnde Leiderfahrung bedingten Oberflächlichkeit fehle. Der »einfache russische Mensch« sei spontaner, herzlicher, sinnlicher, in bestimmten Momenten aber auch brutaler und primitiver als der vergleichsweise kultivierte und dadurch in seinen Gefühlen und Trieben gezähmte Europäer. Es war aber letztlich dieser »einfache russische Mensch«, unter dessen Antisemitismus mein Vater mehr zu leiden hatte als unter der kalkulierten, dosiert eingesetzten antisemitischen Politik des Regimes. Der Entschluss zur Emigration war ein Akt resignativer Verzweiflung, der sich als konstruktiver Aktivismus – als bewusste Entscheidung für eine Idee, eine Ideologie – tarnte.

Seine Vorstellungen über »den russischen Menschen« übertrug mein Vater auch auf die Sprache, nur dass in seinen Augen der Sprache der Makel des Antisemitismus nicht in dem Maße anhaftete wie den Menschen. Seine Liebe zur russischen Sprache war direkt und ohne Wenn und Aber. Hebräisch hat er nie zu erlernen vermocht. Dass er in ein Land zu emigrieren beabsichtigte, welches ihm völlig fremd war, hat er in jenen Jahren, nachdem er zum Zionisten wurde und sich um die Ausreise nach Israel bemühte, erfolgreich verdrängt. Deutsch mochte er nicht. Er verstand zwar fast alles, was man ihm sagte, sprach es jedoch auch nach fünfundzwanzig Jahren in Wien nur gebrochen. Grammatik und Rechtschreibung interessierten ihn nicht. Er hatte ja ohnehin nicht vor, in Österreich zu bleiben. Wozu sollte er also Deutsch – die »Sprache Adolf Hitlers« – erlernen? Deutsch eignete sich gut zum Erteilen von Befehlen oder zu philosophischen Spekulationen. An den Wohlklang des Russischen konnte diese harte, etwas umständliche und wie eine mathematische Formel funktionierende Sprache nicht heranreichen. Manchmal las er deutsche Prosatexte. Die Lyrik fand er hässlich. Deutsch und Lyrik waren ein Widerspruch in sich. (Interessanterweise spielte es für ihn keine Rolle, dass Dutzende Generationen seiner Vorfahren Jiddisch, eine dem Deutschen sehr ähnliche Sprache, gesprochen hatten. Keine andere Sprache ist dem Deutschen so nahe wie Jiddisch.)

Mit zunehmendem Alter wurde mein Vater in seinen Ansichten milder. Er war stolz darauf, dass ich Schriftsteller geworden war. Dass ich Deutsch schreibe, nahm er in Kauf. Doch seine ambivalente Haltung Fremdsprachen – vor allem dem Deutschen – gegenüber war auch für meine Entwicklung prägend. Der lange Weg, den ich als Zuwanderer zu meiner neuen Sprache gehen musste, wurde dadurch noch beschwerlicher. Er führte an mehreren Abgründen vorbei. Und dann, als ich das Ziel scheinbar erreicht hatte, kam es zu keiner spontanen, impulsiven Liebesbeziehung zwischen mir und der neuen Sprache. Unsere Beziehung ist vielmehr wie eine Ehe, die aus pragmatischen Gründen geschlossen wurde – eine Ehe, in der man sich an den Partner von Jahr zu Jahr immer mehr gewöhnt, ihn immer besser kennen-, schätzen- und vielleicht sogar einmal lieben lernt.

Wien. Mitte der Siebzigerjahre.[7] Ich bin sieben oder acht Jahre alt. Ich sitze auf einer Bank im Augarten und lese ein russisches Märchenbuch, als ich plötzlich eine Stimme höre: »Was liest du denn da Schönes?« Ich erschrecke, drehe mich um und sehe ein älteres Ehepaar auf mich herunterschauen. Die Dame – etwas füllig, mit Hütchen, der Mann – mit Anzug, Krawatte, Spazierstock. Ich bin in einem Dilemma: meine Eltern haben mir verboten, mit Fremden zu sprechen, und außerdem lese ich ein *russisches* Buch, kein deutsches. Ich habe Angst vor der Stimme, die vorläufig noch freundlich, sogleich aber überrascht und verwirrt wirken wird angesichts der fremden Schrift, der unbekannten Sprache. Ich habe Angst vor dem vorläufig noch lächelnden Gesicht, das bald misstrauisch und ablehnend werden muss. Dann werden Fragen kommen, die ich nicht beantworten kann. Also verdecke ich das Buch mit meinem Körper und sage: »Das geht Sie nichts an, was ich da lese!«

Die alte Frau reagiert entsprechend. »So ein ungezogenes, böses Kind«, sagt sie, »was fällt dir ein, so etwas zu jemandem zu sagen, der freundlich zu dir ist und nur Gutes will. Ich wollte ja nur nett sein. Ich bin früher selber Lehrerin gewesen, nie hätte sich ein Schüler von mir so etwas erlaubt… Komm, Alois, gehen wir!«, sagt sie zu ihrem Mann.

Ich schaue den beiden nach, sie gehen durch die lange Allee ins Innere des Parks, der Kies knirscht unter ihren

Füßen, und ihre Rücken werden immer kleiner. Ich fühle mich elend, möchte den beiden nachlaufen, sie um Verzeihung bitten, alles erklären. Aber wie kann ich etwas erklären, das ich selbst nicht fassen kann.

Ich fühle mich einsam, rund um mich sind nur Eingeborene, mit denen ich schon so manche unangenehme Erfahrung gemacht habe, denen man nicht trauen kann, die einen seltsamen Dialekt sprechen, den ich erst bruchstückhaft verstehe. Es wird noch einige Zeit vergehen, bis ich sprechen werde können wie ein Eingeborener, schimpfen wie ein Eingeborener, fluchen wie ein Eingeborener ...

Meine Selbstgespräche führte ich in einer österreichisch gefärbten Umgangsprache, einer Mischung aus Hochdeutsch und Wiener Dialekt. Es war mehr das Wiener Deutsch meiner Lehrer im Gymnasium als der Dialekt meiner Mitschüler. Eine gewisse Kühle und Distanz zur Sprache der Eingeborenen blieb bestehen. Der entfesselte Plauderton war mir fremd. Die Eingeborenensprache war zum rationalen Denken da.

Die ambivalente Einstellung, die ich Österreich gegenüber hatte, bezog sich lange Zeit auch auf die deutsche Sprache. Vielleicht war das der Grund, dass ich meine ersten Liebesbriefe auf Englisch schrieb. Deutsch kam nicht in Frage, und Russisch war ganz und gar unmöglich, nicht nur, weil die Angebetete kein Wort Russisch verstand, sondern weil Russisch die Sprache der frühesten Kindheit, der Eltern, der Emigration war, an Bahnhöfe, Flughäfen und provisorische Unterkünfte erinnerte. Russisch war unerotisch. Erst später wurde die Beziehung zu dieser Sprache wie eine unerwiderte oder nur zum Teil erwiderte Liebesbeziehung. Es gibt Momente hemmungsloser Leidenschaft, auf die lange Zwischenphasen der Distanz und der Trennung folgen.

***

Meine emotionelle Beziehung zur russischen und zur deutschen Sprache möchte ich am Beispiel des Ausdrucks »Sobaka / Hund« verdeutlichen. Für mich hat das russische Wort »Sobaka« einen unmittelbaren, einen hündischen Klang. »Sobaka« riecht nach Hund. Alles, was mit diesem Haustier im Allgemeinen assoziiert wird – von der Zuneigung und Loyalität bis hin zur Angst, Bedrohung und Unberechenbarkeit –, scheint in der Kombination dieser sechs Buchstaben (bzw. Laute) enthalten zu sein. Höre ich dieses Wort oder denke ich nur daran, kommt es mir vor, als berühre ich das zottelige Fell des Tieres. Es gibt keine Distanz zwischen dem Wort und dem, was es bezeichnet. Im Deutschen hingegen hat sich für mich der Begriff vom Lebewesen emanzipiert. Er lässt den Schatten eines Hundes entstehen oder – noch treffender – einen »Hund an sich«, die Idee eines Hundes. Dies erlaubt mehr Assoziations- oder Abstraktionsmöglichkeiten, ein Vorteil gegenüber dem viel sinnlicheren und stimmigeren, aber dadurch in sich abgeschlossenen Ausdruck »Sobaka«. »Hund« hat die Tendenz, mit anderen Wörtern, so zum Beispiel mit »Mund« und noch mehr mit »Schlund« oder »rund«, eine Klangpartnerschaft einzugehen und dadurch die Gedanken schweifen zu lassen. Wenn ich jedoch mit Hunden rede, spreche ich Russisch. Ich habe die Erfahrung gemacht, dass sie mich dann, auch wenn es sich um deutsche, österreichische oder – noch mehr – um Schweizer Hunde handelt, besser verstehen.

Zum Zeitpunkt meiner ersten literarischen Veröffentlichung war ich siebenundzwanzig Jahre alt.[8] Es war eine kurze Erzählung mit dem Titel *Das Bett*.[9] Darin wird vom Schicksal eines jüdischen Emigranten aus der Sowjetunion berichtet, der in New York zu Tode kommt. Die beschriebene Exilerfahrung war nicht zufällig gewählt, hatte ich doch den Protagonisten dieser Geschichte – in Emigrantenquartieren, auf Flughäfen und Bahnhöfen, in Wartesälen von Ämtern und Konsulaten – schon oft in meinem Leben getroffen, bevor er sich zu einer literarischen Figur verdichtete. Doch bis die Heimatlosigkeit mir zur literarischen Heimat werden konnte, hatte ich selbst einen langen Weg zurückzulegen.

Meine literarische Sozialisation erfolgte durch russische Literatur, danach durch die Literaturen anderer Sprachen in russischer Übersetzung. Deutsche Bücher begann ich erst verhältnismäßig spät zu lesen, nach der Emigration, mit fünfzehn.

Prägende Leseerfahrungen waren neben den russischen Klassikern des 19. Jahrhunderts vor allem die Romane von Bulgakow und Solschenizin und die Erzählungen von Isaak Babel. Später kamen Anatolij Rybakow (*Die Kinder vom Arbat*), Wenedikt Jerofejew (*Moskau-Petuschki*), Viktor Pelewin (*Generation P*, *Die heilige 34*) und andere hinzu.

Beeinflusst haben mich auch eine Reihe zeitgenössischer Autorinnen und Autoren aus Österreich, Erich Hackl zum Beispiel, Anna Mitgutsch oder Thomas Glavinic, Martin Amanshauser und Dimitré Dinev, die Lyrik von Robert Schindel und Konstantin Kaiser, die Essays von Doron Rabinovici, Robert Menasse und Karl-Markus Gauß. Dabei war es mir nie wichtig, mich in eine bestimmte literarische Tradition einzuordnen. Meine Literatur entsteht eher intuitiv, weniger aus dem Spiel mit literarischen Zitaten oder aus der Kontinuität beziehungsweise dem Bruch einer bestimmten Stilrichtung heraus. Germanisten werden vieles erkennen und zuordnen können, was mir verborgen bleibt. Das ist auch gut so.

Zu den prägendsten Leseerlebnissen meiner Kindheit gehörten die Erzählungen von Stefan Zweig, die ich allerdings nicht im deutschen Original, sondern durch russische Übersetzungen kennen lernte. Stefan Zweig war in der Sowjetunion ein äußerst populärer Autor. Für viele galt er als *der* österreichische Schriftsteller des 20. Jahrhunderts schlechthin. Schnitzler, Werfel, Roth, Musil oder Kafka waren entweder verboten oder wurden einfach nicht publiziert. Manchmal, wenn ein Verlag eine liberalere Kulturpolitik für die nächsten

Jahre zu erahnen glaubte und der Zensor derselben Meinung war, erschien das eine oder andere Werk dieser bis dahin Totgeschwiegenen. Meist war die Auflage innerhalb weniger Tage ausverkauft. Die Leserinnen und Leser wussten, dass sie auf das nächste Buch dieses Autors fünf, zehn oder zwanzig Jahre würden warten müssen. Zweig blieb dieses Schicksal erspart, weil er sich politisch nie eindeutig festgelegt hatte. Das heißt natürlich nicht, dass alles von ihm übersetzt und gedruckt wurde, doch die meisten seiner Erzählungen galten als »unbedenklich«. Im Vorwort zum Zweig-Erzählband in russischer Sprache, das mir meine Großmutter aus Russland geschickt hatte, stand, Zweig sei »ein bürgerlicher Schriftsteller mit idealistischer und naiver Weltsicht« gewesen, der die »Bedeutung des Kommunismus und der Oktoberrevolution für die Menschheit nie in ihrer ganzen Tragweite verstanden« habe. Zu würdigen sei jedoch die tiefe Menschlichkeit seiner Werke. Die Angaben zu Leben und Werk des Autors waren auf einige Rudimente zusammengekürzt. Zudem wurde seine jüdische Herkunft nicht oder nur beiläufig erwähnt, weil alles, was mit Judentum zu tun hatte, in der Sowjetunion ein Tabuthema war.

Stefan Zweig galt als charmanter Chronist einer längst versunkenen bürgerlichen Gesellschaft, der man in Novellen wie *Praterfrühling* oder *Gefährliche Liebschaft* begegnet. Aber gerade diese Fluchtmöglichkeit in eine märchenhaft anmutende Welt fern des eigenen tristen Alltags machte ihn für die sowjetischen Leserinnen und Leser attraktiv. Meine Begeisterung für Zweig hatte ähnliche Gründe. Dass die Handlung meist in Österreich angesiedelt war, spielte in meinem Fall ebenfalls eine wichtige Rolle, war es doch ein anderes Österreich, das hier beschrieben wurde, als jenes, das ich kannte. Der doppelte Bruch durch die zeitliche Distanz und die sprachliche Verfremdung ermöglichte es mir erst, den örtlichen Wiedererkennungseffekt als genussvoll und nicht als schmerzhaft zu erleben. Der sprachliche Verfremdungseffekt führte dazu, dass ich das Land, in dem ich lebte, langsam meiner utopischen Gegenwelt einzuverleiben begann. Zweig steht somit am Beginn meiner Annäherung an Österreich. Der nächste Schritt würde sein, Deutsch nicht mehr ausschließlich als Sprache der anderen zu erleben, sondern als einen Teil der eigenen Identität.

Als ich im Alter von zwanzig Jahren Zweig das erste Mal auf Deutsch las, war ich enttäuscht. Oft hatte ich das Gefühl, nicht das Original, sondern eine schlechte Übersetzung in Händen zu halten.

In der russischen Version war ich nie über pathetische, umständliche oder kitschige Sätze gestolpert, vielleicht weil es sich um sehr gute Übersetzungen handelte. Ein talentierter Übersetzer kann eine altertümliche oder kurios klingende Formulierung »entschärfen«, ohne dadurch dem Original untreu zu werden oder den Text atmosphärisch zu verändern, und in Russland waren – wie schon gesagt – die literarischen Übersetzer meist besser ausgebildet als ihre westeuropäischen Kollegen.

Womöglich hatte der russische Übersetzer des Zweig-Buches, das ich als Kind gelesen hatte, aber die Altertümlichkeiten altertümlich und den Kitsch kitschig ins Russische übertragen, nur war mir das damals nicht aufgefallen oder nicht wichtig. Auch heute noch kann ich russische Prosa unmittelbar wahrnehmen, mich ganz deren Inhalt und Atmosphäre hingeben, ohne wie bei deutschen Texten sofort über deren Machart oder Schwächen reflektieren zu müssen. [10]

Deutschsprachiger Schriftsteller zu werden, ist für mich keine Selbstverständlichkeit gewesen. Die ersten Schreibversuche erfolgten auf Russisch. Im Deutschen hatten die Worte eine Bedeutung, im Russischen, meiner Muttersprache, einen tieferen Sinn. Die Struktur der deutschen Sprache war erst zu erlernen, ihre Nuancen und Doppelbödigkeiten waren zu erahnen, als das Russische mir schon als ein gut gestimmtes Instrument zur Verfügung stand, dessen Spiel ich mehr schlecht als recht, aber doch intuitiv beherrschte. Schließlich wählte ich jene Form, in der ich meine Gedanken am besten auszudrücken verstand: eine deutsche Oberfläche, unter der oft, eher unbewusst als gewollt, Satzbau, Melodie und Idiomatik des Russischen mitschwingen.

Meine schriftstellerische Heimat ist der Grenzbereich, die Gleichzeitigkeit und das Nebeneinander. Die Tatsache, dass ich mir meiner Sprache nie sicher sein kann, dass ich Worte und Formulierungen hinterfrage, die andere mit intuitiver Selbstverständlichkeit handhaben, sehe ich als Vorteil an. Er besteht darin, dass es mir leichter fällt, mein Schreiben aus der kritischen Distanz zu betrachten und somit meine Möglichkeiten und Grenzen besser zu erkennen. Ich glaube, dass die Fähigkeit zur Distanz ein Signifikum von Literatur überhaupt ist. Distanzen müssen aufgebaut werden, bevor man eine Wiederannäherung an ein Thema wagen kann. Kein einziges deutsches Wort hat für mich seine Fremdheit zur Gänze verloren. Darin liegt aber auch die Chance, den scheinbar bekannten und dennoch nicht ganz vertrauten Worten eine neue, manchmal überraschende Bedeutung zu geben oder sie in einen ungewohnten Kontext zu stellen.

Für Menschen, die eine Emigration durchmachen mussten, ist Heimat fast immer eine Zwischenwelt oder – besser noch – eine reale Fiktion. Sie ist Fiktion, weil jeder Emigrant sich das Idealbild einer Heimat erschafft. (Nur Nichtemigranten können dem Zwang entgehen, über ein solches Idealbild nachzudenken.) Erinnerung und Wahrnehmung fügen das Erlebte und Empfundene immer wieder zu einem neuen Bild zusammen.

Das Bild ist real, weil aus der Summe der Einzelbilder ein Schattenbild mit klaren Konturen entsteht. Das Schattenbild ist leicht veränderbar. Man braucht nur das Licht zu drehen, also den Blickwinkel zu ändern. An einem zu plastischen Bild erkennt man die scharfen Kanten nicht so leicht. Da muss man schon sehr genau hinschauen, sich von der Geschmeidigkeit nicht irreführen lassen.

Je mehr Texte ich zum Thema Emigration und Exil verfasste und je intensiver ich mich mit Texten anderer Emigranten beschäftigte, desto öfter musste ich an dieses Schattenbild denken. Fast immer war in den Texten von einer individuellen Lebenserfahrung oder von einem Detailphänomen die Rede. Die Texte gewannen jedoch zugleich Allgemeingültigkeit, waren übertragbar auf andere Exil- und Fremdheitserfahrungen. Indem ich diese Texte las, redigierte oder eigene schrieb, lernte ich mit der Zeit den Perspektivwechsel, also das Licht zu drehen, und der Schatten drehte sich mit, er veränderte seine Form, ohne je sein Wesen zu verleugnen. Auf diese Weise bekam ich nicht nur einen besseren Zugang zum Verständnis für das Land, in dem ich heute lebe, und für jene Länder, in denen ich früher Zwischenstation gemacht, sondern auch zu jenen persönlichen Erlebnissen, die ich lange Zeit entweder für uninteressant oder für nicht mitteilbar gehalten hatte.

Was ich geschrieben habe, ist letztlich nur ein andersförmiger Schatten eines umfassenden Phänomens. Das Exil – wenn auch natürlich nicht das einzige, so bis jetzt doch ein wichtiges Thema meiner schriftstellerischen Arbeit – ist international. Es ist die zugespitzte Form jener Erfahrung von Fremdsein und Identitätsverlust, die zu den wesentlichen Merkmalen unserer Zeit gehört. Man kann im Exil sein, ohne jemals seinen Heimatort verlassen zu haben. Diesen globalen Aspekt des Exils sichtbar zu machen, scheint mir eine der wichtigsten Aufgaben zeitgenössischer Kunst zu sein.

Was über Heimat im Allgemeinen gesagt werden kann, gilt für die Sprachheimat im besonderen Maße. Hinter der Mehrsprachigkeit – insbesondere jener von Immigranten – steht das Idealbild einer Sprache, der Sprache, die »eigentlich perfekt« oder zumindest annähernd »perfekt« beherrscht werden *sollte*.

Doch abgesehen davon, dass Perfektion nicht existiert, bedeutet Mehrsprachigkeit nicht nur Gewinn, sondern auch Reduktion und Verlust, weil es – wenn man sich Sprachen als Kreise vorstellt – neben einem Überlappungsbereich, in dem eine tatsächliche Sprachkompetenz in zwei oder mehreren Sprachen besteht, immer Außenbereiche gibt, in denen man monoglott oder fast monoglott bleibt. Dies gilt für mich genauso wie für die meisten anderen Immigranten auch. Die erwähnte Einsprachigkeit kann sich auf bestimmte Themenbereiche oder einzelne Wörter beziehen, es kann sich um ein tatsächliches Unwissen der Entsprechung in anderen Sprachen handeln oder um eine besondere emotionelle Nähe zu einer Sprache, die es dem Sprechenden oder Schreibenden unmöglich macht, in bestimmten Situationen oder bei bestimmten Themen eine andere Sprache zu verwenden.

Der monoglotte Außenbereich zwingt entweder zur Selbstbeschränkung (das trifft auf die Mehrheit aller Einwanderer der ersten Generation zu) oder zur Übersetzung. Übersetzung aber ist sowieso immer eine Fiktion. Je perfekter sie zu sein scheint, desto weniger gelingt sie einem.

Der bosnische Schriftsteller Dževad Karahasan, der 1993 aus seiner Heimatstadt Sarajevo flüchten musste, behauptete einmal, wir alle seien Emigranten. Wer den Lebensweg von der Geburt zum Tod nicht als permanente Emigration sehe, habe weder die Abgründigkeiten noch die Chancen menschlicher Existenz verstanden.

Führt man diesen Gedanken konsequent weiter, erkennt man, dass die Bezeichnung »Schreiben zwischen den Kulturen« eine symbolträchtige Tautologie darstellt. Kultur – soweit sie diesen Namen verdient – betont ja gerade das Dazwischen unseres Daseins. Auch Sprache wird ständig neu erschaffen. Gegen Ende seines Lebens verwendet niemand jene »Muttersprache«, die er einmal als Kind gelernt hat, und ein Zuwanderer, der sein kulturelles Umfeld und in Folge auch die Sprache »wechseln« muss, ist nur gezwungen, diesen Prozess der ständigen Entfremdung und Einverleibung umfassender und bewusster, schneller und radikaler durchzuführen. Dieser Umstand aber rückt die Texte von Autorinnen und Autoren, die einen Sprachwechsel durchgemacht haben, vom scheinbaren Rand in die so genannte Mitte. Die Irritationen und Brüche, die in diesen Texten erkennbar werden, sind Bruchstücke eines Zerrspiegels, und nur wer den Mut aufbringt, in diesen Spiegel zu schauen, ohne sofort den Blick abzuwenden, wird auch für sich selbst die Wahrhaftigkeit des Zerrbildes erkennen.[11]

Im Jahre 2001 wurde mir der *Adelbert-von-Chamisso-Förderpreis* zuerkannt, ein Literaturpreis, der an deutsch schreibende Autorinnen und Autoren mit nicht deutscher Muttersprache vergeben wird. Bei der Preisverleihung in München bemerkte mein Laudator, der österreichische Lyriker, Erzähler und Exilforscher Konstantin Kaiser, dass ein Preis, der nach Chamisso de Boncourt, der aus dem revolutionären Frankreich in das Deutschland der »Befreiungskriege« geflüchtet war, benannt sei, unweigerlich die Erinnerung an jene altbekannte Haltung deutscher Sprachhüter hervorrufe, die ein »Deutsches Dichterlexikon« mit den folgenden Worten dokumentiere: Er (Chamisso) »ging trotz nie vollkommener Beherrschung des Deutschen ganz im deutschen Geist auf«. Nun lässt sich, wie Konstantin Kaiser treffend bemerkte, an Chamissos »nie vollkommen beherrschtem Deutsch« ganz gut Deutsch lernen.

Dass jedoch die Chamisso-Preisträgerinnen und Preisträger (die aus der Türkei und aus Syrien, aus dem ehemaligen Jugoslawien, aus Italien, Rumänien oder Polen stammen) tatsächlich »ganz im deutschen Geiste« aufgingen, ist gar nicht so abwegig, wenn auch dies in einem anderen Sinn zu verstehen ist, als es sich die Verfasser des erwähnten Lexikons gedacht haben dürften. »Aufgehen« ist immer ein wechselseitiger Prozess. Der beschworene »nationale Geist« wird vor allem durch jene in seiner Lächerlichkeit entlarvt und schließlich umgeformt, die den scheinbaren Widerspruch zwischen Mehrfachidentität und »Verwurzelung« auszuhalten vermögen und die Sprache nicht als Ausweis einer Volkszugehörigkeit sehen. [12]

Die Problematik des Sprachwechsels ist derart komplex, dass jede Zuordnung, jede scheinbar klare Antwort darauf, eine Banalisierung bedeutet – eine Lüge, eine Reduktion auf einen Teilaspekt, der, isoliert betrachtet, seine Wahrhaftigkeit verliert – oder eine ironisch gemeinte Spielerei ist, eine kunstvolle oder auch weniger kunstvolle Verschleierungstaktik wie zum Beispiel meine Theorie über die Pubertät.

Zur Abrundung und Vertiefung des Gesagten möchte ich einige Aussagen von Kolleginnen und Kollegen kommentieren, die ebenfalls als Zuwanderer nach Deutschland, Österreich oder in die Schweiz gekommen sind. Ich möchte damit ein weiteres Spektrum möglicher Zugänge zum Thema Sprache bzw. Sprachwechsel aufzeigen.

Catalin Dorian Florescu beschreibt Heimat, auch Sprachheimat, folgendermaßen: [13]

Es ist das Gefühl der Energetisierung, der Durchflutung mit Leben ohne Wenn und Aber, ohne sprachliche Fehler, ohne Angst vor dem Gegenüber. Man taucht in ein warmes Medium ein, wo Heilung möglich ist. Ein verlorener Teil findet zu den anderen Teilen zurück. Man fühlt sich wieder ganz.

Catalin D. Florescu, 1967 in Timişoara geboren, verließ sein Geburtsland Rumänien mit fünfzehn Jahren und übersiedelte in die Schweiz. Ich wurde mit fünf Jahren aus der Sowjetunion fortgebracht und kam nach einer zehnjährigen Odyssee (physisch, aber noch lange nicht emotionell) in Österreich an. Weder ein Ort noch eine Sprache werden mir die Illusion vermitteln, mich ganz zu fühlen. Ich fühle mich nur ganz, wenn ich weiß, dass ich mich nie ganz fühlen kann. Meine Ganzheit ist dieser Mangel. Wahrscheinlich ist das meine Chance.

Ebenso wenig trifft auf mich die folgende Aussage von Sudabeh Mohafez (geboren 1963 in Teheran) zu:

> Meine literarische Sprache ist einer der Orte geworden, an denen ich alles sein kann, was ich bin, mich nicht für ein Entweder-oder entscheiden muss.

Das klingt sehr schön. Das ist ein Bild, das Künstler gerne von sich selbst zeichnen. Es ist auch das Bild, das andere gerne in ihnen sehen. Aber es gibt keine Orte, an denen wir alles sein können, was wir sind. Das sind wir erst zum Zeitpunkt unseres Todes. Dann haben wir alles abgeschlossen, und der Ort spielt (möglicherweise) keine große Rolle mehr. Mit jedem Satz, den wir schreiben, entscheiden wir uns für ein Entweder-oder. Die Sprache setzt uns Grenzen. Der Sprachwechsel setzt uns ebenfalls Grenzen. Die große Herausforderung ist, diese erst einmal erreichen zu können, und wenn wir sie überschreiten, stoßen wir auf neue.

Die aus Bratislava stammende, aber seit fast vierzig Jahren in Basel wohnende Schriftstellerin und Journalistin Irena Brežna meint:

> Hier [in der Schweiz] klingt mein Hochdeutsch invalid, ich verstümmle es freiwillig, um meine Gesprächspartner mit einer wohl gestalteten Sprache nicht zu verärgern, nicht zu überfordern. […] Je hässlicher, je hilfloser ich spreche, umso beschützter bin ich und verbrauche so wenig Kraft. Bleibe ich auf diese Art hörbar unvollkommen, werde ich keine Konkurrenz und man lässt mich in Ruhe. […] Wage ich, ein allzu glattes Hochdeutsch auf die Einheimischen niederprasseln zu lassen, wird dies als Überlegenheitsgebärde im eigenen Revier dechiffriert und mit Feindseligkeit geahndet.

Den Österreichern fehlt aus einer Reihe historischer Gründe die bornierte Selbstsicherheit der Schweizer. Was Irena Brežna über die Schweiz schreibt, trifft auf Österreich in dieser Schärfe nicht zu.

Im Russischen wiederum gibt es kaum Dialekte. Die sprachlichen Unterschiede sind weniger regional als gesellschaftlich bedingt. Ähnlich wie in England gibt es eine Reihe von Soziolekten. Der so genannte »kultivierte Mensch« ist durch seine Aussprache, den Wortschatz und den richtigen Gebrauch der Grammatik erkennbar. In Österreich ist das anders. Die Hochsprache wird im Alltag kaum verwendet. Es gibt Soziolekte innerhalb der Dialekte, eine gepflegte und weniger gepflegte Umgangssprache, die einige Sprecher für Hochdeutsch halten, und je weiter man sich im Land von Ost nach West, je weiter man sich vom urbanen Großraum Wien in die ländlich geprägten, alpinen, in sich ruhenden und sich als eigene Welt verstehenden Regionen Salzburgs, Tirols oder Vorarlbergs hinein wagt, umso größer und ausgeprägter wird der Unterschied zwischen der Schriftsprache, die die Kinder in der Schule erst mühsam erlernen müssen, und dem Dialekt, der für den Landeshauptmann, Bankdirektor oder Universitätsprofessor, den Bauarbeiter oder die Putzfrau die eigentliche Muttersprache ist.

Manche Dialekte in Tirol und Vorarlberg unterscheiden sich so stark vom Hochdeutschen, dass sie de facto eigene Sprachen bilden. Die Menschen sind folgerichtig zwei oder mehrsprachig. Die verschiedenen Dialektvarianten und die Hochsprache befinden sich in einem prekären Gleichgewicht. Ähnlich den Zuwanderern können sich die Menschen ihrer Sprache nie ganz sicher sein. Intuitiv wissen sie das auch oder spüren es zumindest. Die oft gehässig vorgebrachten Forderungen, Ausländer sollten »g'scheit Deutsch lernen«, sind aus dieser Unsicherheit heraus zu erklären. Aber welches Deutsch? Haben Gastarbeiter, die in Dornbirn gebrochen Vorarlberger Dialekt mit türkischem Akzent sprechen, »g'scheit Deutsch«

gelernt? Ein Dialekt mit fremdem Akzent klingt lächerlich. Es wird von den Einheimischen auch als lächerlich empfunden, wenn Ausländer ihren Dialekt imitieren. Wenn jedoch Ausländer, die in ihr Land als Gastarbeiter gekommen sind, korrektes Hochdeutsch sprechen, wird dies als überheblich, als hochmütig, als anmaßend wahrgenommen. Am liebsten hat man jene Ausländer, die alles verstehen, was man ihnen sagt, die sich annähernd korrekt ausdrücken, aber doch hin und wieder Fehler machen, die eine Mischung aus Dialekt und Hochsprache sprechen, die keiner der beiden Varianten zu nahe kommt bzw. zu nahe tritt, und die nur jene Nuancen in der Sprache ihres Gesprächspartners verstehen, die dieser verstanden haben möchte. Kurzum: es ist nicht leicht, ein Ausländer zu sein, wenn man kein Sprachkünstler ist.

**

Den Abschluss dieser Vorlesung soll ein Gedicht von Raffaella Passiatore bilden. Vieles von dem, was ich theoretisch oder anekdotisch auszuführen versucht habe, bringt dieses Gedicht auf den Punkt, vertieft es, öffnet Räume, lässt weitere Assoziations- und Interpretationsmöglichkeiten zu. Raffaella Passiatore, 1966 in Mailand geboren und in Bari aufgewachsen, lebt seit 1989 in Salzburg. Sie ist Lyrikerin, Prosaschriftstellerin, Theater- und Drehbuchautorin und Dozentin für Klavier am Salzburger Musikum. Sie schreibt Italienisch und Deutsch. Im Jahre 2001 erhielt sie in Florenz den 3. Preis für Theater bei *Premio die Letteratura e Arte Firenze-Europa 2001* und im Jahre 2004 in Wien den 1. Preis für Lyrik im Rahmen des Literaturpreises *Schreiben zwischen den Kulturen*. Als Jurymitglied war es mir eine besondere Freude und eine große Ehre, dazu beigetragen zu haben, dass Raffaella Passiatore den letztgenannten Preis bekommen hat.

Das folgende Gedicht ist ihrem zweisprachigen Lyrikband
Terre straniere / Fremde Länder entnommen.[14]

MUTTERLAND / PATRIA

In dir
finde ich nicht mehr die
　　Tränen
von meinen Gefühlen
　　ernährt.
Ich finde nicht mehr das
　　FürImmer
des Ideals der Gerechtigkeit,
eines wohlwollenden Gottes,
einer mütterlichen Liebe, die
　　nicht
mordet.

In Te
non trovo più di
　　lacrime
che il mio affetto
　　nutriva.
Non trovo più il
　　Persempre
di un ideale di giustizia,
di un dio benevolo,
di un amore materno che
　　non
uccide.

Hartes »Jetzt« – ohne
　　Gedächtnis –
bleibt über wie Stein,
Irrlichtendes Wie und Wann
verkaufst du uns.

Duro Adesso senza
　　memoria
come pietra rimane,
fatui Come e Quando
ci vendi.

Heimaterde, taub für meine
　　Poesie,
doch meine Verse sind schon
auf die Straßen deiner Hand
　　geschrieben.
Blinde Heimaterde,
der Spiegel deiner Lügen
　　zu sein,
die Farben meiner Seele

Terra sorda alla mia
　　poesia,
i miei versi sono già scritti
sulle strade della tua
　　mano.
Terra cieca,
delle tue menzogne,

i colori della mia anima

sind mit deinem Blut
   durchmischt.

Schließ endlich die Augen.

Sollte der Tod kommen –
vielleicht Licht
hinter schon geschlossenen
   Augenlidern,
vielleicht Rückkehr
nach schon abgeschlossener
   Reise –
vielleicht werde ich noch in
   dir leben.

Hinter deinen Augen
das offene Meer der Poesie
und von der Woge erfüllt
wird es sogar dem schwarzen
   Loch
in der Mitte meines Schauens
   nicht gelingen
das Blau zu verschlingen.

Die Pupille wird der verlorene
   Ball
unserer Kindheit sein,

schwimmend,
auf dem sich brechenden
   Blau
des Spiegels.

sono impastati con tuo
   sangue.

Chiudi finalmente gli
   occhi
Venisse la morte
forse Luce
dietro palpebre già
   abbassate,
forse Ritorno
dopo un viaggio già
   finito,
forse vivrei ancora in te.

Dietro i tuoi occhi
è il mare aperto della poesia
e colma dell'onda,
i buchi neri al centro del
   mio guardare
non riusciranno ad
   inghiottirne
l'azzuro.

La pupilla sarà la palla
   perduta
di quando eravamo
   bambini,
gallegiante,
sull'azzuro infrangersi
   dello
specchio.

3. VORLESUNG

DAS GEBROCHENE BILD DES EIGENEN

Wie aus Emigrationserfahrungen und Familienlegenden
»historische Romane« entstehen

Fasst man den Begriff »historisch« etwas weiter, als dies in der
Umgangssprache üblich ist, so kann man alle meine Bücher
als historische Romane bezeichnen.

In der *Abschiebung* wird eine Zeitspanne im Sommer und
Herbst 1980 beschrieben, aber es gibt Rückblenden, die bis
in die Kriegszeit zurückreichen.

Zwischenstationen spannt den Bogen von 1971 bis 1993. Für
jüngere Menschen ist diese Zeit schon historisch.

Das besondere Gedächtnis der Rosa Masur hat eine Rahmen-
handlung, die 1999 spielt. Den Hauptteil bilden jedoch Episoden, die ein halbes Jahrhundert umspannen: den Zeitraum
von 1910 bis 1953.

In meinem Roman *Letzter Wunsch* geht es um jüdische
Identität im Besonderen und Identität und Zugehörigkeit im
Allgemeinen. Auch hier bilden historische Szenen, die in den
Dreißiger- und Vierzigerjahren des 20. Jahrhunderts spielen,
einen wichtigen Teil des Romans.

Mein jüngstes Buch trägt den Titel *Mein erster Mörder* [15]
und beinhaltet drei Lebensgeschichten, die alle unmittelbar
mit der österreichischen NS-Vergangenheit zu tun haben. In
der Titelgeschichte wird ein bis dahin unbescholtener Mann

wegen Totschlags zu acht Jahren Gefängnis verurteilt. Was haben sein Vater und dessen Rolle im Zweiten Weltkrieg mit dem Sohn und mit dessen Tat zu tun?

Eine Frau erzählt in *Ein schöner Bastard* die Geschichte ihrer Familie: Ihr Vater ist Deutscher, Halbjude, tschechischer Staatsbürger, gläubiger Christ und überzeugter Sozialdemokrat. Der Kampf ums Überleben zwingt der Familie in wechselnden politischen Systemen beständig neue »Identitäten« auf. Als die Protagonistin in den Sechzigerjahren nach Österreich übersiedelt, verkörpert sie für die Einheimischen »als Tschechin« und als Ausländerin ein weiteres Mal jenes Fremde und gleichzeitig Vertraute, das bei ihren Mitmenschen die größten Irritationen auslöst. – Zwei Freunde, Robert und Karl, flüchten in *Nach dem Endsieg*, der dritten Geschichte des Buches, aus dem Reich der Nationalsozialisten. Nach einer langen Irrfahrt landet Karl in der Fremdenlegion. Robert wird verhaftet und gezwungen, für das Naziregime in den Krieg zu ziehen. Jahre später treffen die Freunde einander wieder und stellen fest: Sie haben gegen ihren Willen in gegnerischen Armeen gekämpft. Hier wie in den anderen beiden Lebensgeschichten habe ich versucht, das Leben von Menschen nachzuzeichnen, die zwischen politischer Willkür und schicksalhaften Gegebenheiten zu überleben, aber auch ihre Würde zu bewahren versuchen.

In allen meinen Büchern sind Vergangenheit und Gegenwart, zeitgenössische und historische Szenen, gleichermaßen enthalten. Die Vergangenheit, aus der die Figuren stammen, scheint allemal durch die Gegenwartsebene meiner Romane hindurch. Nicht selten werden die Geschichten aus der Vergangenheit dabei zur eigentlichen, erzählenswerten Geschichte. Einige Szenen aus meinem Roman *Das besondere Gedächtnis der Rosa Masur* sollen dies auf exemplarische Weise verdeutlichen.

Rosa Masur ist zweiundneunzig Jahre alt, als sie für ein »Jubiläumsbuch« zur 750-Jahr-Feier der (fiktiven) deutschen Stadt Gigricht aus ihrem Leben erzählen soll. Erst wenige Monate zuvor ist sie mit ihrem Sohn Kostik und der Schwiegertochter Frieda aus Russland ausgewandert und als so genannter »Kontingentflüchtling« nach Deutschland gekommen. Das Honorar für die Mitarbeit an dem Buch ist ihr daher äußerst willkommen. Und so beginnt die russische Jüdin Rosa Masur zu erzählen. Sie erinnert sich an das weißrussische Schtetl, in dem sie geboren wurde, an die Machtergreifung der Bolschewiken, an ihre Übersiedlung nach Leningrad, an den Stalinismus, den Zweiten Weltkrieg und an die Nachkriegszeit.

Die folgende Szene spielt im Jahre 1941. Rosa ist Anfang dreißig. Ihr Sohn Kostik ist zehn, die Tochter Schelja vier Jahre alt. Ihr Ehemann Naum ist zur Roten Armee eingezogen worden. Als sich die Front der Stadt Leningrad nähert, macht man Rosa den Vorschlag, als Erzieherin eine Gruppe von Kindern aufs Land zu begleiten. Ihre eigenen Kinder darf sie ebenfalls mitnehmen. Rosa willigt ein. Auf dem Land, weit weg von der Front, würden die Kinder in Sicherheit sein...

Aus *Das besondere Gedächtnis der Rosa Masur*.[16]

Unser Zug stand außerhalb der Bahnhofshalle auf einem Nebengleis: fünf Viehwaggons mit handtuchgroßen, vergitterten Fenstern. Es gab dort weder einen Bahnsteig noch einen asphaltierten Weg.

Die Kinder waren im Alter von zwei bis sechzehn Jahren, insgesamt etwa hundertzwanzig. Die Kleinsten waren meist in Begleitung größerer Schwestern, die auf sie aufpassten. Außerdem waren noch drei Lehrerinnen mit und zwei Mütter, die offiziell als Erzieherinnen geführt wurden, sich aber in erster Linie um ihre eigenen Kinder kümmerten. Später wurde ich zur Transportleiterin gewählt, vielleicht weil ich mit meinen dreiunddreißig Jahren die Älteste war.

Wir rechneten damit, nach fünf oder sechs Stunden Fahrt unseren Zielort zu erreichen. Dies erwies sich als eine sehr optimistische Schätzung. Immer wieder standen wir auf Nebengleisen und in Bahnhöfen, mussten Truppen- oder Waffentransportzügen Platz machen oder über Nebenstrecken dem Verkehr auf den Hauptstrecken ausweichen. Nach drei Stunden blieben wir in einem kleinen Provinzbahnhof hängen. Die Trasse war durch Bombentreffer zerstört worden.

Der Zug musste einen großen Umweg machen. Wie lange die Fahrt noch dauern würde, konnte uns niemand sagen. Unsere Verpflegung reichte nur für einen halben Tag. Weder die Kinder noch die Erwachsenen hatten viel mitgenommen. Jeder nicht mehr als einen Rucksack oder eine Tasche oder ein geschnürtes Bündel. An unserem Zielort sollten wir Verpflegung und Unterkunft erhalten. Eine Ausnahme bildete nur die Mutter von drei Kindern, deren Mann Direktor eines Kaufhauses war. Sie hatte einen Sack mit Lebensmitteln bei sich, den sie eifersüchtig bewachte.

Es war bald nicht mehr genug Wasser da. Toiletten gab es keine. Um unsere Notdurft zu verrichten, benützten wir Kübel. In einem der Waggons gelang es, eine Planke aus dem Boden herauszubrechen.

Statt eines halben Tages waren wir mehr als vierzig Stunden unterwegs. Zusammengekauert saßen die Kinder auf dem Boden der Waggons und fragten immerfort, wann wir ankommen würden. Die Kleineren begannen zu weinen. Wir konnten ihnen keine Antwort geben, fanden Worte, die nicht beruhigten. Unsere Gesichtsausdrücke und Gesten drückten wohl Unsicherheit und Angst aus, die sich auf die Kinder übertrug.

Der Zug schleppte sich mit höchstens dreißig Kilometern pro Stunde durch eine eintönige Landschaft: Wald, durch Ackerflächen unterbrochen, ab und zu ein Dorf

mit braunen Holzhäusern, goldene oder grüne Kirchen-
kuppeln und grünweiße Türme hinter den Birken, kleine,
langhaarige Pferde mit gefesselten Vorderbeinen entlang
der Trasse. Manchmal sah man Frauen mit weißen Kopf-
tüchern. Mit der Zeit wurden Siedlungen und Stationen
seltener. Der Wald lichtete sich, machte einer sumpfigen
Wiesenlandschaft Platz.

Nachdem wir einen Tag und eine Nacht unterwegs
waren, erkrankten einige Kinder an Durchfall. Sie waren zu schwach, um sich noch auf den Beinen halten
zu können. Wir mussten sie hochheben und auf den
Kübel setzen. Dann öffneten wir die Schiebetür des
Waggons und düngten mit dem Inhalt des Kübels die
Wiesen entlang der Trasse. Trotzdem war der Gestank
im Wageninneren unerträglich. […]

Am Zielort unserer Evakuierung warteten Einheimische
mit Pferdefuhrwerken. Die kleineren Kinder durften
darin Platz nehmen, alle anderen gingen zu Fuß. Wir
bewegten uns durch eine Moorlandschaft. Büsche und
Gräser wogten im Wind wie Wellen an der Oberfläche
eines großen Sees. Das Dorf war vor zehn Jahren entstanden. Es hatte noch nicht einmal einen Namen, sondern
trug die etwas umständliche Bezeichnung: Helden-Der-
Pariser-Kommune-Sowchose, Siedlung Nummer Sieben.
Keiner der Einheimischen wusste, was die Pariser Kom-
mune gewesen und warum ihre Sowchose nach deren
Helden benannt worden war. Diese Frage schien sie auch
nicht sonderlich zu interessieren, waren sie doch größtenteils mürrische alte Männer, die sich in erster Linie um
ihre Söhne und Enkel an der Front Sorgen machten. Die
Stadtkinder waren für sie nur zusätzliche Esser.

Schließlich kamen wir ins Dorf, das zwölf Kilometer
von der Bahnstation entfernt lag. Es bestand aus einer
Straße und etwa einem Dutzend Blockhütten, einer

Schule und einem Verwaltungsgebäude. Kein einziger Ziegelbau. Zwischen den Häusern, die quer zur Straße standen, spazierten Schweine, Ziegen und Hühner. So rustikal hatte ich es mir eigentlich nicht vorgestellt. [...]

Mit den Dorfbewohnern verstand ich mich gut, besonders mit Grischa, dem Postmeister. Nach einem Unfall war sein linker Arm verkrüppelt, was ihn vor dem Kriegsdienst bewahrt hatte. Er war ein wortkarger, immer sehr beherrscht wirkender Mann, Antialkoholiker und Nichtraucher. Von den Männern des Dorfes wurde er deshalb manchmal als »Nonne in Hosen« bezeichnet, ignorierte diese Sticheleien aber. »Die geflügelte Dummheit schießt man nicht ab«, pflegte er mir in solchen Fällen zu sagen, »sondern lässt sie einfach weiterfliegen.«

Als einziger im Dorf las Grischa regelmäßig Zeitungen und Bücher und hörte Radio. »Sie werden bald wieder fort müssen«, sagte er zu mir, wenn wir allein waren. »Noch ehe der Sommer vorbei ist, sind die Deutschen hier.«

Ich glaubte ihm nicht, aber er lächelte nur bitter, wenn ich seine Worte in Zweifel zog.

»Vor dem Krieg träumte ich davon, in Leningrad ein Technikum zu besuchen. Das wird sicher ein Traum bleiben. Aber wenn die Deutschen da sind, kann ich vielleicht einen Gemischtwarenladen eröffnen. Vor der Kollektivierung hatte mein Vater so einen Laden. Eines Tages haben sie meinen Vater umgebracht.«

Wir waren nicht die einzigen Evakuierten in der Siedlung. Anfang August traf ein Flüchtlingstransport in der Sowchose ein, hauptsächlich Juden aus der westlichen Ukraine. Dass sie ausgerechnet zu uns, in die Gegend von Nowgorod, die inzwischen selbst von deutschen Truppen bedroht war, evakuiert worden waren, kann man nur auf das Chaos und die Desorganisation jener ersten Kriegsmonate zurückführen. Eine Woche später fuhren sie weiter Richtung Osten. Zwei oder drei Tage nach ihrer Ankunft erschien Grischa in unserem Quartier, winkte mich zu sich, legte den Zeigefinger auf die Lippen und deutete mit den Augen Richtung Tür.

»Wir haben vielleicht den Verwandten eines großen Nazibonzen festgenommen«, flüsterte er mir ins Ohr, als wir auf der Straße waren.

»Bitte wie? Ein Nazibonze? Hier in der Sowchose?« Ich traute meinen Ohren nicht.

»Sie sollen uns bei der Aufklärung des Falles helfen.«

»Ich?«

»Kommen Sie mit!«, flüsterte Grischa. Ich folgte ihm zum Verwaltungsgebäude der Siedlung, das der Sitz des Dorfsowjets, die Wachstube der Miliz sowie Telegraphen- und Postamt in einem war.

Der »Nazibonze« war ein untersetzter, kleiner Jude mit Glatze, dessen Alter schwer zu schätzen war. Er wirkte völlig verängstigt und erklärte dem Direktor der Sowchose stotternd etwas. Der Dorfmilizionär, ein siebzehnjähriger Komsomolze, stand mit gezogenem Revolver und schrie immer wieder mit hoher, sich beinahe überschlagender Stimme: »Ich glaube dir kein Wort, du Faschist! An die Wand stellen! Wir werden dich ganz einfach an die Wand stellen!«

»Ich protestiere gegen diese Behandlung, und bitte duzen Sie mich nicht, junger Mann«, stammelte der Festgenommene.

»Erschlagen werden wir dich, weil eine Kugel für dich zu schade ist«, fiel ihm der Milizionär ins Wort. »Bei uns in der Sowchose wird nicht protestiert, hörst du!«

Bald wurde mir klar, warum der Mann in diese missliche Lage geraten war. Schuld war sein Familienname. Er hieß Gebels, und zu seinem Unglück war er in Deutschland, in Königsberg, auf die Welt gekommen.

Neben Gebels saß seine Frau auf der Bank, eine füllige Jüdin mit stark ergrautem Haar. Abwechselnd schluchzte sie oder belegte die Repräsentanten der Staatsgewalt mit Flüchen in jiddischer Sprache, die diese zum Glück nicht verstanden. Dann wieder appellierte sie an »die Einsicht und den gesunden Menschenverstand« ihrer Peiniger, was in diesem Fall eher wie ein Scherz anmutete.

»Aber Genossen!«, sagte ich. »Der deutsche Reichspropagandaminister heißt Goebbels und nicht Gebels.«

»Ja, ja, ja!«, stotterte der unglückliche Gebels. »Bei uns in Schmerinka gibt es ein gutes Dutzend Gebels. Einer davon war Talmudgelehrter, und mein Onkel, Izik Gebels, hat als Soldat der Roten Armee gegen Denikin gekämpft, ein hochdekorierter Held des Bürgerkriegs.«

»Gebels oder Goebbels, wo ist da der Unterschied?«, meinte der Direktor. »Ich höre da keinen Unterschied. Hörst du einen Unterschied, Arkascha?«

»Da ist kein Unterschied!«, stellte der Milizionär fest und fuchtelte mit dem Lauf des Revolvers vor dem Gesicht des Verhafteten. »Der versucht doch nur, uns hinters Licht zu führen, der Faschist. Los, gib zu, dass du der Bruder des Nazibonzen bist!« Der Siebzehnjährige schien nicht den Funken eines Zweifels zu haben.

Grischa stand abseits und schaute zu Boden. Im Unterschied zu seinen beiden Kameraden war ihm die Szene offenbar peinlich.

»Warum bist du in Königsberg geboren?«, fragte der Direktor. »Bist du ein Deutscher?«

»Los, Jossele, sag ihnen, warum du in Königsberg auf die Welt gekommen bist.« Gebels' Frau umarmte ihren Mann. »Fürchte dich nicht, ich bin bei dir, Jossele, es wird sich alles aufklären«, flüsterte sie. »Die Genossen sind doch nicht dumm«, fügte sie laut hinzu.

»Mein Vater war Handelsreisender«, erklärte Gebels. »Jahrelang ist er mit seiner Familie umhergezogen, war in

Lemberg, Krakau, Budapest, Kiew und zahlreichen anderen Orten. Meine Schwester ist in Czernowitz geboren und ich in Königsberg. Kurz nach meiner Geburt sind wir wieder weggezogen. Ich kenne Königsberg überhaupt nicht und kann kein Wort Deutsch.«

»Das überzeugt mich alles nicht!«, brüllte der Milizionär. »Erschießen, sage ich! Erschießen!«

»Du bist ganz schön schnell im Erschießen, Arkaschka«, sagte Grischa leise.

»Aber ich bin doch Jude!«, kreischte der unglückselige Gebels verzweifelt. »Die Deutschen hassen die Juden! Wir sind im letzten Augenblick aus Schmerinka geflüchtet. Ich bin Jude. Ich kann es beweisen.«

»Diese Möglichkeit wollen wir dir geben«, sagte der Direktor, »und haben deshalb Rosa Abramowna gebeten, zu uns zu kommen.«

Alle Beteiligten schauten nun mich an.

»Sie sind doch Jüdin? Nicht wahr?«

»Das bin ich, aber …«

»Nein, nein, verstehen Sie mich nicht falsch«, beeilte sich der Direktor, die Sache richtigzustellen. »Es geht nur darum, … eh … was ich sagen will, ist …« Er rieb sich die Hände, wurde verlegen und errötete.

»Sie können sicherlich am besten beurteilen, ob jemand jüdisch beschnitten ist oder nicht«, sagte der Milizionär. »Ich persönlich glaube ja nicht, dass dieser Schweinehund ein Jude ist.« Er presste Gebels die Revolvermündung gegen die Schläfe. »Los, zieh die Hose aus, du Arsch!« Der Milizionär grinste.

Wären wir nicht mitten im Krieg gewesen und die deutschen Truppen auf dem Vormarsch, hätte ich vielleicht protestiert. Aber ich wusste, dass Gebels' Leben an einem seidenen Faden hing. Das nächste Gericht war fünfzig Kilometer entfernt. Täglich kamen Todesmeldungen von der Front. Man würde Gebels hinter einer

Scheune oder gleich vor dem Verwaltungsgebäude an die Wand stellen, erschießen und seine Leiche auf den Müll kippen. Im ganzen Land wurden Tausende von vermeintlichen Spionen und Verrätern erschossen. Welche Bedeutung hatte schon das Schicksal eines Einzelnen?

Gebels begann zu weinen. Sein faltiges Gesicht erinnerte plötzlich an ein zu einer Kugel gerolltes und achtlos in eine Ecke geworfenes Blatt Papier. »Neunundvierzig Jahre alt bin ich geworden«, schluchzte er. »Noch nie in meinem Leben bin ich so gedemütigt worden.«

»Mach es Jossele«, sagte seine Frau leise, »es ist schon in Ordnung.« Ihre Finger streichelten sanft seine Glatze und die grauen Haarbüschel über seinen Ohren. »Es ist gut. Es ist doch nur für einen Augenblick. Tu es mir zuliebe, tu es wegen der Kinder.«

Ich spürte einen Kloß im Hals.

Die Hände gehorchten ihm nicht. Ein Hosenknopf riss ab, fiel auf den Boden und rollte unter den Schreibtisch des Direktors.

Gebels' Unterhose war dunkelgrau und löchrig. Als er sie ausgezogen hatte, war er kreidebleich. Der Milizionär ließ den Revolver sinken.

»Das ist ohne Zweifel die Arbeit eines jüdischen Beschneiders.« War ich es, die diesen albernen Satz gesagt hatte? Fremd und heiser hatte meine Stimme geklungen. Gebels zog die Hose wieder an und schleppte sich, gestützt auf den Arm seiner Frau, langsam aus dem Zimmer. Schweigend blickten wir den beiden nach.

Als ich wieder auf der Straße war, hörte ich Schritte. Ich blieb stehen. Grischa kaum auf mich zu. Er atmete schwer.

»Rosa Abramowna ... «, begann er.

»Um Gottes Willen, Grischa«, unterbrach ich ihn. »Bitte sagen Sie jetzt kein Wort!«

Zuerst flogen die deutschen Bomberverbände in großer Höhe. Wir konnten die Flugzeuge zählen. Fünfzehn. Dreißig. Vierzig. Von Tag zu Tag wurden es mehr. Dann kamen die Jagdflieger. Von der sowjetischen Luftwaffe war nichts zu sehen. Flugabwehr gab es in der Sowchose keine. Der nächste Militärstützpunkt war mehrere Kilometer entfernt. Immer öfter scherten Jäger aus den Verbänden aus und rasten im Sturzflug auf die Siedlung zu, die Dächer der Häuser im Visier. Der Getreidesilo wurde zerstört. Der Treibstofftank für die Traktoren flog in die Luft. Die Menschen flüchteten in die Felder. Einige Dorfbewohner wurden getötet, doch von unseren Kindern wurde keines verletzt. Während Schelja zu klein war, um zu begreifen, wie gefährlich unsere Lage geworden war, fragte mich Kostik jeden Tag, wann wir endlich wegfahren. »Mama«, sagte er, »lass uns nach Leningrad zurückkehren. Die Deutschen werden uns alle töten. Bitte Mama!« Es gab kaum eine Nacht, in der er durchgeschlafen hätte.

Ich ging zu Grischa auf die Post. Das Telephon funktionierte noch. Nach einigen Stunden gelang es ihm, eine Verbindung mit dem Stadtsowjet von Leningrad herzustellen. Eine weitere Stunde redete ich auf einen Bürokraten ein, bevor er mir endlich versprach, »in Sachen evakuierte Kindergruppe, Transport Nummer zwölf vom 3. Juli« alles Notwendige für die Rückführung in die Wege zu leiten. Die Eltern der Kinder würden über unsere Rückkehr benachrichtigt werden.

Endlich brachte man uns weg. Die Station, über die wir in die Sowchose gekommen waren, hatte man zu diesem Zeitpunkt schon zerbombt. Wir mussten einen Umweg machen, um an einem anderen Ort in den Zug zu steigen. Man gab uns Pferde und Wagen. Einige Männer begleiteten uns. Vor dem kleinen Holzbahnhof sagten wir einander Lebewohl. Grischa umarmte mich. »Ich werde immer an Sie denken. Es war ein großes Glück für mich, einen so intelligenten Menschen wie Sie kennengelernt zu haben, und ich bin mir sicher, dass Sie und Ihre Kinder diesen Krieg heil überstehen.« Dann drehte er sich schnell um. […]

Kaum waren wir eine halbe Stunde unterwegs, hörten wir über uns ein Motorengeräusch. Zuerst klang es wie ein Summen, dann wurde es lauter, schwoll an. Der Zug blieb abrupt stehen. Trotz der roten Kreuze, die auf die Dächer des Zuges gemalt waren, wurden wir von einem Tiefflieger beschossen. Schnell öffneten wir die Türen. Wir sprangen heraus, liefen in die umliegenden Felder und warfen uns auf die Erde. Es roch nach Gras und Blumen, nach warmem, sattem Spätsommer. Der Flieger durchsiebte mit einer Maschinengewehrsalve die roten Kreuze und verschwand im Dunst des wolkenlosen Himmels. Wir liefen wieder zurück, hievten, so schnell es ging, die Kinder in die Waggons. Der Lokomotivführer fuhr sofort los. Er hatte Angst, der Tiefflieger könnte wiederkommen.

Nach diesem Zwischenfall legte der Zug an Geschwindigkeit zu. In der Ferne hörte man Artilleriefeuer. Es kam immer näher. Im Waggon herrschte Stille. Kinder und Betreuer saßen entkräftet auf dem Boden. In den Pausen zwischen den Detonationen hörte ich das gleichmäßige Schlagen der Räder. Über mir war ein Fenster. Ich muss hinausschauen, dachte ich, sonst falle ich wie die anderen in Apathie, und das kann ich mir nicht erlauben. Mit Mühe kam ich hoch. Ich hielt mich an den beiden Gitterstäben fest, die das Fenster in drei etwa gleich große Bereiche teilten, presste das Kinn gegen die untere Kante und schaute hinaus. Wir rasten durch ein Wäldchen, dann an Feldern und einem zerstörten Dorf vorbei. Einige Häuser brannten noch, man sah Glutnester, umgestürzte Militärfahrzeuge, tote Pferde, einen Lastwagen, der quer zur Straße stand. Menschen waren keine auszumachen. Ich wunderte mich, dass die Bahnlinie noch intakt war. Wir waren mit Schnellzugtempo unterwegs. Die Zerstörungen überraschten mich nicht, aber dass niemand zu sehen war, beunruhigte mich. Waren die Einheimischen geflüchtet? Waren sie tot? Wo waren wir hier überhaupt? An einer Weggabelung stand ein dunkelgrünes Motorrad mit Beifahrersitz. Ein Mann saß auf der Maschine, die Hände auf das Lenkrad gestützt. Ein anderer stand einige Meter davon entfernt mit einer Maschinenpistole im Anschlag. Beide schauten wie gebannt unserem Zug nach. Trotz der Geschwindigkeit glaubte ich, ihre überraschten Gesichter erkennen zu können. Die Männer trugen Uniformen und Helme. Aber es waren nicht die Helme und Uniformen der Roten Armee … Ich ließ die Gitterstäbe los.

»Wie ist es draußen, Rosa Abramowna?«, fragte mich eine der Lehrerinnen.

»Unwirtlich«, murmelte ich. Ich wartete einige Minuten, bis die Lehrerin nicht mehr in meine Richtung schaute. Dann kroch ich in die Ecke, wo meine Kinder saßen, drückte sie fest an mich, bis unsere Köpfe sich berührten. »Wenn wir anhalten«, flüsterte ich so leise, dass andere mich nicht hören konnten, »werden fremde Soldaten kommen und den Waggon durchsuchen. Es werden vielleicht Leute mit ihnen sein, die Russisch sprechen. Wenn sie fragen, wie unser Familienname ist, sagt ihr Petrow. Ist das klar? Aber kein Wort. Zu niemandem!« Schelja und Kostik schauten mich erstaunt an. Wie hätten meine Kinder das auch verstehen können?

»Raschel Petrowa«, hörte ich nach etwa einer Minute Scheljas leise Stimme. »Ich heiße Raschel Petrowa.«

»Nicht Raschel, sondern Katja«, flüsterte ich. »Raschel klingt viel zu jüdisch.«

»Konstantin Petrow?«, fragte Kostik. Ich nickte … Sie hatten also doch verstanden, wurden plötzlich ernst wie Erwachsene.

Einige Zeit später, ich kann mich nicht erinnern, wie lange wir noch unterwegs waren, blieben wir tatsächlich stehen. Das war's, dachte ich. Ich schloss die Augen und umarmte meine Kinder. Die Schiebetür des Waggons wurde von außen geöffnet. »Wenn der Messias kommt, wird es keine Feinde mehr geben und keine Freunde«, fiel mir ein Ausspruch meines Großvaters ein. »Und es wird der vollkommene Friede herrschen. Denn du wirst keine Bindungen mehr haben und keine Ängste. Sehnsüchte und Unruhe werden von dir abfallen wie Staub, und wenn du gehst, berühren deine Füße die Erde nicht … «

»Ich fick deine Mutter, Kolja, da sind ja lauter Kinder drin! So eine Scheiße.«

Ich öffnete wieder die Augen. Einige Sekunden lang blendete mich das Licht, dann sah ich einen Rotarmisten, der in unseren Waggon kletterte. »Und ich habe schon gedacht, das sei unser Zug«, sagte er. »Man hat uns einen Zug versprochen, der uns von hier wegbringt. Bei Malogoje bauen wir eine neue Verteidigungslinie auf. Ich möchte euch ja nicht beunruhigen, aber die Deutschen sind südlich von hier durchgebrochen.«

Was du nicht sagst, dachte ich. Allerdings weißt du noch nicht, wie nahe sie wirklich sind. Ich schaute hinaus und sah etwa hundert sowjetische Soldaten um ein verlassenes Bahnwärterhäuschen kampieren. Sie sahen desolat, müde und alles andere als kriegerisch aus. Nun erkannte ich an den Vierecken am Kragen des Rotarmisten, dass es sich um einen Offizier handeln musste.

Der Offizier drehte sich um und schrie nach draußen: »Ich fick deine Großmutter, Kolja! Da ist überhaupt kein

Platz mehr für uns. Wir werden also doch zu Fuß gehen müssen. Verdammt noch einmal! Verdammt!«

»Genosse, mäßigen Sie sich«, sagte eine der Lehrerinnen. »Hier sind doch Kinder!«

»Schon gut, Genossin.«

»Ist die Strecke nach Leningrad noch offen?«, fragte ich schnell, bevor er wieder aus dem Wagen sprang.

»Bis Malogoje könnte es Schwierigkeiten geben, danach sollte die Strecke auf jeden Fall frei sein«, meinte er. »Es ist ein Wunder, dass ihr überhaupt durchgekommen seid. Und das mit Kindern. Wir sind hier alle zusammen voll in die Scheiße geraten, nicht wahr Kolja?« Der für mich unsichtbare Kolja gab keine Antwort.

»Ich werde dem Lokomotivführer die Anweisung geben, dass er euch schleunigst von hier fortbringt. Das war's. Gute Fahrt und viel Glück! Ihr werdet es brauchen.« Mit diesen Worten schob er die Tür wieder zu. Wir fuhren weiter und kamen gegen Abend in Malogoje an.

Der Bahnhof von Malogoje war nicht zerstört. Aber es herrschte völliges Durcheinander. Umherlaufende Soldaten. Ratloses Bahnhofspersonal. Irgendwelche Papiere, die auf dem Bahnsteig zusammengetragen und verbrannt wurden. Wie ich bald erfuhr, hatte der Stationsvorsteher Selbstmord begangen. Jemand hatte gedroht, ihn zu erschießen. […]

Wir zählten die Kinder und stellten fest, dass etwa zwölf fehlten. Offenbar hatten sie sich bei dem Tieffliegerangriff zu weit vom Zug entfernt und es nicht mehr geschafft zurückzukommen. Wir waren überhastet aufgebrochen und hatten es verabsäumt, die Kinder zu zählen.

»Es ist unsere Schuld!«, meinte eine der Lehrerinnen. »Ich werde mir das nie verzeihen.« Sie weinte.

»Keinen von uns trifft irgendeine Schuld«, sagte eine andere. »Aber man wird uns trotzdem vor Gericht stellen, weil wir unsere Aufsichtspflicht vernachlässigt haben.«

»Bestimmt werden Bauern sie aufnehmen«, meinte die erste. »Vielleicht bringt sie jemand nach Leningrad zurück. Oder was meint ihr?« Hilfesuchend schaute sie mich an. Aber ich hatte keine beruhigenden Worte für sie.

Ich drehte mich weg. Ich konnte nicht weinen. Nur nicht daran denken, sagte ich mir. Du hast zwei eigene Kinder und mehr als hundert andere, für die du verantwortlich bist. Wenn du jetzt darüber nachzudenken beginnst, was geschehen ist, kannst du dich gleich vor den Zug werfen.

In meiner Familie wurde oft über die Jahre des Zweiten Weltkriegs gesprochen. Meine Eltern erzählten dabei nicht nur, was sie selber erlebt hatten, sondern, in gelegentlich wechselnden Varianten, auch Geschichten von ihren Eltern, von Freunden oder Verwandten. Über die prägende Bedeutung, die diese Geschichten dadurch auch für mich selbst erhielten, habe ich in meinem Essay *Schicksalsbilanz*[17] geschrieben:

Mein Großvater väterlicherseits war Uhrmacher. Das rettete ihm und seiner Familie im Hungerwinter 1941/42 das Leben. Er tauschte seine Golduhren gegen Brot ein. Meine Mutter überlebte, weil ihr Onkel als Soldat an der nur wenige Kilometer entfernten Leningrader Front eingesetzt war. Als Angehöriger der Roten Armee erhielt er eine etwas größere Lebensmittelration als die Zivilisten in der belagerten Stadt. Manchmal brachte er seiner Nichte ein paar Scheiben Brot mit. Andere hatten weniger Glück. Um nicht zu verhungern, kratzten sie den Kleister von den Tapeten und kochten daraus einen Brei, dessen Verzehr oft die eigentliche Todesursache war. Haustiere, Tauben, Spatzen, Ratten und Mäuse waren

schon Monate zuvor verspeist worden. Auch Lederrie-
men oder Schuhsohlen landeten in den Kochtöpfen.
Ab und zu kam es sogar zu Fällen von Kannibalismus.
Der Winter 1941 war der kälteste seit Jahrzehnten. Die
Temperatur sank auf unter Minus vierzig Grad. Die
Wasserleitungsrohre platzten. Es gab keinen Strom und
kein Heizmaterial.

Die Stadt Leningrad wurde von September 1941 bis
Jänner 1944 von der Deutschen Wehrmacht belagert.
Dem Hunger, der Kälte und dem regelmäßigen Artillerie-
beschuss fiel etwa eine Million Zivilisten zum Opfer.
Allein in Leningrad waren mehr zivile Tote zu beklagen
als im gesamten »Großdeutschen Reich«, England oder
Japan als Folge des Bombenkrieges. Nun sind Verglei-
che dieser Art natürlich sinnlos, da die Gesamtzahl der
Toten das Einzelschicksal weder tragischer noch weniger
tragisch macht. Was jedoch erstaunt, ist die Tatsache,
dass von dieser Episode des NS-Vernichtungskrieges in
Österreich und Deutschland kaum jemand etwas gehört
zu haben scheint. Auschwitz, die Wannsee-Konferenz,
Warschau, Stalingrad, Dresden oder Hiroschima stehen
im kollektiven Bewusstsein für Rassenwahn, Massenmord, sinnlose Zerstörung und das Grauen des Krieges.
Leningrad hingegen bringt man hierzulande allenfalls
mit der Oktoberrevolution in Verbindung.

Für die deutsche Wehrmacht war die Leningrader Front
ein Nebenschauplatz. Kriegsentscheidende Schlachten
fanden dort keine statt. Die Stadt einzunehmen, war
kein vordergründiges militärisches Ziel. Zwar hätte die
Eroberung der alten Hauptstadt Russlands einen hohen
symbolischen und psychologischen Wert gehabt, doch
war die NS-Führung – wie Sitzungsprotokolle, Wehr-
machtsbefehle und andere Dokumente belegen – weder
an der Verwaltung der Metropole noch an der Ernährung
ihrer Bevölkerung interessiert. Indem die Menschen

in der belagerten Stadt verhungerten, würde sich das »logistische Problem« sozusagen von selbst lösen. Um diesen Prozess zu beschleunigen, wurde sogar ein Giftgasangriff erwogen, der jedoch aus Angst vor alliierten Vergeltungsschlägen derselben Art nicht durchgeführt wurde. Nach dem »Endsieg« sollte die Stadt dem Erdboden gleichgemacht werden.

Anfang September 1941, zweieinhalb Monate nach dem Überfall Deutschlands auf die Sowjetunion, stand Leningrad kurz vor dem Fall. Doch die deutschen Truppen stoppten ihren Vormarsch in den Vororten, zogen einen Belagerungsring um die Metropole und zerstörten durch gezielte Bombenangriffe die wichtigsten Lebensmittelvorräte. Was in den nächsten Monaten und Jahren geschah, stilisierte die sowjetische Propaganda zur »heldenhaften Abwehrschlacht« der Bevölkerung von Leningrad gegen den Aggressor. Den von deutscher Seite geplanten und durchgeführten Genozid erklärte man schon während des Krieges zum großen Sieg gegen den Faschismus und relativierte dadurch die Monstrosität des Geschehens. Dies mag mit ein Grund sein, weshalb der systematische Massenmord von Leningrad in der vor einigen Jahren intensiv geführten Diskussion rund um die Verbrechen der Wehrmacht im Osten kaum erwähnt wurde. Man war immer noch gewillt, das Ganze als rein militärische Auseinandersetzung und die zivilen Opfer »nur« als tragische Folge des Frontverlaufes zu sehen.

Allmählich gerieten die Belagerer selbst in die Defensive. Anfang 1943 konnte die Rote Armee den Blockadering brechen und eine den anderen Großstädten der Sowjetunion vergleichbare Versorgung Leningrads mit Lebensmitteln sicherstellen, aber es dauerte ein weiteres Jahr, bis die deutschen Truppen endgültig aus den Vororten der Stadt vertrieben werden konnten.

Es gehört zu den perversen Absurditäten des Schicksals, dass die von der Naziführung initiierte Hungerblockade meinen Eltern höchstwahrscheinlich das Leben gerettet hat. Hätten die deutschen Truppen die Stadt im Herbst 1941 tatsächlich besetzt, wären meine Eltern und Großeltern mit ziemlicher Sicherheit aufgrund ihrer jüdischen Herkunft ermordet worden. So verdanke ich Hitlers Vernichtungsplänen für meine Geburtsstadt vielleicht meine Existenz, denn die Wahrscheinlichkeit, in Leningrad nicht zu verhungern, war für einen Juden immer noch höher, als in den von den Nazis besetzten Gebieten nicht ermordet zu werden. Als Kind hatte ich manchmal die Vorstellung, jene Million Menschen sei »für mich« verhungert, denn was den einen (wie zum Beispiel meinen Eltern) durch eine Verkettung glücklicher Umstände an zusätzlichen Lebensmittelrationen zur Verfügung stand, fehlte anderen, um zu überleben. Ohne ihr Opfer gäbe es mich nicht. Dies jedoch verpflichte mich dazu, aus meinem Leben etwas Besonderes zu machen, den Zufall meines Daseins zu rechtfertigen, die Schicksalsbilanz auszugleichen.

Die Familie meines Vaters wurde im April 1942 mit dem LKW über den zugefrorenen Ladoga See evakuiert. Die Familie meiner Mutter entkam im November 1942 über dasselbe »Straße des Lebens« genannte Schlupfloch im Belagerungsring. Auf der anderen Seite des Sees standen Lebensmittel für die Flüchtlinge bereit. Wer zu viel oder zu schnell aß, starb meist unter Krämpfen. Es dauerte Monate, manchmal Jahre, bis der Körper sich wieder an eine regelmäßige und ausreichende Ernährung gewöhnt hatte. Meine Mutter wäre sogar noch nach der Flucht aus der belagerten Stadt beinahe verhungert, weil ihr Magen einige Zeit allergisch auf jegliche Nahrungsaufnahme reagierte. Viele hatten ihr Leben lang an den

Folgen der Unterernährung zu leiden, insbesondere wenn sie – wie meine Eltern – als Kinder hungern mussten.

Das Essen blieb fortan ein beherrschender Faktor im Leben meiner Eltern. Dies zeigte sich schon daran, was und wie viel sie einkauften. Noch heute hat meine Mutter drei Regalbretter mit Schokolade und Keksen vollgeräumt, im Tiefkühlfach lagern mehrere Laibe Brot und in der Küchenkredenz stapeln sich die Konserven, so als stünde die nächste Hungersnot unmittelbar bevor. Wenn meine Eltern Freunde einluden, bogen sich die Tische. Die Menge der aufgetragenen Speisen hätte gereicht, wenn jeder Besucher mindestens drei ungebetene Gäste mitgebracht hätte.

Die reichhaltige Bewirtung von Gästen war in Russland – ob in Zeiten der Mangelwirtschaft oder nicht – immer Ehrensache gewesen. Das Verhalten meiner Eltern mag demnach kulturell bedingt gewesen sein. Dass die zubereiteten Speisen innerhalb kürzester Zeit vertilgt wurden, auch nachdem die Besucher sich verabschiedet hatten, war jedoch auf keine Jahrhunderte alte Tradition zurückzuführen. Die selbstgebackenen Pizzen und Zimtschnecken, die Kuchen aus dem Supermarkt oder die mit Fleisch gefüllten Piroggen, die meine Mutter nach dem Rezept ihrer Großmutter zubereitet hatte – nichts davon verdarb oder verschimmelte, spätestens am übernächsten Tag nach dem Festmahl war alles aufgegessen. Nach jedem üppigen Mahl verkündeten meine Eltern, »spätestens übermorgen« mit einer Diät zu beginnen.

Richtig feiern hieß essen, bis einem übel wurde. Reichhaltig gegessen wurde zur Belohnung und zum Trost, gegen Langeweile, zur Entspannung oder zur Überwindung von Angst. (Alkohol oder Tabak spielten im Leben meiner Eltern übrigens keine Rolle.) In den zehn Jahren der Emigration konnte ich mich auf wenig verlassen. Es gab Zeiten, da meine Eltern kaum Geld, keine Wohnung und keine gültigen Papiere hatten. Eines allerdings war immer sicher: jeden Tag stand Essen in reichhaltiger – mehr als reichhaltiger – Menge zur Verfügung. Die Qualität der Speisen ließ hingegen – zum Teil auch durch Geld- oder Zeitmangel bedingt – oft zu Wünschen übrig: Konserven, Fertiggerichte, Nudeln mit Butter und Tomatenmark, mit gekochter brauner Kondensmilch bestrichene Brotscheiben. Mit Genuss hatte der Verzehr derart zubereiteter Mahlzeiten wenig zu tun. Offene Pralinenschachteln wurden »vernichtet«, Konservendosen »abgeschlossen« oder »fertig gemacht«. Gegessen wurde zudem meist in der Küche, in einem engen Winkel. Ich erinnere mich an unbequeme Stühle und Schemel und an eine Tischdecke aus braunem Kunststoff.

Es bereitete meinen Eltern Sorge, dass ihr Kind übergewichtig war. Ich solle weniger Schokolade essen, hieß es. Bald, »spätestens übermorgen«, werde das Kind auf Diät gesetzt, verkündeten meine Eltern. Im Alter von vierunddreißig Jahren gelang es mir tatsächlich abzunehmen. Ob das damit zu tun hatte, dass ich in dieser Zeit meinen Roman *Das besondere Gedächtnis der Rosa Masur* schrieb, in den ich unter anderem die Erinnerungen meiner Eltern und Großeltern an den Krieg einarbeitete? Ich bin immer skeptisch, wenn Erklärungen allzu offensichtlich scheinen. Manchmal ist es besser, nicht nach Antworten zu suchen. Vielleicht war ich einfach nur dem Verständnis um einen Schritt näher gekommen, dass die »Schicksalsbilanz« nie ausgeglichen werden kann.

Als »Ausgangsmaterial« für den Roman *Das besondere Gedächtnis der Rosa Masur* dienten fünf Audiokassetten, auf denen ich die Erinnerungen meiner Großmutter aufgenommen hatte. Meine Großmutter war eine begnadete Erzählerin. Die Aufzeichnung war 1988 in Wien erfolgt. Damals war die Großmutter, die ihre Heimat nie verlassen hatte wollen und deshalb nicht mit meinen Eltern und mir aus der Sowjetunion emigriert war, nach Wien zu Besuch gekommen. Ich hatte sie mehr als siebzehn Jahre lang nicht gesehen. Eine Reise in den Westen war für sie lange Zeit aus politischen Gründen nicht möglich gewesen.

Mira (oder Mirijam), meine Großmutter mütterlicherseits, ist für mich in den ersten Lebensjahren die wichtigste Bezugsperson gewesen. Als meine Eltern und ich Russland verließen, habe ich sehr darunter gelitten, dass sie nicht mehr in meiner Nähe war. Die Emigration war eine Vertreibung aus dem Paradies der Großfamilie.

1988 blieb Großmutter Mira zwei Monate lang in Wien. Dann kehrte sie nach Leningrad zurück. Danach sah ich sie nur noch ein einziges Mal – 1993 in St. Petersburg, wenige Wochen vor ihrem Tod.

Fünfzehn Jahre lang mussten die Kassetten meiner Großmutter darauf warten, dass ich mich reif und erfahren genug fühlte, um sie zu literarisieren. Als ich aus Miras Geschichten tatsächlich einen Roman machte, emanzipierte sich Rosa Masur nach und nach und immer mehr von ihrem realen Vorbild, wurde zu einer fiktiven Gestalt, zu einer Romanfigur, die nur mehr bedingt, an manchen Stellen wenig oder nichts mehr, mit meiner Großmutter gemeinsam hatte. Die Geschichte meiner Großmutter, die unter anderem auch dem folgenden Ausschnitt zugrunde liegt, ist darum nicht einfach »authentisch«, sondern in der Konstruktion des Romans vielfach gebrochen: durch ihre eigene Perspektive, durch die Perspektive (und Intention) der Romanfigur Rosa Masur, die diese Geschichte erzählt, und durch diejenige des Erzählers:

Als wir wieder einmal auf einem Nebengleis halten mussten, stieg ich aus und lief zur Lokomotive.

»Ich kann auch nichts tun«, erklärte mir der Ma-
schinist. Er lehnte sich aus dem Seitenfenster seines
Führerhäuschens. Die Ärmel seines grauen Overalls
waren hochgekrempelt. Die behaarten Unterarme wiesen
zahlreiche Narben auf. »Ein größerer Bahnhof ist vierzig
Kilometer von hier entfernt, der nächste Ort zwanzig
Kilometer.«

»Und das nächste Krankenhaus, soweit ich weiß, hundert Kilometer«, meinte der Heizer. Mit einem Tuch
wischte er sich den Ruß aus dem Gesicht und zündete
sich eine Papirossa an. »Es geht sowieso alles den Bach
runter«, sagte er. »Alles Scheiße.«

Ich sah mich um. Soweit das Auge reichte, nur Wiesen
und Felder, der Himmel grau, die Telegraphenmasten
entlang der Bahntrasse schief wie Pappeln im Wind,
neben der Weiche zwischen Haupt- und Nebengleis ein
hühnerstallähnlicher Verschlag, die Bahnwärterhütte.
Der Bahnwärter erklärte sich bereit, ein Telegramm in
den nächsten Ort zu schicken. *Kranke Kinder im Zug,
Nummer… Erbitte dringend medizinische Betreuung.*
Mehr konnte er nicht tun. Der Zeitpunkt unserer Weiter-
reise sei ihm nicht bekannt, verkündete er mit einer Geste
des Bedauerns. Er warte auf das Signal, um die Strecke
freizugeben. »Ich tu nur, was man mir sagt, alles andere
interessiert mich nicht«, brummte er. Währenddessen
hatte eines der Kinder das Bewusstsein verloren.

Ich war verzweifelt. Mussten wir hilflos mitansehen,
wie die Kinder starben? Bis an mein Lebensende würde
dies auf meiner Seele lasten wie ein dunkler Fleck.

Entschlossenen Schrittes lief ich wieder zur Lokomotive vor.

»Die Kinder werden sterben!«, sagte ich dem Lokomotivführer. Er zuckte die Schultern und drehte den Kopf weg. »Was soll ich machen?«

»Weiterfahren!«, schrie ich. »Egal, ob das Signal auf Rot steht oder nicht. Wir müssen es riskieren! Oder können Sie den Tod der Kinder verantworten?«

»Können Sie unseren Tod verantworten?«, fragte der Heizer. Er kicherte gekünstelt, unfröhlich, und blies mir den Zigarettenrauch ins Gesicht.

»Die Bahnbediensteten unterstehen dem Kriegsrecht«, erklärte der Lokomotivführer. »Auf das, was Sie von uns verlangen, steht die Todesstrafe.«

»Ja, wer macht denn solche Regeln?«, schrie ich und ärgerte mich sofort über die Unsinnigkeit dieser Bemerkung.

»Wer die Regeln macht?«, fragte der Heizer. »Die da oben, die in ihren weichen Sesseln sitzen, weit weg von der Front. Am liebsten würde ich sie alle in den Arsch ficken, und ihre Frauen ficke ich auch, und die Töchter ficke ich und die Söhne und ihre Mütter und Väter und Großmütter und Großväter, ihre Hunde und Katzen ficke ich, und ich ficke … «

Aber ich habe nie erfahren, wen der Heizer noch ficken wollte. Ein lauter Pfeifton übertönte seine Worte. Eine Rauchwolke und ein schwarzer Punkt tauchten am Horizont auf. Der Punkt wurde größer, wuchs an zu einer schwarzen Lokomotive, dahinter noch eine und eine weitere. Drei Lokomotiven aneinandergekoppelt, einige Personenwagen und eine große Anzahl von Güterwaggons, so viele, dass ich das Zugende nicht erkennen konnte. Ich sah Menschen. Es schien, als hätten sie kaum Platz zum Atmen. Einige lehnten sich aus den Fenstern, manche hingen sogar an den Trittbrettern. Ich versuchte

zu winken und zu schreien, obwohl mir die Aussichts-
losigkeit meiner Bemühungen bewusst war. Doch zu
meiner Überraschung hielt der Zug tatsächlich. Die
Räder der Lokomotiven blockierten. Funken sprühten.
Ein durchdringendes Geräusch ertönte. Eisen auf Eisen.
Ich musste mir die Ohren zuhalten. Dann wurden die
Türen der Wagen geöffnet, Menschen sprangen hinunter
auf den Kies zwischen den Geleisen, standen sichtlich
desorientiert zwischen unseren beiden Zügen und schauten sich neugierig um. Ein muskulöser Mann Mitte
Fünfzig eilte dem Bahnwärter entgegen und begann, auf
ihn einzureden. Dieser zeigte mit dem Finger in meine
Richtung, und der Mann wandte sich mir zu.

Er hieß Morosow oder Owsow und war der Vorsitzende der Karl-Liebknecht-Schweinezuchtkolchose, die
im litauisch-russischen Grenzgebiet lag und nun vor
den anrückenden Deutschen mit Mensch und Schwein
an die Wolga evakuiert wurde. In der Tat war aus dem
hinteren Teil des Zuges ein lautes Quieken und Grunzen
in verschiedenen Stimmlagen zu hören, so als würden
Tausende Schweine einen nicht enden wollenden Disput
führen. »Fünf trächtige Muttersäue und ein Zuchteber
sind uns schon eingegangen«, erklärte Owsow-Morosow.
»Andauernd lässt man uns ohne Wasser und Verpflegung
mitten auf der Strecke stehen. Niemand hat ein Herz für
Tiere in Zeiten wie diesen.«

Im Kolchosezug befand sich eine Ärztin, die sich um
unsere Kranken kümmerte. »Sie bedürfen professioneller
Pflege«, erklärte sie. »Es wird das beste sein, wenn wir
sie mitnehmen. Wir haben Medikamente im Zug.« Mo-
rosow-Owsow hatte nichts dagegen einzuwenden. »Soll
sein!«, sagte er. »Drei mehr oder weniger, was macht es
noch aus, hoffnungslos überfüllt sind wir ohnehin.«

Und so übergaben wir der Schweinezuchtkolchose
unsere drei Kranken gegen Quittungen. Darin bestä-

tigte Owsow-Morosow die Entgegennahme der Kinder *bis auf weiteres zur provisorischen Obhut.* Ein Rückgabetermin könne *aufgrund der militärischen Lage* nicht festgelegt werden. Keine Viertelstunde später war der Zug der Schweinezüchter weitergefahren. Als »kleines Geschenk« hatten wir von ihnen zehn Kilo Schinken erhalten. […]

Am Bahnhof in Leningrad war es noch chaotischer als im Juli. Soldaten und Zivilisten, die, schreiend und wild gestikulierend, an den Sperren standen. Zahlreiche Garnituren ohne Lokomotiven, Personen- und Güterwaggons, bei denen unklar war, ob sie angekommen waren oder abfahren sollten. […]

Nur mit Mühe gelang es uns, die übermüdeten Kinder aus dem Zug zu bringen. In der Vorhalle warteten schon deren Angehörige: Eltern, Großeltern, Freunde. Die meisten hielten Taschen voller Lebensmittel in ihren Händen. Es gab viel Geschrei, Freudentränen, Umarmungen und einige Gesichter, deren Ausdruck von erwartungsvoll zu erstaunt, besorgt und schließlich verzweifelt wechselte.

»Wo sind unsere Kinder?«

Die Gesichter gehörten jenen Eltern, deren Kinder verlorengegangen waren.

»Wir haben sie vor Malogoje bei einem Fliegerangriff das letzte Mal gesehen. Sie haben es nicht mehr in den Zug geschafft.«

Flüche und Drohungen hagelten auf uns nieder. Ich hatte das Gefühl, als wären wir von Wildtieren umgeben. Sie rückten näher.

»In die Fresse! In die Fresse!«, hörte ich die hysterische Stimme eines Mannes. Ein lautes Klatschen. Wie das Ausklopfen eines Teppichs. Eine unserer Lehrerinnen wimmerte. Ihre Nase blutete. »Oh bitte … wir wollten wirklich nicht ... es waren die Faschisten! Die Faschisten!«

»Reißt sie doch einfach in Stücke!«

»Schlagt sie tot!«

»Diese Luder!«

Ich war so müde und verzweifelt, dass ich keine Angst hatte. Dann spürte ich einen Stoß unter die Rippen und kippte um. Ich bedeckte mein Gesicht, aber niemand schlug mich mehr. Soldaten hatten einen Kordon zwischen uns und der aufgebrachten Menge gebildet, die sie nun aus dem Bahnhofsgebäude hinausdrängten. Jemand schoss in die Luft. Menschen warfen sich auf den Boden. Kinder weinten. Ich kam wieder auf die Beine. Scheljas und Kostiks Gesichter waren starr vor Angst. Wir haben später nie mehr über dieses Ereignis gesprochen.

Von den Eltern der vermissten Kinder wurde ich an diesem Tag und auch danach nicht mehr verfolgt. Entweder hatten sie eingesehen, dass es sinnlos war, von uns Rechenschaft zu fordern, oder sie waren ohnehin genug damit beschäftigt, in der Frontzone von Malogoje nach ihren Kindern zu suchen. Ich weiß es nicht. Das Gefühl, versagt zu haben, ließ mich trotzdem nicht los. Wenn ich religiös gewesen wäre, hätte ich gebetet. Aber ich glaubte nicht an Gott. Es gab keinen Trost.

Wir blieben mit etwa zwanzig Kindern am Bahnhof zurück. Deren Eltern hatten entweder kein Telephon, waren an ihrem Arbeitsplatz nicht erreichbar gewesen oder hatten aus anderen Gründen nichts von unserer Rückkehr erfahren, vielleicht aus Nachlässigkeit der Stadtverwaltung. Die Kinder waren völlig verstört. Wir teilten sie in Gruppen und verabschiedeten uns voneinander. Knapp und kühl.

Von den mir zugeteilten fünf Kindern erklärte ein vierzehn Jahre altes Mädchen, den Weg nach Hause allein zu kennen und keine Begleitung zu benötigen. Aus einer Telephonzelle rief ich Mascha an und bat sie, Kostik und Schelja zu uns in die Fabritschnaja Uliza zu bringen. Schelja war zu entkräftet, um den langen Weg durch die halbe Stadt zu den Wohnungen der vier Kinder, die noch in meiner Obhut waren, auf sich zu nehmen. Vorerst warteten wir, umgeben von Soldaten und Flüchtlingen vom Land, die auf ihren Säcken und Koffern saßen, in der Empfangshalle des Bahnhofs. Es war stickig, man hatte kaum Luft zum Atmen.

»Sind meine Eltern tot?«, fragte mich eine Fünfjährige. »Ich meine, weil sie mich nicht abgeholt haben.« Ich versicherte ihr, dass sie schon bald ihre Eltern wiedersehen werde, und versuchte, meiner Stimme einen ruhigen und festen Ton zu geben. Das Mädchen ließ sich nicht überzeugen und begann zu weinen. Wenige Augenblicke später weinten alle sechs.

Endlich stand Mascha vor mir. Sie musterte uns mit einem Ausdruck des Entsetzens. »Du schaust furchtbar aus«, sagte sie. »Habe ich dir nicht von Anfang an gesagt, dass diese ganze Reise ein Unsinn ist.« Ich nickte nur, übergab ihr Schelja und Kostik und machte mich mit den vier anderen Kindern auf den Weg. […]

Die Eltern des fünfjährigen Mädchens wohnten nur zwei Straßenbahnstationen vom Bahnhof entfernt. »Und ich hatte schon gehofft, mein Kind sei auf dem Ural«, sagte ihre Mutter und seufzte. »Gestern erhielt ich von einer Verwandten ein Telegramm aus Nowgorod, in dem es hieß, dass alle Kindergruppen, die aus Leningrad in diese Region evakuiert worden sind, Richtung Ural geschickt werden ... Dort wären sie besser aufgehoben als hier.«

»Möglich«, sagte ich.

»Es ist so gut wie sicher, dass Leningrad kapituliert«,

flüsterte sie mir ins Ohr. »In ein paar Wochen sind die Deutschen da.«

»Halten Sie den Mund!«, schnauzte ich sie an und schlug die Tür zu. Wenn ich sie für diese Äußerung angezeigt hätte, wäre das ihr Todesurteil gewesen.

Daraufhin brachte ich einen zehnjährigen Buben auf die Wassilij-Insel. Eine Straßenbahnfahrt, die über eine Stunde dauerte. Seine Eltern waren in der Arbeit. Nur eine Tante war zu Hause, die mir aus Dankbarkeit drei Silberlöffel schenken wollte. Ich lehnte ab und bereute diesen Entschluss später sehr. Während der Blockade hätte ich die Löffel gegen Lebensmittel eintauschen können.

Es blieben mir ein Bub und ein Mädchen, beide im Vorschulalter. Sie hießen Ljuba und Oleg Baranow, zwei der bravsten und stillsten Kinder der Gruppe. Ihr älterer Bruder war auf der Fahrt in die Sowchose an Durchfall erkrankt und mit der Schweinezuchtkolchose mitgefahren.

Die Eltern wohnten auf der Petrograder Seite. Die Fahrt von der Wassilij-Insel dorthin kostete mich beinahe wieder eine Stunde, weil die Straßenbahnen nicht mehr regelmäßig verkehrten. Das Ehepaar Baranow war nicht zu Hause. »Die Baranowa?«, fragte mich ein Nachbar und lachte. »Was weiß ich, wo die sich wieder herumtreibt, die Schlampe. Aber er, der Baranow, wo der ist, weiß ich schon. Hinunter und rechts hinein in die Pionerskaja. Er ist Leiter des Elektrogeschäfts. Müsste jetzt noch dort sein.« […]

»Wo arbeitet dein Vater?«, fragte ich das Mädchen. Das Kind wies auf ein Gebäude schräg auf der gegenüberliegenden Straßenseite. Die Rolläden des Elektrogeschäftes waren schon unten. Durch die Ritzen sah ich die Silhouette eines Mannes, der gebückt hinter dem Ladentisch stand. Offenbar räumte er auf oder hantierte an der Kassa. Ich klopfte mehrere Male. Der Mann schrie gereizt etwas, das ich nicht verstand. Ich klopfte noch heftiger, und nun begannen die Kinder, nach ihrem Vater zu rufen. Der Schatten huschte Richtung Tür. Die Rolläden gingen mit einer Geschwindigkeit auf, als würden sie elektrisch hochgezogen, die Tür wurde geöffnet, und der Mann ging an der Türschwelle in die Hocke und umarmte seine Kinder. Ich weiß nicht mehr, was sie einander gesagt haben. Es werden die üblichen Worte gewesen sein, die man in solchen Augenblicken sagt. Ich war so müde, dass ich kaum mehr etwas wahrnahm. Endlich erhob sich der Vater. Er schaute mich an und dann an mir vorbei, schaute sich um, zuerst ruhig und erwartungsvoll, dann immer schneller, hektischer. Er drehte den Kopf. Er stieg sogar auf die Zehenspitzen. Es war mir klar, wen er suchte.

»Aber wo ist denn Aljoscha?«, fragte er mich.

Das erste Kriegsjahr war nicht die Zeit, in der man sich um schonende Umschreibungen bemühte. Man schonte nicht einmal sich selbst, wenn es um den eigenen Tod ging. Also erzählte ich dem Mann in knappen Sätzen, was auf der Fahrt in die Sowchose geschehen war. Aus der Seitentasche meines Rucksacks holte ich die Quittung heraus, die mir der Vorsitzende der Schweinezuchtkolchose ausgestellt hatte. Owsow-Morosows Schrift tanzte vor meinen Augen: *... nehmen wir Aleksej Baranow, geboren am 3. November 1929, in unsere Obhut... auf unbestimmte Zeit... quittiert hiermit der Vorsitzende der Karl-Liebknecht-Schweinezuchtkolchose aus... die Entgegennahme...*

Ich reichte dem Mann das Papier. Er nahm es mit einer mechanischen Bewegung entgegen, las es durch, dann sah er mich verdutzt an. Ich hatte den Eindruck, dass seine Wangen eingefallen waren. Ein Keuchen drang aus seinem Mund. »Ich will mein Kind zurück.« Plötzlich begann er zu schreien: »Ich will mein Kind zurück! Ich will keine Quittung für meine Kind! Was mache ich mit einer Quittung?«

Was hätte ich ihm sagen sollen? Er hatte recht. Je länger ich auf ihn einredete, desto stärker geriet er in Rage. Der Schweiß perlte auf seiner Stirn. Einen Augenblick lang dachte ich, er würde mich ebenfalls schlagen wollen. Die Kinder standen zwischen uns beiden und schauten verängstigt abwechselnd mich und ihren Vater an.

»Woher soll ich wissen, wo jetzt diese Schweinezuchtkolchose ist? Was sind das für Menschen, diese Schweinezüchter? Mein Sohn ist künstlerisch begabt, er möchte Pianist werden und nicht Schweinezüchter. Werden sie überhaupt für ihn sorgen können, diese Schweinezüchter? Wie soll ich während des Krieges diese Kolchose ausfindig machen?«

Schließlich drehte ich mich um und ging.

»Ich werde euch alle verklagen!«, brüllte mir Baranow nach. »Ich will mein Kind zurück! Wer garantiert mir, dass meinem Kind kein Leid zustößt? Woher soll ich wissen, dass mein Kind überhaupt noch lebt?«

Wann immer es mir schlecht geht, so schlecht, dass ich glaube, es kann nicht mehr schlimmer kommen, denke ich an diesen Tag zurück, denke an den Augenblick, als der verzweifelte Vater statt seines Kindes eine Quittung bekam.

Einen Monat später hatten die Deutschen unsere Stadt eingekesselt. Während der folgenden Monate des Hungers und der Bombardierungen kamen, wie ich später erfuhr, die Baranows und die beiden jüngeren Kinder um, während Aljoscha die Kriegsjahre an der Wolga überlebte.

***

Die Erzählungen meiner Großmutter ergänzten, was ich seit Beginn der Emigration von meinen Eltern gehört hatte: tradierte Familiengeschichte, Legenden, Anekdoten.

Wenn es für mich als Kind und als Jugendlicher so etwas wie Heimat gegeben hat, dann hat sie aus diesen gebrochenen und durch die Phantasie erweiterten Erinnerungen bestanden. Diese Gegenwelt war ein Refugium, das mir die Möglichkeit bot, dem tristen Alltag als Zuwanderer zu entfliehen. Schon als Kind war mir bewusst, dass jenes phantasierte, künstlich erschaffene Russland, in dem sich Zeiten und Orte vermischten, nur in einem geringen Maße etwas mit der Realität zu tun hatte.

In meiner Phantasie ließ ich oft mehrere Geschichten parallel laufen: Eine davon in einem imaginären Russland, das es nie gegeben hatte und nie geben würde und das ich mir als ideale Welt kreiert hatte, danach dieselbe oder eine ähnliche Geschichte in einem realistischeren Russland, das ich aus Berichten anderer Emigranten und aus Büchern kannte, und eine weitere Geschichte in einem Österreich, das ich mir gerne gewünscht hätte.

Die Gespräche, die ich mit meiner Großmutter führte, waren für mich ein Schritt auf dem Weg zur Selbstfindung. Vorerst dachte ich weder daran, daraus ein Buch zu machen noch sie in irgendeiner anderen Weise zu »verwerten«. Das fiktive Russland meiner Phantasie, das mich in den Jahren der Emigration und auch noch danach begleitet hatte, sollte konkretere Formen annehmen. Für den jungen Menschen, der ich damals war, war dies ein wichtiger Entwicklungsprozess. Ich wollte die Welt der Sehnsüchte und Phantasien verlassen und endlich in der Realität ankommen.

Ausgangspunkt der Gespräche war mein Interesse für das Leben meiner Urgroßeltern in einem jüdischen Schtetl in der Zeit vor 1917, weil ich damals über das Umfeld und die Mentalität meiner Vorfahren noch wenig wusste. Danach wollte ich mehr über die persönlichen Erlebnisse und vor allem über den Charakter meiner Großmutter sowie über ihr Leben in Russland erfahren – über ihre Kindheit und Jugend, über die Zeit des Ersten Weltkrieges und des Bürgerkriegs, über die Stalinistischen Repressionen, den Zweiten Weltkrieg und die Judenverfolgungen der Nachkriegszeit.

Dass ich damals alles, was mir Großmutter erzählte, auf Kassetten aufnahm, lag daran, dass ich keine Details vergessen, aber noch mehr, dass ich den Klang ihrer Stimme als Erinnerungsstück behalten wollte. Das Aufnahmegerät irritierte meine Großmutter, doch fand sie sich mit seiner immerwährenden Präsenz ab. Nach einigem Zögern hatte sie eingewilligt, dass es ständig eingeschaltet blieb. Wahrscheinlich war es ihr wichtig, mir einen Gefallen zu tun. Wir hatten uns fast zwanzig Jahre lang nicht gesehen. So wie für mich waren diese Gespräche auch für meine Großmutter ein Versuch, Nähe wiederherzustellen, etwas nachzuholen, was angesichts der versäumten Jahre trotzdem unwiederbringlich verloren war ...

Mein Verhältnis zu meiner Umgebung habe ich im Essay *Ich und die Eingeborenen*[19] folgendermaßen beschrieben:

> Als Kind war ich oft im Augarten. Der Park war für mich, wie für so viele andere Ausländer auch, ein Refugium und ein abgegrenzter Bereich, in dem ich mich sicher fühlte. Seit meine Eltern mit mir nach Wien, genauer, in eine Straße gezogen waren, die an den Augarten grenzt, war ich fast täglich im Park. Mit acht Jahren beginne ich, die Alleen auszumessen. Drei Kinderschritte sind ein Meter, hat man mir gesagt. Ich gehe schnell und versuche, die Schritte so regelmäßig wie möglich zu setzen. Sechsunddreißig, siebenunddreißig, achtund ... Einige ältere Herren beobachten mich von einer Bank aus. »Na, tun wir marschieren üben, bravo!«, sagt einer. Er betrachtet mich mit offensichtlichem Wohlwollen. Diese Äußerung

berührt mich unangenehm. Ich gebe das Zählen auf, gehe betont langsam. Die alten Männer lachen. Zu diesem Zeitpunkt weiß ich schon, dass die älteren Herren selbst marschiert sind, dreißig Jahre ist es her, und dass sie mich, wäre ich damals schon am Leben gewesen, umgebracht hätten, nur verstehe ich nicht warum, und vorstellen kann ich es mir auch nicht. Man kennt sich nicht aus bei den Eingeborenen. Sie sind eben Wilde.

Als ich sieben Jahre alt war, versuchte mir meine Mutter begreiflich zu machen, dass ich Jude bin. Aber ich sei doch Leningrader, protestierte ich heftig, geboren in Leningrad. Wohlgemerkt – Leningrader, nicht etwa Russe. Ich sei Leningrader und Jude, erklärte mir meine Mutter, man könne beides zugleich sein. Das sei kein Widerspruch. Unsere Familie hätte Leningrad verlassen, weil die Russen die Juden, also auch uns, nicht mögen, erzählte sie. Komisch, in der Schule und im Kindertagesheim war ich für Mitschüler und gleichermaßen auch für die Erwachsenen immer »der Russe«. Alle hatten recht klare Vorstellungen davon, wie Russen sein müssen, Vorstellungen, denen ich angeblich entsprach. Ich wäre »typisch«, hieß es. Die Bedeutung dieses Wortes war mir nicht ganz klar. Nun sollte ich also Jude sein. Das Ganze war ein bisschen verwirrend.

Ich war Leningrader, das erschien mir handfester. Und das, obwohl ich keine fünf Jahre alt gewesen war, als ich aus Leningrad fortgebracht wurde. Mein Leningrad war ein kleiner Teil von Wien, in dem ich mich auch heute noch zu Hause fühle. Es sind nur wenige Straßenzüge im 20. Wiener Gemeindebezirk, in der so genannten Brigittenau, zwischen dem schon erwähnten Augarten und dem Donaukanal. Dort hatten meine Eltern in einem alten Zinshaus eine Wohnung gefunden – Zimmer-Küche, Toilette am Gang. Dort habe ich meine Kindheit verbracht und bin in die Schule gegangen. Die Freunde meiner Volksschulzeit waren allesamt russisch-jüdische Einwanderer wie ich, und wenn ich heute manchmal in diese Gegend komme, wechsle ich automatisch die Sprache, beginne Russisch zu denken, erinnere mich an die russischen Kinderbücher, die ich gelesen habe, vergesse, dass ich in Österreich bin, und kann mir kaum vorstellen, dass es auch gebürtige Wiener geben kann, »Eingeborene«, die diese Gegend bewohnen. Wenn die Eingeborenen zur älteren Generation gehören, können sie einige Brocken Russisch, weil der Bezirk nach dem Zweiten Weltkrieg, in den Jahren 1945 bis 1955, Teil der sowjetischen Besatzungszone gewesen ist. Das ist für mich Wien und hat mit der Vergangenheit alter Briefe, mit der Nostalgie nach oft gehörten Geschichten und der Liebe zu Menschen zu tun, die ich nie gesehen habe, weil sie in Russland geblieben und schon gestorben sind, die aber gesprächspräsent waren und mich prägten, wie sie mich auch heute noch prägen, über ihren Tod hinaus ... An der Friedensbrücke, der Grenze zum Nachbarbezirk, begann das Ausland und die Anonymität feindlicher Häuserschluchten ... Der Donaukanal trennte die etwas schäbige, aber umso heimeligere Brigittenau von einer nobleren, bürgerlichen Wohngegend.

Die Innenstadt lernte ich erst nach Ende meiner Schulzeit wirklich kennen. Als ich das erste Mal allein in ein Kaffeehaus ging, war ich zweiundzwanzig ...

Je älter ich wurde, desto mehr passte ich mich in Sprache, Mentalität und Gehabe den Eingeborenen an. Langsam, aber stetig begannen sie, in mein Leben zu treten. Bald war ich, bei oberflächlicher Betrachtung, nicht mehr von ihnen zu unterscheiden. Wenn ich mit ihnen unterwegs war, dachte ich wie sie und verhielt mich wie sie. Meine Eltern, sowie andere Immigranten, erschienen mir dann plötzlich konservativ, ja reaktionär, weltfremd, misstrauisch, unfähig, sich in ihrer neuen Umgebung zurechtzufinden. Mit gelassenem Wohlwollen blickte ich auf sie herab. Dinge, die für sie selbstverständlich waren, erachtete ich als absurd, hatte aber Verständnis.

Sobald ich aber mit russischen Immigranten beisammen war, änderte sich meine Einstellung. Augenblicklich wechselte ich meinen Assoziationshintergrund einfach aus. Ich passte mich nicht nur an, ich *dachte* tatsächlich anders und legte mein anderes Ich temporär ab. Die Österreicher wurden wieder zu fremden Eingeborenen, materialistisch, pedantisch und allesamt ein klein wenig beschränkt. Man lachte über ihre Problemchen, und ich lachte mit, hatte aber Verständnis …

Aus jener Zeit in der Brigittenau stammt mein Interesse für Geschichte. Literarisch bietet ein historischer Rahmen mehr Möglichkeiten, bestimmte Erfahrungen und Überlegungen zu gestalten, symbolisch zu verdichten und auf den Punkt zu bringen, als ein so genannter Gegenwartsroman. Aus der Distanz betrachtet, erscheinen Verhaltensweisen, Probleme und Strukturen, gerade weil man Parallelen zur Gegenwart ziehen kann, schärfer, aber auch »zeitloser«, allgemeingültiger.

Für mich war Geschichte immer von einer starken, fast schmerzlichen Präsenz. Als ich vier Jahre alt war, wohnten meine Eltern, meine Großmutter und ich in einem Plattenbau am Stadtrand von Leningrad. Etwa hundert Meter vor unserem Haus befand sich eine Eisenbahnlinie, die Richtung Norden führte. Meine Großmutter zeigte mir ein Nebengleis, auf dem, wie sie erzählte, während des Krieges regelmäßig Lazarettzüge mit Verwundeten von der Front ankamen. So erfuhr ich, dass nicht weit von der Stelle, wo unser Haus stand, wenige Jahrzehnte zuvor Krieg geführt worden war. Einige Jahre später erzählte mir mein Vater, dass seine Großmutter von den Nazis ermordet wurde. Er erzählte, wie er den Krieg überlebt hatte und was er als Jude in der Stalinzeit erleben musste. Das Verhalten meiner Eltern – ihre Ängste und Neurosen, die Emigration und das permanente Scheitern – waren geprägt durch jenen großen Rahmen, den man nur mit dem Begriff »Geschichte« umschreiben kann.

In Österreich jedoch war ich hauptsächlich mit Schweigen konfrontiert. In der Schule endete der Geschichtsunterricht in der letzten Klasse des Gymnasiums mit dem Revolutionsjahr 1848. Über die jüngere Vergangenheit wurde, wenn überhaupt, so abstrakt berichtet, dass sich niemand betroffen fühlen konnte. Die Verbrechen waren in den großen Konzentrationslagern oder an den Exekutionsstätten Osteuropas geschehen, irgendwo in Polen, in Russland oder im Baltikum. Mit dem Bezirk, in dem man wohnte, oder den Nachbarn von nebenan hatte das nichts zu tun.

Dabei hatte sich in unserem Schulgebäude vor gar nicht so langer Zeit – und zwar in den Jahren 1938 und 1939 – ein Gestapo-Gefängnis befunden. In unseren Klassenzimmern waren Menschen, vor allem Juden, eingesperrt gewesen. Sie wurden selektiert, verhört und geschlagen. Einige kamen frei. Die anderen wurden weiterdeportiert, nach Dachau oder ins eben erst errichtete Konzentrationslager Mauthausen. Im Unterricht erfuhren wir davon nichts. Erst 1983 wurde eine kleine Gedenktafel am Eingang zum Gebäude angebracht. Heute, mehr als zwanzig Jahre später, gibt es im Schulgebäude immerhin eine kleine Gedenkstätte für jene so lange vergessenen oder ignorierten Opfer.

In Österreich wurde schon vor dem so genannten Anschluss an Nazideutschland im Jahre 1938 diktatorisch regiert. Die Demokratie war im Februar 1934 zerschlagen worden. Bundeskanzler Dollfuß, der wenige Monate später bei einem misslungenen Nazi-Putsch ermordet wurde, errichtete einen klerikal-faschistischen »Ständestaat«. Dieser verstand sich als Bollwerk gegen den Kommunismus im Osten und den Nationalsozialismus im Westen, als Verteidiger konservativer Werte und des »Deutschtums«. Von einer österreichischen

Nation im modernen Sinne war damals noch nicht die Rede. Die österreichische Bevölkerung definierte sich – von Ausnahmen abgesehen – als »deutsch«-österreichisch. Zu den »Ausnahmen« gehörten, in den Augen vieler, die etwa zweihunderttausend Juden, die nach dem »Anschluss« von ihren Mitbürgern gedemütigt, verhöhnt, beraubt oder ermordet wurden, und zwar in einem Ausmaße, dass sogar die aus Deutschland, dem »Altreich«, stammenden Beamten und Militärs über die Brutalität dieser »Gesetzlosigkeiten« im März und April 1938 entsetzt waren. Zu den Ausnahmen gehörten auch die Kärntner Slowenen, die burgenländischen Kroaten, die Roma und andere »nichtdeutsche« Minderheiten.

Die österreichische Identität war lange Zeit uneindeutig und ambivalent. Zur Zeit der österreichisch-ungarischen Monarchie wurde Österreich weitgehend mit dem Kaiserhaus, der Beamtenschaft und dem Staat gleichgesetzt. Die deutschsprachigen Österreicher sahen sich größtenteils als Deutsche österreichischer Staatszugehörigkeit. Eine starke Identifikation mit der jeweiligen Heimatregion wie zum Beispiel mit der Grafschaft Tirol oder dem Herzogtum Steiermark, mit Kärnten oder Salzburg stand als konstitutives Merkmal für das eigene Selbstverständnis an erster Stelle.

Die nach dem Zusammenbruch der Monarchie im Jahre 1918 im deutschsprachigen Gebiet des ehemaligen Vielvölkerstaates entstandene Republik gab sich den Namen »Deutsch-Österreich«. Diese Bezeichnung wurde von den Siegermächten des Ersten Weltkriegs jedoch genauso verboten wie der von fast allen maßgeblichen politischen Kräften und einem Großteil der Bevölkerung gewollte Anschluss an Deutschland. So stand am Beginn einer österreichischen Identitätsbildung eine oktroyierte Unabhängigkeit, die keiner wollte. Der nun einsetzende Selbstfindungsprozess sollte erst nach einem Bürgerkrieg, zwei Diktaturen, einem Weltkrieg, einer zehnjährigen Besatzungszeit und einer langen Verdrängungsphase, die bis in die Achtzigerjahre gedauert hat, weitgehend abgeschlossen sein. Dass die deutschsprachigen Südtiroler, deren ursprünglich zu Tirol und zur österreichischen Monarchie gehörendes Land seit 1919 ein Teil Italiens ist, sich heute als »Tiroler und Deutsche«, während die Nord- und Osttiroler sich als »Tiroler und Österreicher« bezeichnen, zeigt, dass die österreichische Identitätsbildung tatsächlich erst vor wenigen Jahrzehnten, jedenfalls nach 1919, stattgefunden haben dürfte.

Die Anfänge des österreichischen Staates reichen bis ins zehnte Jahrhundert zurück. Das österreichische Volk ist hingegen eines der jüngsten, wenn nicht gar das jüngste Europas. Noch vor zwanzig Jahren bezeichnete der österreichische Politiker und rechtsgerichtete Populist Jörg Haider die österreichische Nation als »ideologische Missgeburt«. Inzwischen hat er (zumindest nach außen hin) seinen deutschnationalen Wurzeln abgeschworen und gebärdet sich als österreichischer Patriot, eine »neue Rolle«, die glücklicherweise seine schwindende Popularität und seine Wahlniederlagen nicht zu verhindern vermag.

Nach dem Krieg wurde von der politischen Klasse ein österreichischer Nationalstolz zur Schau getragen, der vor allem auf romantische Klischees des 19. Jahrhunderts, auf Folklore und sprachliche Besonderheiten zurückgriff. Dass die Mehrheit der Österreicher dem Deutschen Reich bis zuletzt die Treue gehalten hatte, wurde genauso verdrängt wie die Bereitwilligkeit, mit der viele Österreicher an NS-Verbrechen partizipiert hatten. Die während der Naziherrschaft immer stärker gewordenen Animositäten gegen Deutschland waren nicht primär auf den repressiven Charakter des Regimes oder gar auf die Verfolgung von Minderheiten oder Andersdenkenden zurückzuführen gewesen, sondern auf die Überheblichkeit, mit der die Beamte aus dem »Altreich« die »Ostmark« gleichgeschaltet hatten, ohne dabei auf österreichische Besonderheiten Rücksicht zu nehmen. Die Solidarität und die Identifikation mit dem Großdeutschen Reich scheint aber bei den meisten Österreichern trotz alledem größer gewesen zu sein als die

Verärgerung über das »preußisch schnoddrige«, gönnerhafte oder überhebliche Auftreten der »Piefke«.

Der österreichische Widerstand, der sich dezidiert für die Wiedererrichtung eines unabhängigen Österreich einsetzte, sowie zahlreiche Gruppen im Exil (zu denen Kommunisten, Sozialdemokraten, Bürgerliche und Monarchisten gleichermaßen gehörten) haben ebenfalls zu einer österreichischen Identitätsbildung beigetragen.

In den Jahren nach 1945 war Österreich ein Land, in dem man auf die Denkmäler für die Gefallenen des Zweiten Weltkrieges schrieb: »Sie sind für uns gestorben«, obwohl doch jeder wusste, dass der Krieg verloren worden war und dass die Soldaten der Wehrmacht für niemanden sonst ihr Leben gegeben hatten als für Hitler. Österreich war ein Land, das sich offiziell als der erste von Nazideutschland besetzte Staat bezeichnete, obwohl große Teile der Bevölkerung im März 1938 der einmarschierenden Wehrmacht zugejubelt hatten, und Österreich war jenes Land, das einen österreichischen Nationalstolz und eine österreichische Identität propagierte, obwohl sein Bundespräsident Kurt Waldheim noch im Jahre 1986 behauptete, er habe als Offizier der deutschen Wehrmacht keine Schuld auf sich geladen, sondern »nur« seine Pflicht getan – wie Hunderttausende andere Österreicher auch.

Es ist also nicht verwunderlich, dass an der Geschichte und Kultur der ins Land kommenden Zuwanderer, die man damals Gastarbeiter nannte, wenig Interesse bestand. Wenn ein Land – wie Österreich in jener Zeit – sich über die eigene Identität nicht sicher und wenn die eigene Geschichte ein Trauma ist, über das man am besten gar nicht oder nur in Andeutungen und Euphemismen spricht, wenn es Lügen und Wahrheiten mischt und bald selbst nicht mehr weiß, was davon gelogen oder erfunden ist, wird es sich nicht ernsthaft mit der Befindlichkeit und der Perspektive von Fremden auseinandersetzen, die plötzlich im selben Viertel leben oder in die Nachbarwohnung einziehen. Um sich den Fremden,

den anderen zu stellen, braucht man Selbstsicherheit, Kraft und einen festen Boden unter den Füßen. Ich würde sogar behaupten, dass die vielen Gastarbeiter, die in den Sechziger- und Siebzigerjahren nach Österreich kamen, für die Selbstfindung der Alteingesessenen, für die Festigung ihrer Identität, wichtig gewesen sind, allerdings nicht als Ergänzung, hin zu einer multikulturellen und offenen Gesellschaft, sondern als Gegenbild, als Möglichkeit sich abzugrenzen bzw. die anderen auszugrenzen, und als Projektionsfläche für die eigenen, hauptsächlich negativen Gefühle. Die so genannte Normalität, die kleine Heimeligkeit, in die sich die Menschen nach dem Wahnsinn des Krieges geflüchtet hatten, erhielt durch das Bild des anderen, der als Irritation und Bedrohung wahrgenommen wurde, klarere Konturen und wurde dadurch gleichzeitig aufgewertet. Eine als Kollektiv zutiefst traumatisierte Gesellschaft suchte sich einen weiteren Nebenpfad, um den eigenen Gefühlen auszuweichen.

Die Gastarbeiter unterschieden sich stark von den Sudetendeutschen oder den Banater Schwaben, die 1945 ins Land gekommen waren, von den Ungarnflüchtlingen 1956 oder den Flüchtlingen aus der Tschechoslowakei im Jahre 1968. Diese Zuwanderergruppen wurden in Österreich zwar nicht immer freundlich aufgenommen, aber man begegnete ihnen nur selten mit Hass. Schließlich hatte man mit ihnen eine gemeinsame Geschichte, die in die Zeit der Monarchie zurückreichte. Als 1981 Flüchtlinge aus Polen nach Österreich kamen, bekamen sie schon sehr viel stärker die Angst und die Vorurteile der Bevölkerung zu spüren. Gastarbeiter aus der Türkei oder aus Jugoslawien standen in der Hierarchie noch weiter unten, genauso wie Russen und andere Ausländer aus Osteuropa oder aus Asien. Jene, die früher das Bild des anderen verkörpert hatten, die österreichischen Juden, waren vertrieben oder ermordet worden, und jene wenigen, die noch da waren, waren mit Ablehnung oder Schweigen konfrontiert.

Die Beschäftigung mit Geschichte ist immer eine Auseinandersetzung mit der Frage von Zugehörigkeit. Jenes Spiel mit Identitäten und Zuordnungen, das ich in meinem Roman *Das besondere Gedächtnis der Rosa Masur* zeige, insbesondere in jenen Ausschnitten, die ich vorgestellt habe, ist nicht nur auf russische bzw. sowjetische Spezifika zurückzuführen, sondern spiegelt im besonderen Maße, wenn auch verschlüsselt, gerade die österreichische Realität wider, wie ich sie erleben musste.

Vor einigen Jahren hatte ich in einer österreichischen Stadt eine Lesung aus meinem Roman *Zwischenstationen*. Während ich als Abschluss der Veranstaltung Bücher signierte, erklärte mir ein alter Mann, dass ihn einige Szenen, die ich vorgelesen hatte, an seine eigene Kindheit erinnert hätten. 1945 seien seine Eltern mit ihm und seinen Geschwistern aus Jugoslawien nach Österreich geflüchtet, weil sie Deutsche waren. Was ich in meinem Buch über die Ängste, die Einsamkeit und die Unbehaustheit eines russisch-jüdischen Gastarbeiterkindes im Wien der Siebzigerjahre schreibe, ähnle sehr den Erlebnissen und Empfindungen jenes Flüchtlingskindes, das er Mitte und Ende der Vierzigerjahre gewesen sei.

Ein wesentlicher Aspekt der Rezeption, gerade im Zusammenhang mit Romanen wie *Das besondere Gedächtnis der Rosa Masur*, aber auch anderen wie zum Beispiel *Engelszungen* von Dimitré Dinev ist jener, dass es im deutschsprachigen Raum ein nur unzulängliches Wissen über den historischen und kulturellen Hintergrund der hier lebenden Zuwanderer gibt. In Frankreich oder Großbritannien ist die eigene Kolonialgeschichte und die Kultur der ehemaligen Kolonien schon seit Jahrzehnten ein Teil des gesellschaftlichen und kulturellen Diskurses. In Deutschland setzt man sich seit zehn oder höchstens fünfzehn Jahren ernsthaft mit den Lebenswelten von Zuwanderern auseinander. In Österreich steht dieser Prozess erst am Anfang.

Seit 1990 sind etwa 100.000 russische Juden als so genannte Kontingentflüchtlinge nach Deutschland eingewandert. In fast allen jüdischen Gemeinden stellen sie heute die Mehrheit. Ich kenne Fälle, wo von 300 Gemeindemitgliedern gerade einmal 10 keine »Russen« sind. Trotzdem ist in Deutschland das Wissen über russische oder russisch-jüdische Geschichte bei Juden wie Nichtjuden gering.

Anfang 2001 hielt ich mich wegen einer Lesung und eines anschließenden Radiointerviews einige Tage in Bremen auf. Die Bibliotheksleiterin einer kleinen Stadt, die nur eine halbe Autostunde von Bremen entfernt liegt, wollte sich die Chance nicht entgehen lassen, mich ebenfalls zu einer Lesung einzuladen. In ihrer Stadt gebe es, erklärte sie mir, einige Dutzend Russlanddeutsche. Die meisten von ihnen hätten Schwierigkeiten, sich in die deutsche Gesellschaft zu integrieren. Kaum jemand von ihnen ließe sich motivieren, in die Stadtbücherei oder gar zu einer Kulturveranstaltung zu kommen. Nun sollte ein »russischer Autor« als Anreiz dienen. Dies war ohne Zweifel redlich gemeint. Die Bibliothekarin hatte meine Bücher oder zumindest Auszüge daraus gelesen und die Veranstaltung gut vorbereitet. Es wurde ein schöner Leseabend mit anschließender Diskussion, allerdings mit einem ausschließlich einheimischen Publikum. Die Bibliothekarin und ihre beiden Kolleginnen hatten nicht bedacht, dass die meisten in ihrer Stadt wohnenden, aus Kasachstan stammenden »Russlanddeutschen« einen in Österreich lebenden, in Leningrad geborenen und seine Texte auf Deutsch schreibenden jüdischen Autor nicht unbedingt als »Landsmann« und ihresgleichen ansehen würden. Viele von ihnen dürften auch »zu Hause«, in Kasachstan, noch nie eine Kulturveranstaltung besucht haben…

Je länger Zuwanderer in einem Land leben, umso stärker findet ein wechselseitiger Prozess der Beeinflussung statt. In vielen Fällen dienen jedoch vorgefasste Meinungen, Klischees oder, wie die oben geschilderte Erfahrung zeigt, naive Erwartungen und mangelndes Wissen als theoretisches Fundament, auf dem das Bild des anderen konstruiert wird.

Insbesondere das Russlandbild war bis vor kurzem immer noch stark von den Auswirkungen der NS-Propaganda geprägt, deren Klischees an die jüngeren Generationen weitergegeben wurden. Schlechte Erinnerungen an die sowjetische Besatzungszeit in Deutschland und in Österreich kommen hinzu. Auf der anderen Seite ist die Vorstellung vom gefühlsbetonten und sinnlichen Russen sehr verbreitet. Deshalb gelingt es einigen Lesern und Rezensenten, in meinen Büchern meine »russische Seele« zu entdecken. Andererseits sind bestimmte historische Ereignisse wie zum Beispiel die Leningrader Blockade, die in der Sowjetunion als kollektives Trauma erlebt wurde und bis heute als Sinnbild für das Grauen des Krieges dient, beinahe unbekannt. Nicht zuletzt deshalb war es mir ein Anliegen, in meinem Roman *Das besondere Gedächtnis der Rosa Masur* die Blockade literarisch zu thematisieren.

Der historische und kulturelle Hintergrund von Zuwanderern wird mit der Zeit dennoch zu einem Merkmal des Landes, in das sie gekommen sind, ohne dass die Einwohner dieses Landes dies unmittelbar und bewusst wahrnehmen würden. So wie sich bei einer Bahnreise in den Süden die Landschaft nur allmählich und kaum merkbar verändert, ohne dass die Fahrgäste, die aus dem Fenster hinausschauen, eine klare Grenze zwischen mitteleuropäischer und mediterraner Landschaft ausmachen können, so geht es auch den Menschen, die in einem Land leben, dessen Zuwandererrate steigt.

4. VORLESUNG

DER SUBVERSIVE MUT ZUR NAIVITÄT

Ein Versuch, dem Schreiben einen Sinn abzugewinnen

Hat Schreiben einen Sinn? Oder anders gefragt: Kann oder sollte es »Moral in der Literatur« geben? Kann Literatur (noch) etwas bewirken – und inwieweit sind Fremdsein und Emigration als universelle Erfahrungen in diesem Zusammenhang von Bedeutung? Ein Ausschnitt aus meinem Essay *Der subversive Mut zur Naivität* soll als Ausgangspunkt für die Auseinandersetzung mit diesen Fragen, die im Mittelpunkt meiner vierten Vorlesung stehen, dienen.

Der subversive Mut zur Naivität erschien im Herbst 2005 als Beitrag zur Anthologie *Die Welt, an der ich schreibe*. Das Buch wurde von der *Alten Schmiede*, einem Wiener Literaturhaus, in Auftrag gegeben. Darin sind Essays österreichischer Autorinnen und Autoren der jüngeren und mittleren Generation versammelt, unter anderem von Paulus Hochgatterer, Daniel Kehlmann, Bettina Baláka und Lydia Mischkulnig. In ihren Beiträgen geht es um grundsätzliche Überlegungen zur Literatur, um die persönliche Verortung im literarischen Leben, die eigene Haltung zum Schreiben, um literarische Vorbilder sowie um schreibhandwerkliche Fragen: um Poetologie im Allgemeinen also und das persönliche Selbstverständnis als Schriftstellerin oder Schriftsteller im Besonderen.

Ein Schriftstellerkollege, den ich sehr schätze, erklärte
mir einmal, er halte einen vor zwei oder drei Jahren er-
schienenen, viel beachteten und von der Kritik gelobten
Roman für »gut gemacht, aber unmoralisch«. Der Autor
dieses Romans habe sich von den grausamen Szenen und
Perversionen, die er in seinem Buch beschreibt, in keiner
Weise distanziert. Dieser Autor habe keine humanistische
Grundeinstellung. Vielmehr scheine er die Darstellung
der Gewalt in seinem Buch zu genießen. »Ich mag vielleicht altmodisch und naiv sein«, sagte mein Gesprächs-
partner, »aber meiner Ansicht nach gibt es auch in der
Kunst Grenzen und Tabus. Gerade die Literatur darf sich
nicht im Ethik freien Raum bewegen. Und bestimmte
Dinge dürfte man eigentlich gar nicht darstellen. Auch
da gibt es Grenzen.«

Ich versuchte meinem Kollegen zu erklären, warum
ich das in Frage kommende Buch nicht für unmoralisch halte. Seiner scheinbar altmodischen Einstellung
widersprach ich jedoch nicht. Zwar teile ich nicht seine
Ansicht, dass bestimmte Gegebenheiten nicht darstell-
bar sein dürfen, und im Falle von Tabus drängt sich die
Frage auf, wer die Autorität oder das Recht haben soll,
solche aufzustellen.

Dass jedoch die Aussage eines Kunstwerks weder mo-
ralisch neutral noch beliebig sein sollte, war für mich
immer eine Grundvoraussetzung und eine Motivation für
meine Tätigkeit als Schriftsteller. In meinem Herkunfts-
land Sowjetunion galten Künstler – vor allem Schriftsteller – als »moralische Instanz« in einer korrupten Welt.
Mit künstlerischen Mitteln ließ sich vieles darstellen
oder zumindest andeuten, was sonst der Zensur zum
Opfer gefallen wäre. In Russland waren Schriftsteller

das Sprachrohr für die Gefühle und Sehnsüchte ganzer Generationen. In Zeiten der Repression war Kunst, insbesondere Literatur, ein Ventil. Sie gab vielen Menschen Hoffnung oder spendete Trost. Deshalb tolerierten in der sowjetischen Spätzeit sogar die Machthaber selbst das eine oder andere literarische Werk auch dann, wenn es regimekritisch war oder Missstände aufzeigte.

In dieser Tradition der kritischen Auseinandersetzung mit der Wirklichkeit sah ich mich auch selbst, als ich zu schreiben begann. Es schien mir selbstverständlich zu sein, dass ein Künstler den herrschenden Verhältnissen, die ihn umgeben, in seinem Werk – wenn nicht direkt, dann implizit, im Subtext – mit einem Gegenmodell begegnen sollte. Insofern war in meiner Vorstellung ein Schriftsteller jemand, der eine wichtige gesellschaftliche Aufgabe zu erfüllen hat und sein Talent nicht nur zum eigenen Vorteil nützen darf.

Als ich dann selbst Schriftsteller wurde, hat mich die Realität des ausgehenden zwanzigsten und beginnenden einundzwanzigsten Jahrhunderts eines Besseren belehrt. Ich habe den Entschluss, Schriftsteller zu werden, trotzdem nie bereut.

Im Zuge meiner literarischen Entwicklung hatte ich zwar nie Vorbilder, denen ich unmittelbar und bruchlos nacheiferte, doch ich bewunderte immer Autoren, in deren Texten eine zeit- und gesellschaftskritische Haltung erkennbar ist, ohne dass diese zur moralisierenden Selbstherrlichkeit und biederen Besserwisserei gerät. Insbesondere mochte ich Autoren, die der Welt mit Ironie begegneten. In meiner Jugend las ich gerne Lion Feuchtwanger und Michail Bulgakow, Mark Twain und Thomas Bernhard (den ich für einen großen Satiriker halte), Isaak Babel und Jaroslav Hašek. Die Literatur half mir, die Poesie des Lebens zu erkennen, einen Standpunkt und eine Haltung zu finden und das Unmittelbare als das wahrzunehmen, was es ist – eine Oberfläche. Ohne Literatur wäre für mich das Leben wohl zu dem verkommen, was es manchmal zu sein scheint: Alltagssequenzen, die sich ständig wiederholen, wenn sie nicht ab und zu von Katastrophen oder von Szenen, die an eine Telenovela erinnern, unterbrochen werden.

Kunst vermag in unserem Land heutzutage kaum mehr jemanden zu schockieren. Noch vor fünfzehn oder zwanzig Jahren waren einzelne Kunstwerke »unangenehm«. Doch die meisten Grenzen, die es damals noch gab, sind längst überschritten. Heute würden sich viele Künstler freuen, wenn es ihnen wenigstens einmal im Leben gelänge, unangenehm aufzufallen. Dass Künstler und Intellektuelle eine gesellschaftlich wichtige Aufgabe erfüllen, ist vielleicht noch in Frankreich eine allgemein akzeptierte Vorstellung. Im deutschen Sprachraum ist das längst nicht mehr der Fall. Als Provokation mag man heute den einen oder anderen Werbespot betrachten, aber sicherlich kein Theaterstück und schon gar nicht einen Roman oder ein Gedicht. Früher vermochten Satiren oder Epigramme berühmter Schriftsteller Minister zu stürzen. Jetzt hat nicht einmal mehr die *Kronen Zeitung* diese Macht.

Wer heute als Schriftsteller ernsthaft behauptet, mit Hilfe von Büchern aufklärerisch wirken oder gesellschaftliche Missstände aufzeigen zu wollen, muss sich den milden Spott seiner Kolleginnen und Kollegen (viel weniger der Leserinnen und Leser) gefallen lassen. Ich spreche in erster Linie von Autoren meiner Generation und von Jüngeren, jenen also, die noch nicht vierzig sind und deren literarische Prägung größtenteils in den 1990er Jahren, einer Zeit der Entpolitisierung und der Flucht ins Private, erfolgte. Die Frage, warum sie denn eigentlich schreiben und damit an die Öffentlichkeit gehen, beantworten viele (wenn auch selbstverständlich nicht alle) dieser Kollegen entweder tautologisch banal (ich schreibe, weil ich schreibe), sich entschuldigend (was soll ich machen, ich bin in allen anderen Bereichen völlig lebensunfähig), sportlich (ich möchte noch höhere Verkaufszahlen erreichen), ökonomisch (im Leben geht es nur ums Geld), persönlich (ich möchte der größte Schriftsteller meiner Epoche werden) oder süchtlerisch (ich schreibe, weil ich schreiben muss). Die meisten weichen der Frage, warum sie schreiben, aus, zumal es unter Schriftstellern oft ohnehin als Faux-Pas gilt, diese Frage überhaupt zu stellen. Manchmal werden Klassiker zitiert. »All art is useless«, habe Oscar Wilde behauptet, heißt es dann. Und dieser ironischen Aussage folgt oft prompt und bar jeglicher Ironie, wenn auch mit einer leichten Sehnsucht nach Widerspruch in der Stimme: »Es ist mir völlig egal, ob ich mit meinen Büchern etwas erreiche, ich will nur, dass sie heute und jetzt gelesen werden.« Einige behaupten, sie würden ihre Leserinnen und Leser »nur« unterhalten wollen, und obwohl dieses Nur eigentlich schon sehr viel ist, haftet dieser Einstellung hierzulande leider immer noch der Hauch des Trivialen an.

Natürlich: auch ich schreibe, weil ich schreiben muss, hoffe bei jedem Buch auf höhere Verkaufszahlen, bin stolz, wenn ich als Schriftsteller gelobt werde, und freue mich sehr über Preisgelder und Stipendien. Das allein wäre aber kein ausreichender Anreiz, den permanenten Ausnahmezustand eines Lebens als freiberuflicher Schriftsteller auf mich zu nehmen. Eine vielleicht naive, aber nie zur Gänze aufgegebene Hoffnung, mit dem eigenen Werk (trotz allem) etwas zu verändern oder zumindest aufzuzeigen, ist durchaus hilfreich.

Ja, ich gestehe: Insgeheim hoffe ich immer noch, dass die Welt durch Bücher, sei es durch meine eigenen oder die anderer Schriftsteller, zumindest marginal besser und erträglicher wird. Außerdem gebe ich bereitwillig zu, dass es mir eine große Befriedigung verschafft, Menschen unterhalten zu können. Ein Kunstwerk soll genossen werden und darf leicht zugänglich sein. Noch vor wenigen Jahrzehnten wurde hierzulande nur das »schwer Verständliche«, »Mühsame« und »Langweilige« als qualitativ hochwertig angesehen, und manche Kritiker sind auch heute noch der Meinung, das Lesen guter Literatur müsse harte Arbeit bedeuten. Doch Trivialität ist, wie mir scheint, keine Frage der Form, sondern hat mit Klischees und vorgefassten Meinungen zu tun. Wenn in einem innovativen sprachlichen »Meisterwerk« Klischees und gängige Vorurteile übernommen oder sogar verstärkt, anstatt hinterfragt oder ironisch gebrochen zu werden, handelt es sich trotz der schönen Sprache um ein Stück Trivialliteratur. Ob etwas als trivial angesehen werden kann oder Qualität besitzt, ist somit nicht primär eine Frage der (scheinbar objektiven) Ästhetik, sondern vor allem der ethischen Grundhaltung, mit der man an die Beurteilung herangeht.

Einige Schriftsteller, die etwa so alt sind wie ich oder jünger, schreiben sehr gute Bücher zu aktuellen Themen, geben aber nicht zu, dass es sich um gesellschaftspolitisch relevante und engagierte Literatur handelt. Vielleicht haben sie Angst, naiv zu erscheinen, wollen nicht in die Nähe von Tendenzliteratur gerückt werden oder wollen einfach nur »cool« bleiben. Bei einigen, vor allem männlichen Zeitgenossen endet die Teenagerzeit bekanntlich erst mit vierzig oder sogar später. Dabei hat der Mut zur Naivität etwas Subversives. Er befreit von der anstrengenden Aufgabe, entweder besonders klug und vernünftig oder besonders witzig, sarkastisch und abgeklärt wirken zu wollen. Der subversive Mut zur Naivität lindert somit den Druck, sich ständig selbst inszenieren zu müssen.

Gute Literatur ist, wie ich meine, engagierte Literatur. Dieses Engagement muss nicht im engeren Sinne politisch oder ideologisch sein, aber ein Autor sollte der Welt, die ihn umgibt, und der Welt, die er beschreibt, nicht wertneutral gegenüber stehen. Er sollte sich auch dessen bewusst sein, dass er gar nicht wertneutral sein kann. Das allein birgt noch nicht die Gefahr in sich, Tendenzliteratur zu produzieren. Ein Autor kann zum Beispiel seine literarischen Figuren auch dann differenziert darstellen und Sympathie für sie aufbringen, wenn er ihr Verhalten verabscheuungswürdig findet und dies auch deutlich macht. Anderenfalls würde er tatsächlich »unmoralische« Bücher schreiben. Für den Leser muss aber auf jeden Fall noch genug Raum bleiben, um sich ein eigenes Urteil, das womöglich von jenem des Autors oder seines Erzählers abweicht, bilden zu können. Sonst werden die Figuren bald uninteressant.

Das andere Extrem wäre zu moralisieren. Ein Kunstwerk wird zum Pamphlet, wenn es seiner eigenen Aussage untergeordnet ist. Ein Schriftsteller ist kein Lehrer. Seine Aufgabe ist es nicht, über eine Sache zu richten, sondern Möglichkeiten und Wege aufzuzeigen, die manchmal gar nicht seine eigenen sind. Aus diesem Grunde wäre es ungünstig, aus Betroffenheit, Wut oder Parteinahme an einen Stoff heranzugehen. Genauso klar ist aber auch, dass dies nie ganz gelingen wird. Der Künstler ist immer betroffen, sonst würde er sein jeweils aktuelles Thema nicht finden können. In der Selbsttäuschung, völlig distanziert zu sein, ja, wie viele Kollegen glauben, beim Schreiben sein eigenes Ich vergessen zu können, meldet sich das Ich mit seiner Betroffenheit umso vehementer zurück, und die Wahrscheinlichkeit, einen tendenziösen Text zu produzieren, ist noch größer. Man muss wissen, wo man als Individuum und als Autor steht, was einen geprägt hat, welche Meinungen man vertritt, welchen

politischen und gesellschaftlichen Zwängen man ausgesetzt ist und welche Verpflichtungen man in seinem
Leben eingegangen ist. Dann kann man durch Ironie und
durch eine (angemessene) Distanzierung neue Anteile der
eigenen Persönlichkeit aktivieren, und das Buch, an dem
man gerade arbeitet, wird für den Autor selbst womöglich
noch interessanter, als er es erwartet hat.

Zugegebenermaßen ist es auch mir nicht immer leicht
gefallen, den erwähnten Mut zur Naivität aufzubringen.
Lange Zeit behauptete ich, »einfach nur Geschichten« zu
erzählen. Das Thema oder das Ambiente würden dabei
eine untergeordnete Rolle spielen. Vielmehr sei, außer
der Sprache und dem Plot, vor allem die Figurenzeichnung von Bedeutung. Die Erzählung selbst müsse, wie
schon erwähnt, eine allgemein gültige Dimension haben.
Dieser Meinung bin ich auch heute noch. Dennoch erscheinen mir manche Themen bedeutender als andere.
So fand ich es zum Beispiel wichtig, in meinem Roman
Das besondere Gedächtnis der Rosa Masur die Leningrader
Blockade oder andere Episoden der europäischen Geschichte und Gegenwart, die hierzulande weitestgehend
ignoriert oder verdrängt werden, zu beschreiben. Und
in meinem Roman *Zwischenstationen* habe ich unter
anderem versucht, auf die Flüchtlings- und Emigrati-
onsproblematik aufmerksam zu machen. Dass ich von
Leserinnen und Lesern gerade für die Wahl dieser Themen viel positive Resonanz bekommen habe, zeigt mir,
dass manche naive Hoffnung nicht unbedingt zur Gänze
enttäuscht werden muss.

Vor einigen Jahren nahm ich an einem Autorentreffen in
Fürstenfeldbruck, einer kleinen Stadt in der Nähe von München, teil. Es fanden gemeinsame Gespräche zu unterschied-
lichen literarischen Themen statt. Darüber hinaus wurde in
Arbeitsgruppen mit je vier bis fünf Teilnehmern vorgelesen

und diskutiert. Jede Arbeitsgruppe wurde von einem arrivierteren Schriftsteller geleitet, einem Tutor. Am Ende des Treffens fand eine öffentliche Lesung aller Teilnehmerinnen und Teilnehmer statt.

Während einer der Pausen zwischen den Arbeitsgesprächen kam ein jüngerer Autor auf mich zu und erzählte, er habe gerade ein »witziges Erlebnis« gehabt. Der Tutor seiner Gruppe, ein Lyriker aus der ehemaligen DDR, habe ihm vorgeworfen, kein soziales Gewissen zu haben. »Und was hast du ihm geantwortet?«, fragte ich ihn. »Wie hast du diesen Vorwurf entkräftet?«

Er sah mich verständnislos an. »Warum soll ich etwas derart Lächerliches entkräften?«, fragte er und lachte.

Was mich überraschte, war, dass er den Vorwurf nicht einmal dadurch in Frage stellte, dass er darüber sprach, ob das soziale Gewissen eines Autors ein Kriterium für gute Literatur sei oder nicht. Das Thema »Moral und Gewissen in der Literatur« erschien ihm dermaßen absurd, dass es sich für ihn nicht lohnte, näher darauf einzugehen. Der Vorfall war allenfalls dafür geeignet, um ihn als Witz in einer kurzen Pause bei Kaffee und Kuchen zum Besten zu geben. Für diesen Autor galt der Ausspruch von Vladimir Nabokov: »Warum ich schreibe? Aus Freude an der Sache, um Schwierigkeiten zu überwinden. Ich verfolge dabei keinerlei soziale Ziele und erteile keine Lehren in Sachen Moral. Ich liebe es einfach, Rätsel zu erfinden und diese mit eleganten Lösungen zu versehen.«

Der Lyriker aus Ostdeutschland reiste übrigens am nächsten Tag frühzeitig aus Fürstenfeldbruck ab. Mit Autorinnen und Autoren wie Karen Duve, John von Düffel oder Ralf Bönt, die damals, Ende der Neunzigerjahre, den so genannten »Zeitgeist« widerspiegelten, hatte er nicht viel gemeinsam. Er fühlte sich unverstanden. Kaum einer brachte seiner Meinung als Tutor Respekt entgegen …

Meine ersten literarischen Texte habe ich Mitte der Neunziger-jahre publiziert. Damals sprach man vom Ende der Ideolo-gien, ja vom Ende der Geschichte. Manche wurden deshalb hemmungslos optimistisch, andere hemmungslos zynisch. Die meisten flüchteten ins Private. Auf dem Balkan tobte zwar noch der Bosnienkrieg, Russland und die meisten anderen GUS-Staaten hatten mit dem neu erwachten Chauvinismus zu kämpfen und versanken im wirtschaftlichen Chaos, in Ost-europa gab es einen neu erstarkten Antisemitismus und einen Nationalismus, der an jenen der Dreißigerjahre erinnerte. All das spielte offenbar keine oder nur eine untergeordnete Rolle. Die jüngere Künstlergeneration gebärdete sich im Zeitalter der Entideologisierung, das wohl erst mit dem 11. September 2001 endete, recht orientierungslos. Einige empfanden es als befreiend, nicht mehr politisch, nicht mehr programmatisch sein zu müssen, einfach nur Geschichten erzählen zu dürfen. Persönliche Gefühle und Sehnsüchte in Worte zu fassen – das kam an, da mochte die Welt, die man beschrieb, noch so banal sein. Politik, Gesellschaftskritik, Engagement oder Ideologie wurden hingegen als unliterarisch, naiv und auf eine mehr oder weniger sympathische Weise sogar als rührend angesehen. Wahrscheinlich war das eine Reaktion auf eine bestimmte Art von Literatur der Sechziger- und Siebzigerjahre, als im deutschen Sprachraum das Ende des Erzählens verkündet worden war.

In Österreich begann diese »Bewegung« mit den Autorinnen und Autoren der *Wiener Gruppe* wie H. C. Artmann, Konrad Bayer, Oswald Wiener oder Gerhard Rühm und im *Forum Stadtpark* in Graz:[21] Hier waren es vor allem Günter Falk, Wolfgang Bauer, Alfred Kolleritsch oder der frühe Handke, deren »experimentelle Literatur [...] eine der Möglichkeiten war, sich von dem bestehenden [...] Kulturbetrieb zu di-stanzieren.«[22] An der Schnittstelle von Architektur, Musik und Literatur wirkten damals außerdem vor allem der Architekt Friedrich Achleitner und der Musiker Gerhard Rühm.

Ihre Literatur sahen diese Autoren als eine Art Sprachrevolution an. Ihr Ziel war es, gegen die von den Nazis verdorbene bzw. okkupierte Sprache aufzubegehren. Neben Sprachkritik ging es ihnen vor allem um Sozialkritik, um die so genannte »Arbeiterliteratur« und die Veränderung der als ungerecht empfundenen gesellschaftlichen Zustände. Daraus folgte jedoch eine Fixiertheit auf die Materialität der Sprache. Dies lässt sich durchaus in die Tradition Wittgensteins (oder sogar Hofmannsthals) setzen, nur dass die genannten Autoren in der Konsequenz und Kompromisslosigkeit ihres Denkens nicht an Wittgenstein heranreichten. [23]

Literatur wurde von engagierten Autoren hauptsächlich als Kampfmittel angesehen, was zu einer Versteppung, wenn nicht gar Verwüstung der literarische Landschaft führte. Es ist also kein Wunder, dass die jungen Erzähler der Neunzigerjahre nicht nur Programmatik und Sperrigkeit, sondern gleichermaßen Gesellschaftskritik und politisches Engagement in die Wüste geschickt haben.

Was ich über die jungen Erzähler gesagt habe, gilt nicht nur für die Literatur, sondern für Kunst im Allgemeinen und ist keineswegs nur ein Phänomen der Neunzigerjahre. Die bewusste Distanzierung vieler Künstler von politisch engagierter, zeit- und sozialkritischer Kunst in den Fünfzigerjahren, die Wiederentdeckung einer solchen Kunst in den Sechziger- und Siebzigerjahren und die abermalige Distanzierung von dieser Kunst durch die nachfolgende Künstlergeneration ist ohne die Erfahrungen von Krieg und NS-Diktatur nicht nachvollziehbar. In *Nach dem Endsieg*, der dritten Geschichte meines Buches *Mein erster Mörder*, erzähle ich die Lebensgeschichte des 1920 in Wien geborenen österreichischen Malers Robert Hamminger. Im folgenden Ausschnitt erläutert Hamminger seinen Standpunkt gegenüber der »politischen Kunst« der Nachkriegsjahre.

Robert Hamminger erzählt aus seinem Leben. Ich sitze in seinem Atelier, das vor dreißig Jahren das Kinderzimmer seines Sohnes gewesen ist. Klein und zierlich ist der alte Mann, sehr mager, er wirkt fast knabenhaft. Das schmale Gesicht stark zerfurcht. In den blauen Augen immer noch jenes schelmische Funkeln, das er schon als junger Mensch gehabt haben dürfte: dem Leben und der Macht der Zeit ein Schnippchen schlagen. Ein Aufnahmegerät steht auf dem Tisch, Weinflasche und Gläser. Die Stehlampe taucht den Raum in ein warmes Licht. Robert Hamminger erzählt bereitwillig, fast im Plauderton, von Ereignissen, die mehr als ein halbes Jahrhundert zurückliegen, erzählt, als wäre es die Geschichte eines Freundes, den er vor langer Zeit gekannt hat, macht hin und wieder eine Pause, schenkt Wein nach, schweift ab, flicht die eine oder andere Anekdote ein. Das Erzählte kommt mit einer über die Jahre erarbeiteten Sicherheit daher. Doch wenn man ein feines Ohr für Zwischentöne hat, spürt man die Spannung, die sich weder im Wein ertränken noch im Scherz auflösen lässt. Das Vergangene erscheint im Licht der Gegenwart, die Gegenwart als Spiegel der Vergangenheit. Verschiedene Zeiten in einem Gruppenbild.

»Ich habe einmal eine alte Chronik des Künstlerhauses gesehen, der ehemals wichtigsten österreichischen Künstlervereinigung. Nach dem Krieg hat man versucht, gewisse Eintragungen mit einem tintenlösenden Mittel, dem sogenannten Tintentod, aus dem Buch zu löschen. Allerdings verfärben sich diese Stellen mit der Zeit und werden braun. In der Spalte Parteimitgliedschaft und auch unter Auszeichnungen – überall sieht man diese braunen Flecken, und das ungefähr bei zwei Drittel der in der Chronik angeführten Künstler«, erzählt mir der Maler Robert Hamminger und lacht. »Heute ist der Tintentod ein wenig aus der Mode gekommen.«

»Ja, man schreibt einfach mit blauer oder schwarzer Tinte, vielleicht auch mit einer anderen Farbe, über die braunen Flecken drüber«, sage ich, »und kaum jemand findet noch etwas dabei.«

Jahrzehntelang hat Robert Hamminger dafür gekämpft, dass die braunen Flecken auf der selbstgestrickten weißen Weste des österreichischen Selbstverständnisses nicht so leicht übersehen werden. Heute noch entrüstet er sich über die Verlogenheit, mit der ehemalige Nazis und Mitläufer sich nach dem Krieg plötzlich als österreichische Patrioten gebärdeten und bald wieder in leitende Positionen aufstiegen. Als sich Mitte der Sechzigerjahre der Wiener Universitätsprofessor Taras Borodajkewycz mit antisemitischen Äußerungen in seinen Vorlesungen hervortat, nahm Robert Hamminger aktiv an jenen Protestkundgebungen teil, die in Österreich zu den machtvollsten Demonstrationen gegen Rechtsradikalismus und Antisemitismus in den Nachkriegsjahrzehnten werden sollten. »Es war unglaublich und empörend, dass der Staat mit seinen beiden aus der Vorkriegszeit übernommenen Großparteien damals so untätig blieb«, sagt Hamminger. »Die Regierenden hatten kein Interesse, allzu forsch gegen ehemalige Nazis vorzugehen. Es waren einfach noch zu viele da.«

In seiner Kunst jedoch hat sich Hamminger konsequent von seinem politischen Engagement distanziert. Der politische, der kämpferische Mensch scheint auf den ersten Blick im krassen Gegensatz dazu zu stehen, was der Künstler auszudrücken versucht.

Hamminger ist ein Vertreter der Wiener Schule des Phantastischen Realismus. Er malt Bilder der Harmonie, Bilder einer verklärten, magischen Welt, in der mathematisch-kühle Kompositionen dominieren und eine klassische Grundhaltung zu erkennen ist: Sonnen, Monde und eine manchmal überquellende Vegetation in utopischen Landschaften mit klaren, voneinander abgegrenzten Formen, einer verflachten Perspektive und gedämpften Farben, sparsam und in sich gekehrt. Eine menschenleere Welt, die Symmetrie suggeriert und zu Kontemplation einlädt. Man möchte innehalten vor diesen Bildern, sich von den Sorgen des Alltags freimachen.

Früher malte Robert Hamminger abstrakt: vielleicht, wie er heute erklärt, als Reaktion auf den Zwang und das Dogma des Naziregimes. Bald jedoch befriedigten ihn diese Kunst und ihre mehr dekorative als inhaltliche Bedeutung nicht mehr. Er gab die »reine Ästhetik der Abstraktion«, die er heute als Spielerei bezeichnet, auf und wandte sich der gegenständlichen Darstellung zu.

Hammingers Kunst spiegelt die »Sehnsucht nach dem einfachen Leben« wider, die Lust, Bedingungen zu schaffen, in denen der Mensch sich gut einrichten kann. Diese sind, seiner Ansicht nach, auf der Grundlage einer vernunftbedingten Genügsamkeit zu erreichen. Der Mensch selbst bleibt in Hammingers Werk unsichtbar, und in manchen seiner Bilder ist eine gewisse Schwermut nicht zu verkennen.

Manche politisch engagierten österreichischen Kollegen konnten die verklärte Welt von Hammingers Bildern nicht verstehen. »Wie kannst du dich einschließen und in einem geschützten Raum träumen?«, fragten sie ihn.

»Ich habe nun einmal ein anderes Programm als ihr«, hat er geantwortet. »Bilder von einer harmonischen Welt zu entwerfen und an die Utopie zu glauben, ist eine Form des Überlebens. Was soll uns sonst die Kraft geben, angesichts des Zustands dieser Welt nicht zu resignieren oder zur Pistole zu greifen?«

»Ein guter Malerfreund von mir«, erzählt er, »hat vor einigen Jahren gemeint, alles habe keinen Sinn, alles sei Scheiße, und ist aus dem sechsten Stock in den Tod gesprungen.«

Einer der Tutoren hat im Juli 1999 auf jenem Autorentreffen in Fürstenfeldbruck sehr anschaulich geschildert, mit welchen Widerständen er zu kämpfen hatte, als er sich zu Beginn der Achtzigerjahre entschlossen hatte, gut lesbar, verständlich und unterhaltend zu erzählen. Seine Literatur wurde von Kollegen (nicht aber von den Lesern) als altmodisch, unengagiert, ja sogar als lächerlich abgetan … Kein Wunder, dass die Vorwürfe, mit denen manche Autoren fünfzehn Jahre später konfrontiert waren, unter umgekehrten Vorzeichen erfolgten. Nun wurden Bücher, die schwer verständlich waren, keinen guten Plot hatten und nicht zu unterhalten vermochten, von vielen jüngeren Autoren und Kritikern als altmodisch und wertlos angesehen.

Von den geschilderten Konflikten blieben die meisten Autorinnen und Autoren, die als Zuwanderer nach Deutschland oder Österreich gekommen waren, unberührt. Viele ihrer Familien hatten während des Zweiten Weltkriegs und der NS-Diktatur auf der anderen Seite gestanden. Einige stammten aus Ländern, die von diesem Krieg nicht betroffen gewesen waren. Wenn sie sich entschieden, auf Deutsch zu schreiben, traten sie nicht zugleich in einen Kontext von Schuld und Verantwortung für die deutsche Geschichte ein und mussten die Sprach- und Kulturskepsis, die aus dieser Geschichte erwuchs, nicht notwendig teilen. Vielmehr habe ich bei ihnen eine Fabulierfreude feststellen können, in der sich poetische und satirische, magische und situative Elemente in einer Weise verdichten, wie ich es bei ihren »einheimischen« deutschen und österreichischen Kollegen ungleich seltener erlebt habe. Für sie stellen die Antworten auf manche Fragen, die die so genannten »Eingeborenen« beschäftigen und aus deren Geschichte heraus beschäftigen mussten, Binsenweisheiten bzw. Selbstverständlichkeiten dar.

Auch für mich ist es, wie schon erwähnt, eine Selbstverständlichkeit, dass gute Literatur vor allem gut erzählte Literatur ist.

Nach den Sprachexperimenten scheint die deutschsprachige Literatur zur »Normalität des Erzählens« zurückgekehrt zu sein, und auch das politische bzw. sozialkritische Statement in der Literatur ist für die Generation der Jüngeren, der heute Fünfundzwanzig- bis Dreißigjährigen, kein Tabu mehr.

Meiner Ansicht nach ist diese Rückkehr zum Erzählen eine Voraussetzung für die Wirksamkeit von Literatur – besonders auch dann, wenn sie gesellschaftlich engagiert sein will. In einem Interview, das Helmut Gollner im Jahre 2004 für seinen Band über die »Renaissance des Erzählens« mit mir geführt hat, habe ich dies etwas ausführlicher zu erklären versucht: [25]

Zum Wesen der Kunst gehört meiner Meinung nach auch ihr Unterhaltungswert. Kunst muss für ein breiteres Publikum erfahrbar und attraktiv sein. Ein experimenteller Text, der z. B. auf Sprachdekonstruktion aus ist, hat möglicherweise einen sprachtheoretischen oder sprachphilosophischen Wert. Er wird ein paar Germanisten und Autoren begeistern, ein Fachpublikum also. Jene Literatur, die sich durchgesetzt hat, die Jahrzehnte oder Jahrhunderte Bestand hatte, Menschen bewegt, erschüttert, zum Lachen gebracht, unterhalten, nachdenklich gestimmt oder ihnen über schwierige Lebensphasen hinweggeholfen hat, war neben Lyrik fast immer nur erzählende Literatur. Auch Shakespeare hat Geschichten erzählt, auf der Bühne, geschrieben für ein sehr unterschiedlich gebildetes Publikum. […] Erzählen ist eine Grundeigenschaft des Menschen. […]

Ich glaube, Literatur sollte nicht l'art pour l'art sein. Ich möchte Geschichten schreiben, die – um es überspitzt zu formulieren – sowohl eine Putzfrau als auch ein Universitätsprofessor lesen und verstehen können.

Die Ambivalenz von Bedeutung und Qualität, von Anspruch und Wirkung bedingt jedoch einen Spannungszustand, ein Gefühl von Uneindeutigkeit und Unsicherheit, eine Zerrissenheit, mit der jeder Künstler umgehen muss. Dieser Zustand kann hemmend wirken, in einem noch größeren Maße aber auch ein Motor sein. Man muss sich bemühen, den eigenen Ansprüchen und Gefühlen, dem eigenen Wahn, nicht auf den Leim zu gehen, und muss sich ihnen doch gleichzeitig immer wieder aussetzen, um nicht zum Opfer des kühlen Hauchs der Vernunft zu werden. Vernunft in der Kunst zwingt zum Ausgleich und somit zur Mittelmäßigkeit.

Ende der Neunzigerjahre erschien mein Roman *Zwischenstationen*. Es war mein zweites Buch, aber mein erster Roman und das erste Buch, mit dem ich einen gewissen Bekanntheitsgrad erreichte. Infolge dessen wurde ich bei Interviews immer öfter gebeten, mein eigenes Schreiben einzuordnen und zu definieren – etwas, das viele Schriftsteller nicht gerne tun, denn Interpretationen überlassen sie lieber den Kritikern und Germanisten. Letzteres trifft auch auf mich zu. Meistens bemühe ich mich, eigene Texte weder zu bewerten noch zu erklären.

Zu den banalen Standardsätzen, die ich immer als Antwort parat hatte, die aber bei Publikum und Journalisten oft gut ankamen, gehörten:

1. »Eigentlich bin ich nur ein Geschichtenerzähler, das ist einfach das, was ich besser kann als alles andere, demzufolge war es nur zielführend und logisch gewesen, den Beruf des Schriftstellers zu wählen.«

2. »Das Schreiben ist ein Beruf wie jeder andere, andere Menschen bauen Computer, kehren Straßen, verkaufen Aktien oder gehen als Polizisten auf Streife, und ich schreibe eben Bücher...«

Beides gibt eine Teilwahrheit wieder und ist somit nicht grundsätzlich falsch. Apodiktisch in den Raum gestellt, waren Aussagen dieser Art aber Ausdruck jener Schwindelfassade, die ich um mich aufgebaut hatte. Denn genauso wenig, wie ich jemals gedacht hatte, Künstler seien klügere, hellsichtigere und wertvollere Menschen als andere, war mir klar, dass die Schriftstellerei trotz allem mehr war als nur ein Job. Erstens weil ich mich diesmal im Unterschied zu den anderen Arbeiten, die ich gemacht hatte (unter anderem als Versicherungs- oder Bankbeamter, als Übersetzer, als Verfasser von Wirtschaftsberichten, als Zivildiener in einem Geriatrischen Tageszentrum, als Interviewer für ein Meinungsforschungsinstitut oder als Mitarbeiter einer Presseagentur), als Gesamtpersönlichkeit, mit der Totalität meiner Gefühle und Vorstellungen, in meine Texte einbringen musste, wenn sie gelingen sollten. Es ist nur selten möglich, einen guten literarischen Text zu schreiben, ohne involviert zu sein, genauso wie er wahrscheinlich misslingen wird, wenn man nur siebzig Prozent von dem gibt, was man geben könnte. In vielen anderen Berufen kann man sich hingegen auf das Sockelniveau seiner Routine zurückziehen und dabei die gestellten Aufgaben trotzdem zufriedenstellend bewältigen. Als Bankbeamter konnte ich auch an schlechten Tagen eine Leistung erbringen, die ausreichend war. Texte, die ich an schlechten Tagen schreibe, haben hingegen einen geringen Wert. Mit jedem neuen Text fange ich wieder am Nullpunkt an. Jeder Text kann scheitern.

Als ich meinen erlernten Beruf als Volkswirt aufgab und mich für eine freiberufliche Tätigkeit als Schriftsteller entschied, war die Motivation eine größere oder musste eine größere sein, als das zu tun, was ich am besten kann oder was mir am meisten Vergnügen bereitet. Ich gab die berufliche und finanzielle Sicherheit für ein Leben auf, das ein großes Risiko bedeutete. Hätte ich also nicht die Vorstellung gehabt, dass ein Roman letztendlich etwas Wertvolleres und Wichtigeres ist als eine Bonitätsanalyse oder ein Länderbericht zur Finanzlage auf den Fidschi-Inseln, hätte ich dieses Risiko wohl nicht auf mich genommen.

Die Gefahr einer solchen Haltung ist mir durchaus bewusst: Je wichtiger man sich selbst nimmt, desto unwichtiger wird man mit der Zeit, denn der Blick von oben streicht meist über die Köpfe der anderen hinweg. Da ist es günstig, immer wieder auf den Boden der eigenen Ansprüche und in den Keller der eigenen Eitelkeiten hinabzusteigen, um das Aufblicken und das mühsame Emporsteigen neu zu erlernen. Als Schriftsteller ist man in einem höheren Maße in einer dienenden als in einer führenden Position.

Zu diesem oftmaligen Hinab- und Emporsteigen gehört auch, dass man das Abgründige, das Groteske und das Dämonische an sich selbst und der Welt entdeckt und dabei lernt, beides mit Humor und dennoch ernst zu nehmen.

Das Dämonische ist es auch, was den Kern der Literatur bildet, und wenn sie nicht wenigstens ein bisschen bösartig ist, kann sie auch nichts Gutes bewirken. In Michail Bulgakows Roman *Der Meister und Margarita* kommen der Satan und einige seiner teuflischen Kumpane nach Moskau. Einer davon ist ein großer schwarzer Kater, der auf den Hinterpfoten gehen kann und gelegentlich auch in menschlicher Gestalt auftritt. Er treibt in Moskau allerlei böse Scherze, verwandelt Menschen in Vampire, reißt anderen die Köpfe ab oder versetzt Straßenbahnschaffnerinnen und Polizisten in Angst und Schrecken. Doch gerade die Teufel sind die sympathischsten und letztlich positivsten Figuren in diesem Roman, sind sie doch »Teil von jener Kraft, die stets das Böse will und stets das Gute schafft.«

Wenn ich bei der Abfassung eines Textes nicht mehr weiter weiß, muss ich an diesen Kater denken und an die teuflische Seite unserer guten Gefühle – das bringt so manches wieder ins Lot.

5. VORLESUNG

»EIN DEUTSCH SCHREIBENDER JÜDISCHER RUSSE, DER ZUR ZEIT IN ÖSTERREICH LEBT«

Gedanken zur Rezeption meiner Literatur

Zum Abschluss ein Thema, das ernsthafter ist, als der Titel suggeriert, und doch weniger ernsthaft, als es manche Autorinnen oder Autoren empfinden würden: »*Ein Deutsch schreibender jüdischer Russe, der zur Zeit in Österreich lebt*« – *Gedanken zur Rezeption meiner Literatur.*«

Die Beschäftigung mit Rezeption kann amüsant, sogar lustig sein. Ich nehme mir das Recht heraus, dies zu behaupten, weil ich selbst regelmäßig Rezensionen schreibe. Noch bevor mein erstes Buch veröffentlicht wurde, habe ich in Literaturzeitschriften und später in Zeitungen Kritiken publiziert. Das eine oder andere Mal hatte das für mich unangenehme Konsequenzen. Jedenfalls rezensiere ich seit einigen Jahren keine Bücher mehr von Autorinnen und Autoren, die ich persönlich kenne.

Ein Schweizer Schriftstellerkollege hat mir gegenüber einmal gemeint, man dürfe sich als Autor nicht »in das Lager des Feindes« begeben. Ihm selbst würde es »nicht im Traum einfallen«, Buchkritiken zu schreiben und somit Kolleginnen und Kollegen vorzuführen und zu denunzieren. Ich erwiderte, die Literaturkritik sei nun einmal Teil des Spiels. Als Autor müsse man lernen, Verrisse zu akzeptieren und sie nicht allzu ernst zu nehmen. Die Rezension sei eine Kunstgattung und der Verriss nicht mehr als ein weiterer spielerischer Umgang mit einem Thema, wobei es hier in vielen Fällen weniger um das besprochene Werk als um die Befindlichkeit des Rezensenten gehe. Der Schweizer Schriftsteller quittierte dies mit den Worten: »Ich kann Verrisse nicht akzeptieren. Ich sehe Kritiker nicht als Kollegen an und ihre Arbeit schon gar nicht als Teil irgendeines Spiels. Ich würde sie alle erschießen, dieses Geschmeiß!«

Ich selbst habe Rezensionen, ob ich sie las oder schrieb, nie als die »andere Seite«, als einen Gegensatz oder Widerspruch zu meinem literarischen Schreiben empfunden: [26]

> Nach kompetenten Wegbegleitern suche [...] ich als Rezensent und Leser gleichermaßen, nach jenen, die mir Türen zu einem inneren Labyrinth zu öffnen vermögen. Letztlich ist jede Rezension, die ich schreibe, für mich auch eine kritische Auseinandersetzung mit den eigenen Vorstellungen, Gefühlen und Klischees und eine Möglichkeit, über die eigenen Empfindungen nach der Lektüre eines Buches Rechenschaft abzulegen. Diese Form der Auseinandersetzung schriftlich zu fixieren, ist ein kreativer Prozess, den ich als Teil meiner Tätigkeit als Autor ansehe, einer Tätigkeit, die, vordergründig betrachtet, keinen Zweck hat, sondern einer inneren Notwendigkeit entspringt.
> Denn meiner Ansicht nach ist eine Rezension ein literarischer und kein journalistischer oder gar wissenschaftlicher Text. [...] Bei einem belletristischen Werk können die gewählten Kriterien [...] nur sehr persönliche sein. Will die Rezension nicht zur reinen Inhaltsangabe verkommen, kann es nicht ihre Aufgabe sein, nur über ein Buch zu »informieren«, sondern es zu beurteilen. Ein Urteil aber, das Gesetzen folgt, die nicht allgemein

verbindlich sind, setzt das Hinterfragen dieser Gesetze voraus. Jeder literarische Text ist, meiner Ansicht nach, unter anderem ein Aufstellen und In-Frage-Stellen von Gesetzen. Und so muss man auch eine Rezension lesen, nämlich als literarischen Text zu einem literarischen Text, eine persönliche und kritische Auseinandersetzung mit einem Werk, die jedoch keine vermeintliche Objektivität vorzugaukeln versucht, keine »Wissenschaftlichkeit« anstrebt, sondern die eigene Parteilichkeit, den subjektiven Geschmack und Standpunkt darstellt. Es handelt sich demnach nur um eine der vielen Möglichkeiten, wie man an einen literarischen Text herangehen kann. […]

Ich erachte es als legitim und als notwendig, ein Buch im Kontext der historischen und gesellschaftlichen Entwicklung und der literarischen Modeströmungen und Diskurse seiner Zeit zu betrachten. Ohne Zweifel wird dies mein Werturteil beeinflussen. Ich kann einen Text durchaus auch nur aus politischen und historischen Gründen für wichtig und nützlich halten und deshalb für seine Verbreitung eintreten. Dies ist eine rationale Entscheidung, begründbar durch meine Überzeugungen und somit voraussehbar. […] Was aber einen Text für mich *künstlerisch* wertvoll macht, ist die Folge eines inneren Prozesses. Und so komme ich manchmal – für mich selbst überraschend – zu Urteilen, die meinen vermeintlich deutlichen Vorlieben klar widersprechen.

Bisher hatte ich das Glück, von Literaturkritikern relativ milde und wohlwollend behandelt zu werden. Allerdings bin ich ein dankbares Opfer, denn es gibt eine Reihe von Schubladen, in die ich nach Belieben hineingelegt und aus denen ich wieder herausgeholt werden kann. So wurde ich zum Beispiel in einer Rezension als ein »in Österreich lebender Russe« bezeichnet, was nachvollziehbar ist, auch wenn es nicht ganz der Wahrheit entspricht. Außerdem war ich »russischer Schriftsteller«, ein »in Deutschland lebender Israeli«, ein »jüdisch-deutscher Schriftsteller russischer Abstammung«, ein »österreichischer Russe«, ein »deutscher Jude« und sogar ein »hebräischer Autor«, obwohl ich in dieser Sprache gerade einmal mit Mühe und Not ein paar Höflichkeitsfloskeln formulieren kann. Wer die Gesetze der Kombinatorik kennt, wird berechnen können, wie viele mögliche »Identitäten« es gibt, die man mir zuordnen kann. Jedenfalls eignen sich meine Biographie und die bisherigen Themen meiner Bücher – Emigration, jüdisches Schreiben, Russland, Krieg – gut dafür, drei Viertel oder sogar eine gesamte Rezension zu füllen. So kann der Rezensent eine interessante und informative Kritik schreiben, ohne sich mit den wesentlicheren, aber weitaus schwierigeren Fragen wie Sprache, Struktur, Figurenzeichnung oder mit einer fundierteren Inhaltsinterpretation auseinander setzen zu müssen.

Kurz gesagt – in den Rezensionen zu meinen Büchern wurde in vielen Fällen über den Inhalt und den Autor und weniger über die Qualität oder Unqualität meiner Romane geschrieben. Daraus ist den (meist unter Zeitdruck stehenden) Kritikenschreibern kein Vorwurf zu machen. Wozu einen Berg besteigen, wenn man um ihn herum gehen kann? Ich selbst gehe als Rezensent manchmal genauso vor. Natürlich trifft das Gesagte nicht auf alle Rezensionen zu. Es hat auch differenzierte und kritische Kommentare zu meinen Büchern gegeben.

Wenn ich von Rezeption spreche, meine ich damit nicht nur Buchkritiken im engeren Sinne, sondern die gesamte Palette der Reaktionen auf meine Texte sowie auf mich als Person, sei es von so genannter professioneller Seite, aber auch seitens mancher Leserinnen und Leser oder des Publikums, das zu meinen Lesungen oder Vorträgen kommt. Ein Kapitel aus meinem Roman *Letzter Wunsch* sollte, wie ich glaube, besser als jede theoretische Erklärung verdeutlichen, wie ich das meine.

Gabriel Salzinger, ein deutscher Jude, versucht den letzten Wunsch seines verstorbenen Vaters zu erfüllen: ein Grab auf dem jüdischen Friedhof der deutschen Stadt Gigricht, neben seiner Frau. Doch das Begräbnis wird unterbrochen: Eine Mitarbeiterin der Israelitischen Kultusgemeinde hat herausgefunden, dass Gabriels Vater nach orthodox jüdischem Verständnis kein Jude gewesen ist – die Großmutter mütterlicherseits war Christin – und demnach nicht auf dem jüdischen Friedhof begraben werden darf. Was folgt, ist der absurde Kampf des Sohnes um das Recht des Vaters auf einen Grabplatz neben seiner Frau. Weder ein Gespräch mit den Vorstandsmitgliedern der Kultusgemeinde noch ein theologischer Disput mit dem orthodoxen Rabbiner führt zum gewünschten Ergebnis. Schließlich wendet sich Gabriel Salzinger an die Öffentlichkeit, um sein Anliegen vorzubringen…

Aus *Letzter Wunsch*:[27]

Das grüne Lämpchen blinkt. Der erste Anrufer. Tobias Muxeneder, der Moderator, rückt seine Kopfhörer zurecht, runzelt die Stirn, nickt einige Male und drückt auf den weißen Knopf unter dem Lämpchen. […]

»Unsere erste Anruferin ist Frau Barbara König aus Oberpatsch«, sagt Muxeneder, und seine Stimme klingt wie die eines großen, energischen Mannes. »Sie ist kaufmännische Angestellte und Mutter zweier Kinder.«

Der Lautsprecher über meinem Kopf rauscht.

»Hier spricht Barbara König aus Oberpatsch.«

Eine hohe, unruhige Stimme.

»Ja, Barbara.«

»Zum Thema dieser Sendung habe ich etwas zu sagen…«

»Bitte sehr, wir hören Ihnen zu.«

»Ich hoffe, Sie verstehen mich nicht falsch ... «

»Nur Mut!«, sagt der Moderator. »Sie haben jederzeit die Möglichkeit, uns zu korrigieren, wenn wir Ihnen den Eindruck vermitteln, Sie falsch verstanden zu haben.«

Kurzes Schweigen. Husten.

»Barbara?«

»Also gut. Ich bin schockiert, dass ein Volk, das jahrtausendelang verfolgt wurde, gelitten hat und vor gar nicht langer Zeit aus rassischen Gründen beinahe ausgerottet worden ist, selbst auf eine so abscheuliche Weise rassistisch sein kann. Dabei denke ich an den Herrn Scharon und an Sie, Herr Salzinger, ich meine natürlich, an das, was Ihnen angetan worden ist, und an das, was Herr Scharon den Palästinensern antut. Wie kann es sein, dass gerade die Juden so intolerant und rassistisch sind?«

»Was sagen Sie dazu, Herr Salzinger?«, fragt der Moderator.

»Juden sind nicht mehr oder weniger rassistisch als andere«, sage ich. »Wenn es wahr wäre, dass Leid jemanden zu einem besseren Menschen macht, dann müsste man Auschwitz als Erziehungsanstalt und die Nazimörder als Pädagogen bezeichnen.«

Vor kurzem war ich noch nervös, doch die Tatsache, dass ich Gast einer Live-Sendung bin, macht mir plötzlich keine Angst mehr. Sogar den fensterlosen Studioraum mit Neonröhren an der Decke, deren grelles Licht in den Augen schmerzt, empfinde ich nicht mehr als beklemmend.

»Aber kann man denn nichts aus der Geschichte lernen?«, fragt die Anruferin schüchtern.

»Ein Täter kann vielleicht etwas lernen, wenn er sich der Konsequenzen seiner Verbrechen bewusst wird und bereut«, sage ich. »Aber ist es nicht pervers zu glauben, ein Opfer, das misshandelt und erniedrigt wurde, werde dadurch zu einem besseren Menschen? Im Gegenteil. Die

Gefahr der emotionalen Verhärtung und Verbitterung ist groß. Dasselbe gilt übrigens auch für die Kinder und Kindeskinder der Opfer. Der Schmerz wird an sie weitergereicht.«

Hinter einer Glaswand sitzt die Tontechnikerin an einem Pult aus glänzendem Metall. Vor mir steht das Mikrophon, ein schwarzer Phallus, der schräg nach oben zeigt. Es sei stark genug, um meine Stimme noch deutlich hörbar in den Äther zu schicken, wenn ich mich abwende und flüstere, wurde mir erklärt. Ich beuge mich trotzdem zum Gerät. Der Drehsessel ist unbequem. Meine Füße berühren den Boden nicht, und mein Rücken schmerzt. Der Moderator neben mir zwinkert mir zu. »Nur ruhig Blut, Herr Salzinger. Sie machen das bestimmt wunderbar«, hat er mir vor Beginn der Sendung gesagt. […]

Frau König weiß auf meine Antwort nichts zu erwidern und legt auf. Ich beginne zu zweifeln, ob ich mein »Anliegen« mit den richtigen Worten vorgebracht habe. Am Beginn der Sendung habe ich die Geschichte meines Vaters erzählt und gemeint, ich wolle damit »auf die Gefahr des Fundamentalismus und der Intoleranz aufmerksam machen, die es überall auf der Welt und in allen Religionen gibt und deren unheilvolle Wirkung man gerade in den letzten Jahren …«

»Ich will aber doch auch hoffen, Herr Salzinger«, fiel mir der Moderator ins Wort, »dass Sie die Verantwortlichen der Israelitischen Kultusgemeinde zum Nachgeben bewegen wollen, indem Sie mit Ihrer Geschichte an die Öffentlichkeit gehen. Schließlich wollen Sie ja, dass Ihr Vater neben Ihrer Mutter auf dem jüdischen Friedhof in Oberpatsch begraben wird. Nicht wahr?«

»Das war sein letzter Wunsch«, sagte ich leise, ohne mich zum Mikrophon hinunterzubeugen.

Das Lämpchen blinkt wieder. »Unser nächster Anrufer heißt Jürgen Gerer. Er ist Grundschullehrer in Oberschweffla«, sagt der Moderator. »Bitte sehr.«

Wieder das leichte Rauschen aus den Lautsprechern. Dann eine Baritonstimme. Gepflegte Aussprache. Klare Akzentuierung.

»Ich verfolge diese Sendung mit großem Interesse. Ich finde es beschämend, was Herr Salzinger durchmachen muss. Gut, dass er den Mut aufgebracht hat, zu sagen, was Sache ist. In Deutschland darf man ja nichts Negatives über Juden sagen, sonst wird man sofort als Antisemit gebrandmarkt. Ein Jude kann sich natürlich am ehesten erlauben, offen und ehrlich zu sein. Wissen Sie, meine ehemals große Sympathie für Israel ist durch die Politik Scharons zerstört worden … «

»Meine ehemals große Sympathie für Deutschland ist durch die Aussagen Möllemanns ebenfalls zerstört worden«, sage ich.

»Aber ich bitte Sie! Man kann doch Scharon nicht mit Möllemann vergleichen. Möllemann ist vielleicht ein Trottel, aber er ist kein Mörder.«

»Also ich darf mir wohl die Menschen selbst aussuchen, die meine Sympathie zu einem ganzen Land zerstören. Es gibt bestimmt mehr Trottel in Deutschland als Mörder in Israel.«

Der Moderator lacht und drückt auf den Knopf. »Wir danken Jürgen für seinen Beitrag«, sagt er. »Unser nächster Anrufer ist Ulrich Endres aus Gigricht, Bundesbahnbediensteter im Ruhestand. Einen schönen Tag, Ulrich.«

Aufgeregte, heisere Stimme.

»Sie … ich … also, was ich … «

»Tief durchatmen, Ulrich, und bis zehn zählen. Wir warten.«

Ich zähle: zehn, neun, acht …

»Hören Sie, Ihnen und Ihren Rassegenossen habe ich etwas Wichtiges zu sagen …«

»Danke, Ulrich, das war's!«, unterbricht ihn der Moderator. »Eine solche Diktion werde ich in meiner Sendung nicht dulden.« Er drückt auf den Knopf. »Es gab eine Zeit, als im deutschen Radio gegen so genannte Untermenschen gehetzt wurde. Damals war oft von Rassegenossen die Rede.« Er seufzt laut und theatralisch. Vor ihm auf dem Pult blinken inzwischen alle Lämpchen gleichzeitig.

Ottilie Marbacher, Hausfrau, hat einen starken oberbayerischen Tonfall. »Grüß Gott«, sagt sie, »endlich bin ich einmal durchgekommen. Sonst heißt es ja immer nur ›Bitte warten‹, und dann ist die Sendezeit um.«

»Angesichts des großen Publikumsinteresses können wir leider nicht jeden Anruf durchstellen«, erklärt der Moderator. »Was haben Sie uns zu sagen, Ottilie?«

»Ja, ich hätte eine etwas heikle Frage …«

»Jede Frage ist heikel und harmlos zugleich, Ottilie. Je nachdem, wie man sie beantwortet.«

»Wenn Sie das sagen, dann umso besser«, meint die Anruferin. »Mich würde nämlich Folgendes interessieren. Herr Salzinger, Sie sind doch Jude. Ich kenne keine Juden, wollte aber schon lange mal mit einem reden. Können Sie mir erklären, warum die meisten Juden sofort die Antisemitismuskeule schwingen, wenn man ihnen etwas Kritisches über sie sagt? Denken Sie doch an den Zentralrat der Juden oder an Michel Friedmann. Sie haben den Juden in Deutschland durch ihre bedingungslose Verteidigung der israelischen Politik geschadet. Ich möchte ja Möllemanns Vorwürfe nicht wiederholen, ich bin nicht seiner Meinung, aber wenn jemand so eitel und überheblich ist wie Friedmann, dann nützt das doch nur den Antisemiten.«

»Der Antisemitismus hat nichts mit dem Verhalten von Juden zu tun«, erkläre ich. »Wenn Sie etwas gegen Juden haben, weil Ihnen eine einzige Person wie Michel Friedmann unsympathisch ist, dann waren Sie offenbar schon vorher antisemitisch … «

»Ich bin nicht antisemitisch!«, fällt mir Ottilie ins Wort. »Unterstellen Sie mir nix. I kenn gor koane Juden und hob in mei Leben nie welche troffa. In Kirchanschöring, wo ich geboren wurde … «

»Niemand unterstellt Ihnen etwas, Ottilie«, mischt sich der Moderator ein. »Lassen Sie bitte Herrn Salzinger ausreden.«

»Der Antisemit wird am Verhalten eines Juden immer etwas auszusetzen haben«, erkläre ich. »Ist der Jude lieb und brav, dann heißt es, er biedere sich an, tritt er selbstbewusst auf, ist er überheblich … «

»Aber die Verteidigung von Scharons Politik! Die Israelis sind ja heute nicht besser als die Nazis.«

»Wenn Sie die Politik Israels gegenüber den Palästinensern mit dem Massenmord an den Juden gleichsetzen, sind Sie wirklich antisemitisch«, meint Muxeneder.

»Des weis i z'ruck! I hob nix gegen Juden. I kenn jo net amol an oanzigen!«

»In einem Punkt ist Ihre Kritik berechtigt«, sage ich. »Nicht jeder, der etwas gegen Israel sagt, ist ein Antisemit. Auch Deutsche dürfen Israel kritisieren. Andererseits kann ich Juden verstehen, die Israel verteidigen, egal, was dort passiert. Das hat psychologische Gründe. Kein deutscher Jude kann es sich erlauben, ein schlechter Jude zu sein. Gegenüber anderen Juden muss er sich oft dafür rechtfertigen, dass er in Deutschland lebt. Deshalb glauben viele, sie müssten zionistischer als die Zionisten sein. Ist es übrigens nicht selbstverständlich, dass eine jüdische Einrichtung wie der Zentralrat der Juden die Interessen des jüdischen Staates verteidigt? Palästinensische Organisationen in Europa oder Amerika treten mit derselben Bedingungslosigkeit für die palästinensische Sache ein.«

Fragen dieser Art sind nicht neu für mich. Seit zwanzig Jahren werde ich immer wieder auf die Lage in Israel angesprochen. Früher habe ich oft schroff darauf reagiert und erklärt, die Tatsache, Jude zu sein, mache mich nicht automatisch zum Nahostexperten. Heute sehe ich ein, dass kein Jude so tun könne, als gehe ihn Israel und das Palästinenserproblem nichts an. Ein jüdischer Bekannter in Wien erklärte mir einmal, Israel sei unsere Lebensversicherung. Gäbe es diesen Staat nicht, hätte sich die Situation von uns Juden in Europa nach der Schoa kaum verändert, wir wären Geduldete, bestenfalls Bemitleidete, zumeist jedoch Verachtete. Israel sei nicht nur ein Land seiner Staatsbürger, sondern das Land des jüdischen Volkes. Ob es mir passe oder nicht, auch mein Leben, so wie ich es führe, mein Selbstverständnis und mein Gefühl der Sicherheit wären ohne Israel nicht möglich, der korpulente General mit den blutbefleckten Händen sei demzufolge »mein« Ministerpräsident so wie Schröder mein Kanzler und Deutschland meine Heimat. Wie die meisten Juden in Europa empfinde ich ohnmächtige Wut und Angst, wenn in den Nachrichten von einem Selbstmordattentat in Israel berichtet wird und Bilder von zerfetzten Leichen, zerstörten Kaffeehäusern oder ausgebrannten Bussen gezeigt werden. Wie viele Juden empfinde ich Unbehagen und Scham, wenn von einem israelischen Vergeltungsschlag und toten palästinensischen Zivilisten berichtet wird. Aber was erwartet man von mir? Erklärungen? Lösungsvorschläge? Als Jude bin ich betroffener, aber nicht klüger als andere. [...]

»Es fällt mir auf«, bemerkt Muxeneder, nachdem Ottilie aufgelegt hat, »dass die bisherigen Anrufer zum eigentlichen Thema unserer Sendung offenbar nichts zu sagen haben. Nur zur Erinnerung: es geht heute nicht um Möllemann, die Lage im Nahen Osten, Michel Friedmann oder den Zentralrat der Juden in Deutschland, sondern um den Gegensatz zwischen religiösem Dogma und Ethik und die Frage, wer Jude ist. Mal sehen, was die nächste Anruferin meint ... Frau Christiane Rühle. Sie ist Altenpflegerin und lebt in Patsch.«

»Ich habe eine ganz blöde Frage.«

»Das macht nichts«, sage ich, »Sie sind heute nicht die Erste ... äh ... also, ich meine, das stört mich überhaupt nicht.«

»Herr Salzinger, können Sie mir sagen, warum Sie eine etwas fremde Aussprache haben? Sie sind doch in Gigricht geboren. Hat das etwas mit dem Jiddischen zu tun?«

Ich schaue Hilfe suchend zum Moderator. Er hebt die Augenbrauen und zuckt mit den Schultern.

»Deutsch ist meine Muttersprache. Jiddisch habe ich mit meinem Vater nie gesprochen, aber ich habe nach dem Abitur viele Jahre in Wien gelebt. Das Österreichische wird wohl auf meine Aussprache abgefärbt haben.«

»Ach so. Deshalb dieser Singsang.« Sie ist hörbar enttäuscht. »Und ich dachte, das ist was Jüdisches ... Darf ich noch eine weitere blöde Frage stellen?«

»Mmhmm.«

»Tragen Sie einen Kaftan und einen Hut und diese Locken über den Ohren?«

Muxeneder kann nur schwer ein Lachen unterdrücken. Die Tontechnikerin vergräbt ihr Gesicht in den Händen.

»Nein! Sonst säße ich nicht hier!« Ich spreche schärfer und lauter, als mir lieb ist. »Ich bin nicht orthodox, und mein Vater war es auch nicht. Sonst gäbe es ja kein Problem mit seinem Begräbnis.«

»Herr Salzinger hat einen grünen Pullover an«, berichtet Muxeneder. »Sein Haarschnitt ist kurz. Er hat keine Schläfenlocken, nicht einmal einen Bart oder Koteletten … Ein Mensch wie du und ich.«

Der Moderator zupft nervös an seinem Bart. Offenbar hat niemand Interesse, darüber zu diskutieren, wer Jude ist. Aus seinen Kopfhörern dringt kaum hörbar die Stimme der Regieassistentin aus dem Nebenraum, die eine Vorauswahl der Anrufe durchführt. Muxeneders Zeigefinger kreist über dem Pult. »Frau Maria Scheit, Zahnarzthelferin in Klarbrunn«, sagt er schließlich. »Bitte Maria!«

»Darf ich sprechen?« Die Stimme der Frau ist kaum zu hören.

»Sie dürfen nicht nur, Sie sollen! Und sprechen Sie bitte lauter.«

»Herr Salzinger, ich finde das alles furchtbar. Wissen Sie, ich bin katholisch. Mein Vater ist vor zwei Jahren an Lungenkrebs gestorben, und wissen Sie, was mir der Pfarrer gesagt hat? Hätte er nicht so viel geraucht, dann wäre er noch am Leben. Es sei nicht gottgefällig, seinen Körper zu ruinieren. Das hat er mir gesagt. Am Totenbett meines Vaters. Stellen Sie sich diese Herzlosigkeit vor! Glauben Sie mir, die Pfaffen sind alle gleich, ob christlich, jüdisch, mohammedanisch oder von irgendeiner anderen Religion. Nehmen Sie alles nicht so tragisch. Hauptsache, Sie selbst bleiben gesund.«

»Ich werde mich bemühen«, murmle ich. Erfreulicherweise drückt Muxeneder auf den Knopf, ehe Maria sich eingehender nach meiner Gesundheit erkundigen kann. […]

Ich schäme mich […]. Ist es im Sinne meines Vaters, den Nichtjuden unsere Probleme und Schwächen zu offenbaren, auf dass sie sich frohlockend die Hände reiben? Der Ausspruch einer bekannten deutschen Feministin fällt mir ein: »Die Männer freuen sich besonders, wenn sich Frauen gegenseitig in die Pfanne hauen.« Das, denke ich, lässt sich auf Nichtjuden und Juden, auf Inländer und Zuwanderer, auf Starke und Schwache im Allgemeinen übertragen. […] In früheren Zeiten war Kritik meist wirklich der erste Schritt auf dem Weg zur Verfolgung und Vernichtung. Erfahrungen mehrerer Jahrhunderte kann man nicht innerhalb weniger Jahrzehnte vergessen. Man gibt dem Goj nichts Wichtiges von sich selbst preis. Er wird es ohnehin nicht verstehen können. Er wird uns nie ganz verstehen. Der Judenhass fällt wie ein Bumerang auf den Goj zurück. Ist der Jude für ihn der Spiegel eigener Ängste und Schwächen, so ist der Goj für den Juden die Projektionsfläche seiner inneren Zerrissenheit und Paranoia. Der eine ist ohne den anderen nicht denkbar. Der christliche Europäer würde nicht existieren, gäbe es den Juden nicht, und der Jude wäre kein Jude ohne den Goj. Ich selbst trage beide in mir, den Juden und den Goj. Wie in einem Labyrinth bin ich zwischen den Spiegeln gefangen. Egal in welche Richtung ich mich wende, stoße ich gegen Glas. Aber Derartiges kann ich in einer Radiosendung, die live ausgestrahlt wird, doch nicht sagen!

Auf einmal wird mir übel. Ich schaue auf die Wanduhr, die über dem Pult der Tontechnikerin hängt. Nur noch wenige Minuten.

Jens, ein Student der Gigrichter Fachhochschule, erklärt, es interessiere ihn nicht, welchen Pullover ich trage, er wolle etwas Grundsätzliches sagen. »Ich beziehe das ganz allgemein auf das Lagerdenken«, meint er. »Die klaren

Grenzen im Kopf. Heute sieht man das gemeinhin so: es gibt Juden, die stehen auf der einen Seite, und Deutsche, die stehen auf der anderen Seite. Jeder bekommt seine klare Rolle zugewiesen. Aber alle, die irgendwie dazwischen sind, wie zum Beispiel Herr Salzinger, fallen durch den Rost ... «

»Das ist ein Naziausdruck«, bemerkt der Moderator süffisant.

»Was?«

»Durch den Rost fallen ist ein Naziausdruck.«

Schweigen in der Leitung.

»Jens?«

Knirschen.

»Jens?! Sind Sie noch dran?«

Besetztzeichen. Dann wieder Stille.

»Auflegen ist auch eine Antwort«, meint der Moderator und schaut auf die Uhr. »Unsere Sendezeit ist fast zu Ende«, sagt er. »Liebe Hörerinnen und Hörer, rufen Sie bitte nicht mehr an ... Ihnen, Herr Salzinger, möchte ich zum Abschluss nun selbst die entscheidende Frage stellen: Wer ist, Ihrer Ansicht nach, ein Jude?«

»Das beantworte ich Ihnen gerne«, beginne ich, hole tief Luft und ... verstumme.

Ich möchte über das Judentum als Schicksalsgemeinschaft sprechen, über Konzepte jüdischer Zugehörigkeit, die liberale Religionsphilosophen in Amerika entwickelt haben, über den Gesinnungsterror ultraorthodoxer Gruppen. Doch plötzlich bringe ich kein Wort heraus. Es vergehen zehn endlos lange Sekunden.

»Herr Salzinger?!« Der Moderator schaut mich erstaunt an und zupft mit wachsender Ungeduld wieder an seinem Bart.

»Es ist nämlich so«, stammle ich. »Niemand von den Anrufern wollte diese Frage stellen, aber ... «

»Aber!« Bald, scheint es mir, wird Muxeneder keinen Bart mehr haben.

»Aber ich denke, dass sich jeder, der heute zugehört hat, ein eigenes Bild wird machen können.«

Der Moderator schüttelt den Kopf. »Für mich ist das keine befriedigende Antwort, Herr Salzinger, aber ... « Er blickt noch einmal hinauf zur Uhr. » ... unsere Sendezeit geht leider zu Ende ... « Aus den Lautsprechern tönt die Kennmelodie von *Gigricht Frontal*, eine flotte moderne Instrumentalversion des Liedes *Mein kleiner grüner Kaktus* von den Comedian Harmonists. »Ich danke Herrn Salzinger und allen Anrufern für die anregende Diskussion. Ich hoffe, dass wir alle daraus etwas gelernt und fürs Leben mitgenommen haben. Ich hoffe, Sie nächsten Mittwoch wieder um vierzehn Uhr bei *Gigricht Frontal* begrüßen zu dürfen. Unser nächster Studiogast ist Uwe Lemper, Präsident des Gigrichter FC.«

Die geschilderte Szene ist Fiktion, aber sie hat einen realen Hintergrund. Als Jude und Zuwanderer wird man für viele Menschen schnell zum Stellvertreter, zum Repräsentanten und zum Anwalt »seiner« Gruppe. Wer Bücher schreibt, läuft noch mehr Gefahr, in der einen oder anderen Weise zum Repräsentanten und Stellvertreter zu werden. Daran ist nichts auszusetzen. Wer als Künstler oder aus anderen Gründen an die Öffentlichkeit geht, muss damit rechnen, vereinnahmt zu werden, einmal als Spiegel und ein anderes Mal als Schatten zu dienen. Da ich Jude bin, kommt in meinem Fall eine ganze Palette von Vorurteilen, Unsicherheiten, Projektionen und Erwartungen hinzu. Oft bleibt nur die Möglichkeit, diesem Umstand mit Milde und mit Humor zu begegnen. Die »hellere« Kehrseite des Vorurteils ist seine Lächerlichkeit, und wenn die aus dem Vorurteil folgenden Handlungen nicht tatsächlich bedrohlich wären, könnte man die geistige

Ohnmacht der Angreifer als Teil einer komödiantischen Inszenierung betrachten. Dies muss auch Gabriel Salzinger am Morgen nach dem Interview erkennen.

Aus *Letzter Wunsch*:[28]

Am nächsten Morgen weckt mich das Telephon. Ich schalte die Nachttischlampe an. Der Wecker zeigt Viertel nach fünf. Als ich aus dem Bett aufstehe, wird mir schwarz vor den Augen. Ich muss mich wieder hinsetzen. Das Läuten hält an. Es wundert mich, dass sich der Anrufbeantworter nicht einschaltet. Ich stecke mir eine Zigarette in den Mund und wanke, Aschenbecher in der einen, Feuerzeug in der anderen Hand, in den Vorraum. Der Anrufbeantworter zeigt elf Nachrichten an. Der Speicher ist voll. Gestern Abend bin ich früh ins Bett gegangen. Die Anrufe dürfte ich nicht gehört haben, weil ich zwei Schlaftabletten genommen habe.

»Ja bitte?«

»Spreche ich mit Herrn Salzinger?«, fragt eine männliche Stimme.

»Ja.«

»Gabriel Salzinger?«

»Am Apparat.«

»Sie elende Drecksau, Sie!« Und sofort das Besetztzeichen.

»Einen schönen guten Morgen«, flüstere ich, zünde die Zigarette an und drücke auf den Wiedergabeknopf des Anrufbeantworters.

Die erste Nachricht beginnt mit einem Keuchen und Räuspern. Danach winselt und kichert eine jugendliche Stimme: »Pass auf, du Jud … hi, hi, hi, … wir, wir, …

hi, hi, wir kriegen dich schon! Hi, hi. Der Gaswagen
wartet.«

Ich stelle den Aschenbecher auf die Kommode neben
dem Telephonapparat. Auf dem Teppich vor meinen
Füßen liegt ein Häufchen Asche. Der ätzende Geruch
des brennenden Filters steigt mir in die Nase.

»Hallo Gabriel, hier Ute. Habe gerade die Radiosendung gehört. Du warst fabelhaft! Ich weiß gar nicht,
was ich sagen soll. Ruf mich an, wenn du Zeit hast…
Tschüss.«

Gute Idee, denke ich.

»Einen schönen Abend, mein Name ist Doktor Mat-
thias Gerst. Ich habe das heutige *Gigricht Frontal* gehört
und würde mich gerne mit Ihnen über Israel, die Juden
und den Holocaust unterhalten. Unter der mobilen
Nummer 018174023945 bin ich jederzeit für Sie erreichbar. Tag und Nacht! Bitte rufen Sie mich an. Sie werden
es nicht bereuen.«

Abermals ein Räuspern und Hüsteln. Besetztzeichen.

»Herr Salzinger, hier ist Präsident Doktor Roth von
der Kultusgemeinde…« Grabesstimme. »Ich bitte um
einen ehestmöglichen Rückruf. Ab acht Uhr morgens
bin ich im Büro…« Grußlos aufgelegt.

»Sie elende Drecksau, Sie!« Derselbe Anrufer wie vor-
hin. Hartnäckig, aber phantasielos, denke ich.

»Guten Abend, Herr Salzinger. Fromm ist mein Name.
Ich bin als Redakteur für die *Nationalzeitung* tätig und
würde mich freuen, wenn Sie mir für ein kurzes Interview
zur Verfügung stünden. Eine kritische jüdische Sicht des
jüdischen Problems wäre eine Bereicherung für unsere
Zeitung. Ich bitte um einen Rückruf unter der Gigrichter
Nummer 200489. Auf Wiedersehen.«

Das wäre ja noch schöner!

»Hallo, hier ist noch einmal Ute. Weißt du eigentlich,
dass deine Nummer im Telephonbuch steht? Vielleicht

solltest du den Beantworter abschalten und in der Nacht nicht ans Telephon gehen. Am besten gleich den Apparat ausstecken. Man weiß ja nie, wie viele Verrückte, Neonazis, Rassisten oder einfach schräge Typen es in dieser Stadt gibt ... Ruf mich an! Tschüss.«

»Danke für den Tipp«, murmle ich.

»Guten Abend, Herr Salzinger, obwohl dies nur eine Floskel ist, denn als gut kann man diesen Abend wahrlich nicht bezeichnen. Hier spricht Rabinowitsch. Ich muss zugeben, dass ich Sie unterschätzt habe.« Ein kurzes, gepresstes Lachen. »Ich ahnte zwar, dass Sie ein antisemitischer Jude sind, Sie Ganev, aber mit dieser Aktion haben Sie sogar mich überrascht. Wie auch immer. Rufen Sie mich an. Man kann über alles reden. Für alles gibt es eine Lösung. Meine Nummer haben Sie. Schalom.«

»Guten Abend, hier spricht Dieter aus Berlin. Ich verstehe ja, wenn du deinen Kopf wo anders hast und störe dich ungern während deiner Trauer- und Besinnungszeit, aber ich hätte einen dringenden Übersetzungsauftrag aus dem Holländischen. Ein todlangweiliger Wirtschaftstext. Aber das Honorar ist sehr gut. Meld dich bei mir. Ciao.«

Eine Frau spricht mit aufgeregter Stimme. Sie atmet schwer. »Ich wollte Ihnen nur eines sagen: Das ganze Gerede über Juden muss einmal ein Ende haben. Ich bin fünfundfünfzig Jahre alt, und seit ich ein Kind bin, redet man immer nur von dem, was Deutsche den Juden angetan haben, aber nie davon, was die Juden anderen angetan haben und dass sie zum Teil selbst an ihrem Schicksal schuld sind. Ich hätte gerne während der Sendung angerufen, aber die Wahrheit darf man ja heute in den Medien nicht mehr kundtun ... Schönen Abend und auf Wiedersehen.«

Jetzt reicht's aber, denke ich und drücke auf den roten Knopf unter der Aufschrift *Stop*. Im nächsten Augenblick läutet wieder das Telephon.

»Sie elende Drecksau, Sie.«

»Ja, schon gut, Sie haben ja Recht«, schreie ich. »Aber was wollen Sie mit dieser Schweinerei eigentlich erreichen?«

Der Mann am anderen Ende der Leitung schweigt, legt aber nicht auf. Ich höre seinen Atem.

»Was ist?«, schreie ich. »Wenn du noch was zu sagen hast, sprich!« Erst jetzt legt er auf.

Ich stecke das Telephon aus und lege mich wieder ins Bett, doch kaum schließe ich die Augen, sehe ich die Gesichter der anonymen Anrufer. Ein Jugendlicher mit Glatze, einer Narbe auf der Wange und dem Tatoo des Reichsadlers auf dem Handrücken. Ein unauffälliger Mann mit Hornbrille, zittrigen Lippen und Schaumbläschen an den Mundwinkeln. Eine Hausfrau mittleren Alters mit verhärtetem Gesicht und funkelnden Knopfaugen. Über ihren Köpfen kreist eine geflügelte Drecksau. Sie hält eine Petersilie zwischen den Zähnen, lächelt und zwinkert mir zu.

Wann ist eine Biographie eher exotisch und interessant und wann »bedrohlich fremd«? Die Grenzen sind fließend, weil das Vorurteil, das der Exotisierung zugrunde liegt, sich oft nur wenig von jenem unterscheidet, das im Fremden eine Irritation und eine Bedrohung sieht. Eine andere Frage ist, ob die Schubladen, in welche mich manche Rezensenten und einige andere Personen des Literaturbetriebs stecken, leer sind oder ob Inhalte, ob also diverse Erwartungshaltungen darin verborgen liegen, die meine Texte vermeintlich sehr gut oder gerade nicht erfüllen, was für die besagten Rezensenten und anderen Personen des Literaturbetriebs dann ein Ansatz zu Kritik oder Lob sein müsste. (In Wirklichkeit gibt es natürlich keine inhaltsleeren Schubladen, sonst würde man gar nicht auf die Idee kommen, sie zu verwenden. Es wird nur ab und zu deren Inhalt verschleiert, totgeschwiegen oder verdrängt.) Mit anderen Worten: Folgt etwas daraus, wenn ich beispielsweise als »hebräischer Autor« oder als »Russe« bezeichnet werde, oder ist das ein bloßes Etikett (weil einem sonst nichts zu sagen einfällt), das für die Deutung des Textes und in Folge auch für die Haltung mir gegenüber letztendlich folgenlos bleibt?

1. Beispiel: Disput nach einer »politisch korrekten« Preisverleihung

Im Februar 2001 erhielt ich in München den Förderpreis zum *Adelbert-von-Chamisso-Preis*. Dieser von der Robert Bosch Stiftung finanzierte Literaturpreis wird, wie schon an anderer Stelle erwähnt, an deutschsprachige Autorinnen und Autoren mit nichtdeutscher Muttersprache vergeben. Er wurde 1985 eingerichtet und diente dazu, die zu jener Zeit noch kaum bekannte und von der Literaturkritik weitgehend ignorierte Literatur von Zuwanderern einer breiteren Öffentlichkeit bekannt zu machen. Inzwischen gehören viele Preisträgerinnen und Preisträger zu den erfolgreichsten Schriftstellern im deutschsprachigen Raum, darunter Ilja Trojanow, Terézia Mora, Feridun Zaimoglu, Radek Knapp oder Dimitré Dinev. Dies hat dazu geführt, dass manche die Idee und das Konzept dieses Literaturpreises für nicht mehr zeitgemäß halten.

Nach der Preisverleihung wurde ich von einer französischen Germanistin, die auch Schriftstellerin ist und zudem als Tochter von Immigranten in Frankreich geboren wurde, angesprochen. Ob ich mich über diesen Preis freuen würde, wollte sie wissen. Als ich dies bejahte, warf sie mir vor, ich gebe mich mit einer »unzulässigen Schubladisierung« und einer »Abdrängung in die Minderheitenecke« zufrieden. Die Preisverleihung sei eine »geballte Ladung politisch korrekter Phrasen« gewesen. In Frankreich empfände es ein Autor als Beleidigung, wenn man ihn als Person und demzufolge auch seine Texte derart von seiner Herkunft abhängig machen würde. Meinen Einwand, Frankreich habe einen anderen historischen Hintergrund als Deutschland oder Österreich, quittierte sie mit der Bemerkung, prinzipielle Erwägungen dürfe man nicht durch pragmatische Überlegungen relativieren. Die Literatur von Zuwanderern möge im deutschsprachigen Raum immer noch unterrepräsentiert sein, dies sei jedoch kein Grund, die Texte eines Zuwanderers gesondert zu betrachten und zu beurteilen. Wir diskutierten noch einige Zeit, so lange, bis alle Argumente ausgetauscht waren und es klar wurde, dass keiner von uns beiden von seinem Standpunkt abrücken werde. Das unangenehme Gefühl, das ich nach diesem Gespräch hatte, war aber nicht darauf zurückzuführen, dass ich an diesem festlichen Abend eigentlich kein Streitgespräch hatte führen wollen, sondern auf die Tatsache, dass die Argumente der französischen Kollegin natürlich nicht völlig aus der Luft gegriffen waren. Wenn, wie ich behaupte, die Literatur von Zuwanderern nichts Außergewöhnliches ist, sondern Normalität herstellt, darf sie dann gesondert beurteilt werden? Ist es nicht fragwürdig, schreibende Immigranten als eigene Gruppe zu sehen? Ein als Jugendlicher nach Stuttgart zugewanderter Italiener unterscheidet sich wahrscheinlich von einer in Berlin lebenden Türkin mehr als von seinen schwäbischen Schriftstellerkollegen. Andererseits sind zahlreiche mit einem Sprach- und Kulturwechsel verbundene, manchmal salopp als »Chamisso-Phänomen« bezeichnete Auswirkungen bestimmter Lebens- und Schreiberfahrungen durchaus vergleichbar. Spricht dies aber wirklich dafür, diese Aspekte hervorzuheben und mit einem Literaturpreis zu prämieren? Oder wird dadurch nicht vielmehr der Eindruck erzeugt, man versuche, jene Autorinnen und Autoren zu belohnen, die den Sprach- und Kulturwechsel besonders »erfolgreich« vollzogen haben, so als wäre es eine gute Zensur für einen gewissenhaft absolvierten Nachhilfeunterricht? Einige Literaturwissenschaftler, Kritiker und Verleger tendieren dazu, dies so zu betrachten. Für sie bleibt die »nationale Kultur« eine Norm, an der jene gemessen werden, die sich in einem kulturellen Zwischenraum aufhalten. Für sie ist der *Adelbert-von-Chamisso-Preis* demzufolge »politisch wichtig«, aber dennoch keine »richtige« und ernst zu nehmende literarische Auszeichnung.

Wenn es hingegen diese Norm nicht mehr gibt, dann sind die erwähnten Voraussetzungen für die Verleihung des *Adelbert-von-Chamisso-Preises* genauso mit Ironie zu betrachten wie zum Beispiel jene meist willkürlich festgesetzten Altersgrenzen, bis zu denen man sich um ein Stipendium als »junger Literat« bewerben kann. Dass jemand mit achtunddreißig »älter« und »reifer« sein kann als ein anderer mit zweiundvierzig, ist eine Binsenweisheit. Doch wenn die Altersgrenze mit vierzig festgelegt wurde (was oft der Fall ist), entspricht das nur der gängigen Vorstellung, dass man spätestens mit diesem Alter nicht mehr »jung« sein darf. Ein Mittdreißiger dürfe sich dieses Gefühl hingegen noch erlauben. Kriterien dieser Art zementieren Klischees und brechen sie – durch das Aufzeigen ihrer Fragwürdigkeit und Willkürlichkeit – gleichzeitig auf. Im Falle des *Adelbert-von-Chamisso-Preises* verhält es sich nicht anders. Seine Existenz hat eine ernsthafte Auseinandersetzung mit der Literatur von Zuwanderern initiiert, den Diskurs über die Möglichkeiten und Grenzen des Kultur- und Sprachwechsels bereichert und dadurch überkommene Vorstellungen in Frage gestellt. Dass manche Vertreter des »Literaturbetriebs« noch immer die Meinung vertreten, es handle sich dabei »nur« um ein Minderheitenprogramm, muss man dabei ebenso in Kauf nehmen wie die entsprechende Rezeption.

2. Beispiel: Nur für Juden

Vorgefasste Meinungen und Klischees können groteske, sogar amüsante Züge annehmen. Einem Autor bieten sie Stoff für seine Texte oder bereichern zumindest seine Lebenserfahrung – was meist auf dasselbe hinausläuft. Vor einigen Jahren nahm ich an einem Literaturtreffen in einer deutschen Kleinstadt teil. Es war Hochsommer. Die Workshops, Lesungen und Seminare fanden meist im Freien, im weitläufigen Park einer Jugendstilvilla, statt. Dort nahmen die etwa zwanzig Teilnehmer des Treffens auch ihre Mahlzeiten ein. Die Verköstigung war im Stipendium mitenthalten. Die Veranstalter hatten sich sehr bemüht, ihren Gästen – allesamt »Autorinnen und Autoren der jüngeren Generation« – den Aufenthalt so angenehm wie möglich zu machen. Für das leibliche Wohl wurde gut gesorgt, und so ist mir von diesem Treffen vor allem das gute Essen in Erinnerung geblieben.

Eines Tages gab es Spanferkel. Es lag auf einem Tisch, der auf der Terrasse stand, und war äußerst kunstvoll mit Äpfeln, Gemüse und Grünzeug geschmückt. Doch kaum hatte ich mich dem Tisch genähert, zupfte mich einer der Veranstalter am Ärmel und meinte halblaut, da ich jüdisch sei, habe man für mich extra etwas anderes zubereitet. Daraufhin führte er mich zu einem etwas kleineren Tisch, auf dem zwei Töpfe standen. In einem von ihnen befanden sich Nudeln, in dem anderen, wie mir sogleich versichert wurde, »eine rein vegetarische Sauce«. Ich war überrascht, hatte ich doch während dieses Treffens weder nach koscheren Gerichten verlangt noch jemals behauptet, kein Schweinefleisch zu essen. Ich wurde auch nie danach gefragt. Wenn ich in den vorangegangenen Tagen auf meine jüdische Herkunft angesprochen wurde, hatte ich immer erklärt, kein gläubiger Mensch zu sein und das Judentum in erster Linie als Schicksalsgemeinschaft zu verstehen. Da ich aber nicht unhöflich sein wollte, nahm ich mir einen Teller Nudeln. Inzwischen hatten andere Kollegen den Nudeltopf entdeckt und sich hinter mir angestellt. Doch auch diesmal erwies sich der stets höfliche, diskrete und fast immer nur halblaut redende Veranstalter als konsequent. »Die Nudeln sind für Herrn Vertlib«, meinte er. »Wir haben nur für eine Person gekocht, da Herr Vertlib bekanntlich … « Hier verstummte er für einen Augenblick. »Herr Vertlib ist Jude, und ich bin Vegetarierin«, unterbrach ihn eine Autorin. »Ich auch«, erklärte ein Autor. »Ach so«, murmelte der Veranstalter. »Dennoch – es tut mir Leid. Aber wir haben ja noch Gemüse. Brot und Aufstriche. Und natürlich die Nachspeise.« Inzwischen hatte ich mich mit meinem Nudelteller am anderen Ende der Terrasse angestellt. »Vom Fleisch möchte ich wirklich nichts«, erklärte ich. »Aber von der Sauce hätte ich gerne ein bisschen was.«

Ich hatte den Eindruck, die Veranstalter des Literaturtreffens seien danach nicht mehr so freundlich zu mir gewesen. Später verarbeitete ich das »Spanferkelerlebnis« zu einer Szene in meinem Roman *Das besondere Gedächtnis der Rosa Masur*.

3. Beispiel: Kindheit im Exil – ein spannendes Abenteuer

Vor einiger Zeit hielt ich an einem deutschen Gymnasium eine Lesung ab. Meine Zuhörerschaft, Schülerinnen und Schüler einer 10. Klasse, fanden Gefallen an meinen Texten. Noch mehr interessierten sie sich allerdings für meine Biographie. Ich erzählte bereitwillig von der Odyssee, die ich als Kind und als Jugendlicher durchmachen musste, erwähnte alle Orte, an denen ich mich aufgehalten hatte, und sprach darüber, was ich damals empfunden und welche Auswirkungen die Emigration auf mein späteres Leben hatte. Die Schülerinnen und Schüler schienen von meinen Worten beeindruckt zu sein. Einige von ihnen waren selbst als Immigranten nach Deutschland gekommen und berichteten, dass sie ähnliche Erfahrungen gemacht hatten wie ich.

Nachdem die Schulstunde zu Ende war, dankten mir die Lehrer für die »interessante und wichtige Veranstaltung«. Der Stellvertretende Direktor meinte, er habe zwar viel Arbeit, bereue es aber trotzdem nicht, meine Lesung und das anschließende Gespräch miterlebt zu haben. Als ihn die Klassenlehrerin gebeten habe zu kommen, habe er geschwankt, ob er sich die Zeit dafür nehmen solle oder nicht. Nun sei er froh, dabeigewesen zu sein. »Sie haben eine so interessante Biographie!«, meinte er. »Was kann ich dem schon mit meiner behüteten Kindheit im Nachkriegsdeutschland entgegensetzen. Aber ich habe einen jüdischen Freund, der in den Dreißigerjahren nach Shanghai flüchten musste. Seine Erzählungen sind ähnlich spannend wie Ihre.«

Zuerst wollte ich widersprechen. Meine Kindheit und Jugend hatte ich keineswegs als »spannend« in Erinnerung. Das Leben eines Emigranten ist neben allen Spannungszuständen, auf die er gerne verzichten würde, in erster Linie trostlos. Die vielen Stunden, die ich in den Warteräumen der österreichischen Fremdenpolizei oder diverser anderer Behörden verbracht habe, assoziiere ich vor allem mit Langeweile und vergeudeter Lebenszeit. Aber ich wollte nach der Lesung nicht wiederholen, was ich im Gespräch mit den Schülerinnen und Schülern ohnehin schon ausführlich erläutert hatte. Wenn jemand nur das hört, was er hören möchte, dachte ich, wird er seine Klischees zu verteidigen wissen. Heute bereue ich, dass ich damals geschwiegen habe. Manchmal ist Widerspruch eine Frage des Prinzips. Den äußerst bedenklichen Vergleich meiner Biographie mit der eines Verfolgten und Vertriebenen der NS-Diktatur hätte ich auf jeden Fall zurückweisen müssen. Während der Emigration ist mein Leben niemals bedroht gewesen. Als Kind wurde ich ausgegrenzt, manchmal beschimpft, einige Male geschlagen, aber ich wurde nicht misshandelt, und niemand hatte je gedroht, mich zu ermorden. Dennoch hätte ich gerne mein Leben gegen jenes einer so genannten »behüteten Kindheit« eingetauscht.

Konnte eine Kindheit in Nachkriegsdeutschland überhaupt so »behütet« sein, wie es mir jener Lehrer weiszumachen versuchte? War eine solche Kindheit nicht vielmehr von Schweigen, Verdrängen oder den traumatischen Erinnerungen von Eltern und Großeltern geprägt? Für die wenigen Juden, die nach 1945 beschlossen hatten, sich – trotz allem – in Deutschland oder in Österreich eine neue Existenz aufzubauen, war dies fast immer der Fall.

Die »behütete Kindheit in Nachkriegsdeutschland und Österreich« ist unter anderem das Thema eines Oratoriums, zu dem ich im Jahre 2005 das Libretto geschrieben habe. Die Musik hat der Österreicher Wolfgang R. Kubizek komponiert. Am 5. Mai 2007 soll das Oratorium in der KZ-Gedenkstätte Mauthausen uraufgeführt werden. Ein Ausschnitt daraus wird meine Haltung zum Themenkomplex »Nachkriegskindheit in Deutschland und Österreich« verdeutlichen.

Aus »*Und alle Toten starben friedlich*«, Teil III:

»Erwarte keine Antworten von mir, denn was ich
    weiß, macht mich nicht klüger. Ich kann nur
    erzählen.
Wie sich die Freunde meines Vaters in der kleinen
    Wiener Wohnung zum Umtrunk einfanden, immer
    am selben Wochentag, zur selben Stunde, und wie
    der Satz fiel jedes Mal: »Nein, DAVON reden wir
    nicht mehr! Nicht heute! Heute nicht!«
Und alle nickten, pflichteten ihm bei, und das
    Gespräch begann mit einem Scherz.

Doch nach dem ersten Glas verflog die Heiterkeit und
    nach dem zweiten gab es keinen Alltag mehr und
    nach dem dritten lief die Zeit zurück.

Ich aber kroch in eine Ecke, hörte jedes Wort, die Knie fest an das Kinn gepresst.

Fünfzig Jahre lang sah ich in die Gesichter der Menschen dieses Landes und überlegte mir, wo und in welcher Form sie damals ihre Pflicht getan haben. Als ich erwachsen wurde, hörte ich auf, die Toten und die Lebenden zu zählen. Ich sah die Augen meiner Eltern. Das genügte.

Manchmal brachte ich den Mut auf, den Menschen dieses Landes Fragen zu stellen. Dann wurde ich zur Nestbeschmutzerin, zum bösen Weib, das nicht vergeben kann, zum Racheengel.
Je nach Belieben war ich exzentrisch oder typisch oder beides zugleich. Und wenn sie mit mir sprachen, wollten sie alle nur das eine: Absolution.
Doch bin ich keiner ihrer Priester oder ihr Papst und schon gar nicht der Allmächtige. So habe ich Ihnen geantwortet. Manchmal. Oder so ähnlich. Wenn der Mut mich nicht verließ.
Dann haben sie mich gehasst.
Oder wollten, dass ich sie hasse.
Und hassten mich noch mehr, wenn ich den Hass nicht erwiderte.
Oder wollten mich lieben, und hassten mich, wenn ich die Liebe nicht erwiderte.
Und mit der Zeit bemerkte ich, dass es keine Rolle spielte, ob ich Fragen stellte oder Antworten gab. Ich war die Tochter meines Vaters. Das genügte, und alles andere interessierte nicht.
Ich war der Teich, in dem sie ihre Gefühle versenkten und nicht ertragen konnten, wenn die Oberfläche glatt blieb.

Die fünfzig Jahre sind vergangen wie ein Augenblick.

Wenn ich die Grenzen meines Landes überschreite,
lass' ich die Last gleich hinter mir. Doch bin ich in der
Fremde, wird erst die Rückfahrt richtig schön. Bin ich
zurück in meinem Land, so nehm' die Last ich wieder
auf.

Bin ich zu Hause, möcht' ich in die Fremde, bin ich
wo anders, möcht' ich wieder heim.

So geht es mir. So geht es meinen Kindern. So geht es
and'ren. Wir suchen nichts, wir flüchten auch nicht
mehr. So lockt der Tag die Stille an und schlägt sie
jedesmal in Stücke.
Wenn wir das wissen, richten wir uns ein, und wer
sich einrichtet, der liebt das Leben.

Die fünfzig Jahre sind kein Augenblick.«

Meine These zum Abschluss: alles bisher Geschilderte mag persönlich sehr belastend sein, es kann das Leben oder zumindest
einen wichtigen Teil davon zerstören – für einen Künstler kann
das auch ein Gewinn sein! Das ist keine Koketterie. Wer mag
schon sein Leben lang unter einem Trauma leiden, nur um
ein gutes Buch zu schreiben? Ich sicherlich nicht. Aber wenn
ich es unter dem Eindruck des Traumas schreiben kann, dann
schreibe ich es. Anderenfalls hätte ich mir für meine Bücher
andere Themen gewählt. Schriftsteller wäre ich wahrscheinlich auch dann geworden, wenn ich eine glückliche Kindheit
gehabt hätte.

Der Gedanke, dass Leid durch Kunst einen Sinn erhalte, ist mir jedenfalls immer fremd gewesen, wie ich in meinem Essay *Träume* geschrieben habe: [29]

> Mein Vater meinte später scherzhaft, er habe mir durch seine Fehler und Neurosen, die ja der Grund für unsere gescheiterten Emigrationsversuche gewesen sind, einen Erfahrungsschatz verschafft, von dem jeder andere Autor nur träumen könne. Ich träume heute noch davon.
>
> Im wachen Zustand muss ich allerdings zugeben, dass die Äußerung meines Vaters bei weitem nicht an die Monströsität jener alles andere als scherzhaft gemeinten Aussage Anna Achmatowas herankommt, die nach der Verhaftung und Verurteilung Joseph Brodskys durch die sowjetischen Behören zu Beginn der 1960er Jahre behauptet hatte, erst die traumatische Erfahrung von Gefängnis und Verbannung werde den begabten jungen Mann zu einem großen Dichter reifen lassen.
>
> Wer der christlichen Erlösungsvorstellung etwas ab-gewinnen kann, mag sich mit solchen Gedankengängen anfreunden. Demnach wäre der Künstler ein Leidender, der, durch seine schmerzvollen Erlebnisse »veredelt«, in eine ethisch höhere Sphäre aufsteigt und zu einer tieferen Erkenntnis dessen gelangt, »was die Welt in ihrem In-nersten zusammenhält«. In Form des Kunstwerks gibt er seine Erfahrungen weiter. Auf diese Weise erhält natürlich auch das Übel Sinn und Platz im Weltenbau. Folglich erfüllen jene, die das Übel verursachen, unbewusst eine höhere Aufgabe und tragen somit zur Verbesserung der Welt oder zumindest zu ihrer »Ästhetisierung« bei…
>
> An solchen Unsinn habe ich nie geglaubt. Meine Alp-träume sind nicht der »Preis«, den ich zu zahlen habe, um meine Bücher schreiben zu können. Vielmehr führen sie mir schmerzvoll vor Augen, dass ich immer das Kind bleiben werde, das ich nicht mehr sein möchte. Aber auch

im wachen Zustand bin ich dazu verdammt, bestimmte Erlebnisse immer wieder abzurufen und nachzuspielen. [...] Emigration und Exil, insbesondere wenn man diese als Kind erleben musste, sind nie wirklich zu Ende.

Kunst muss irritieren. Ein Künstler kann Klischees ins Gegenteil verkehren, er kann ihnen mit Ironie und, wenn es angemessen ist, auch mit groteskem Witz begegnen. Ein gutes Beispiel dafür ist der österreichische Schriftsteller Dimitré Dinev. Dinev wurde 1968 in der bulgarischen Stadt Plovdiv geboren. 1990 kam er als illegaler Zuwanderer nach Österreich. Es folgte eine lange Zeit im Flüchtlingslager Traiskirchen, danach zahlreiche schlecht bezahlte Jobs auf dem Schwarzarbeiterstrich. Schließlich konnte er seinen Status legalisieren. Er studierte Philosophie und Slawistik und schrieb im Jahre 2003 den Roman *Engelszungen*, der in Österreich sofort zum Bestseller wurde.

»Miro hatte ein Handy und zwei Flügel«, heißt es am Beginn des Romans. »Seine Flügel waren aus braunem, sein Handy aus schwarzem Marmor.« Der Serbe Miro ist auf dem Wiener Zentralfriedhof begraben. Doch auch als Verstorbener ist er noch eine wichtige Persönlichkeit, die für manche in Wien gestrandete illegale Zuwanderer die letzte Hoffnung bleibt, so zum Beispiel für die beiden Bulgaren Svjetlo und Iskren, die in ihrem Leben nichts ausgelassen haben, was in die falsche Richtung führt. Dinev beschreibt den Zuwandereralltag in Wien, schildert in Rückblenden die Geschichte zweier bulgarischer Familien, fügt Fantastisches, Tragisches und Groteskes hinzu, das einen berührt und gleichzeitig schmunzeln lässt. In Dimitré Dinevs Roman findet man alle Attribute, die man von einem Autor mit dem Namen Dimitré Dinev erwartet: die Welt der Schwarzarbeiter, eine Familiensaga mit einem Hauch von Exotik, archaische Gesellschaftsstrukturen und einen magischen Realismus realsozialistisch-balkanischer Prägung, außerdem eine poetische, metaphernreiche Sprache, die sich angenehm von der »westeuropäischen Nüchternheit« abhebt. Was noch und in einem wesentlichen Maße hinzukommt, ist Dinevs Humor und seine optimistische Weltsicht, dass alles, so schlimm die Schicksalsschläge auch sein mögen, sich zum Besseren wendet, und wenn dies nicht geschieht, könne man dem Schicksal immer noch mit einer Art ironischer Melancholie begegnen. Gerade das hat den Erfolg seines Romans ausgemacht. Es gibt Bücher, die literarisch großartig sind, aber einen depressiven Sog entwickeln, und andere, die wie Antidepressiva wirken. Dinevs Roman gehört zu den Letzteren.

Die große literarische Qualität von *Engelszungen* liegt jedoch darin, dass der Roman einen Subtext besitzt, eine existenzielle Dimension, die weit über das Flair der von einem solchen Autor erwarteten exotischen Balkangeschichten hinausgeht. Man erkennt dabei unter anderem den prägenden Einfluss großer russischer Erzähler wie Tolstoj und Tschechow, die Dinev als seine Vorbilder anführt. Jemand, der bei Dinev nur Exotik und Unterhaltung erwartet, kommt bestimmt auf seine Kosten. Jemand, der behutsamer liest, wird sich selbst, aber auch seine Freunde und Feinde besser verstehen lernen. Sowohl der Balkan als auch die Problematik der Emigration werden für ihn eine untergeordnete Rolle spielen … Zu viel möchte ich nicht verraten, sondern statt dessen die Vorlesungsreihe mit einer Aussage von Dimitré Dinev beenden: »Viele Leute aus Österreich fahren nach Indien, um existentielle Erfahrungen zu machen. Ich bin nach Österreich gekommen, bin im Lager Traiskirchen gewesen und habe sie hier gemacht.«

Wer das Fremde, das andere, kennen lernen möchte, braucht nicht nach Indien oder Lateinamerika zu fahren, wie es viele tun, die ständig auf der Suche sind und dabei doch nur sich selbst nicht finden können. Es genügt, wenn sie ein Flüchtlingslager besuchen. Ich behaupte sogar, man müsse nicht einmal so weit gehen: man braucht nur die Straße zu überqueren und die Augen offen zu halten.

Anmerkungen

1 Vladimir Vertlib: Zwischenstationen. München: dtv 2005, S. 57–59.

2 Ebd., S. 59–63.

3 Ders.: Abschiebung. Salzburg / Wien: Otto Müller Verlag 1995.

4 Vgl. ders.: Der subversive Mut zur Naivität. In: Die Welt, an der ich schreibe. Ein offenes Arbeitsjournal. Hg. v. Kurt Neumann. Wien: Sonderzahl Verlag 2005, S. 228–236, hier S. 228–230. Für den vorliegenden Abdruck wurde der Text überarbeitet.

5 Vertlib, Zwischenstationen (wie Anm. 1), S. 66–77.

6 Die Äußerung von Iris Radisch ist nicht wortwörtlich, sondern lediglich sinngemäß wiedergegeben – so, wie ich sie von meinem damaligen Besuch in Klagenfurt in Erinnerung habe.

7 Die folgenden Passagen stammen zum Teil aus meinem Essay *Ich und die Eingeborenen*. In: Literatur und Kritik 30 (1995), H. 299, S. 54–57.

8 Einzelne Passagen der folgenden Ausführungen sind meinem Essay *Heimat als reale Fiktion* entnommen. In: Mit den Augen des Fremden. Adelbert von Chamisso – Dichter, Naturwissenschaftler, Weltreisender. Berlin: Kreuzberg Museum 2004, S. 227–229. Weitere Passagen finden sich in meinem Essay *Schattenbild*. In: Altes Land, neues Land. Verfolgung, Exil, biografisches Schreiben. Texte zum Erich Fried Symposium 1999. (= ZIRKULAR. Sondernummer 56.) Wien: Dokumentationsstelle für neuere österreichische Literatur im Literaturhaus 1999, S. 119–123.

9 Vladimir Vertlib: Das Bett. Erzählung. In: Mit der Ziehharmonika 10 (1993), H. 3, S. 17–23.

10 Vgl. auch meinen Essay *Der doppelte Bruch*. In: Stefan Zweig im Zeitgeschehen des 20. Jahrhunderts. Hg. v. Thomas Eicher. Oberhausen: Athena 2003, S. 305–312.

11 Vgl. meinen Beitrag zum Vorwort in: Sprachsprünge. Anthologie. Das Buch zum Literaturpreis *Schreiben zwischen den Kulturen*. Hg. v. Christa Stippinger. Wien: Edition Exil 2004, S. 7. Die vorangegangenen Ausführungen sind zum Teil, wenn auch in etwas geänderter Form, diesem Beitrag entnommen.

12 In die letzten drei Absätze sind Teile meiner Dankesrede zur Verleihung des *Anton-Wildgans-Preises* 2001 eingearbeitet, die ich am 20. Juni 2002 in der Zentrale der Österreichischen Industriellenvereinigung in Wien gehalten habe.

13 Dieses und die folgenden Zitate sind den Statements von Autorinnen und Autoren entnommen, die an den 28. Innsbrucker Wochenendgesprächen (19.–21. Mai 2005) teilgenommen haben. Die Wochenendgespräche standen unter dem Motto *Mit den Augen fremder Sprachen*. Die Statements wurden von den Autorinnen und Autoren während der Gespräche öffentlich vorgetragen und zur Diskussion gestellt. Der genaue Wortlaut der Zitate wurde mir freundlicherweise von Frau Gisela Holzner, der Organisatorin der Veranstaltung, zur Verfügung gestellt.

14 Raffaella Passiatore: Mutterland / Patria. In: Dies.: Terre Straniere / Fremde Länder. Bari: Florestano Edizioni 2006, S. 24–27.

15 Vladimir Vertlib: Mein erster Mörder. Lebensgeschichten. Wien: Deuticke im Paul Zsolnay Verlag 2006.

16 Ders.: Das besondere Gedächtnis der Rosa Masur. München: dtv 2003, S. 236–238 u. S. 241–254.

17   Ders.: Schicksalsbilanz. In: Literatur und Kritik 39 (2004), H. 383 / 384: Einst & Jetzt, S. 58–61.

18   Vertlib, Rosa Masur (wie Anm. 16), S. 238–240 u. S. 257–262.

19   Vertlib, Ich und die Eingeborenen (wie Anm. 7), S. 54–56. Der Text wurde für den vorliegenden Abdruck überarbeitet.

20   Vertlib, Der subversive Mut zur Naivität (wie Anm. 4), S. 231 f., folgendes Zitat S. 232–236. Für den Abdruck überarbeitete Fassung des Erstdrucks.

21   Zur *Wiener Gruppe* und zum *Forum Stadtpark* siehe vor allem: Wendelin Schmidt-Dengler: Bruchlinien. Vorlesungen zur österreichischen Literatur 1945 bis 1990. Salzburg / Wien: Residenz-Verlag 1995, S. 137 ff. u. S. 193 ff.

22   Vg. ebd., S. 196.

23   Details zu den genannten Autorinnen und Autoren entnehme man am besten dem *Neuen Handbuch der deutschsprachigen Gegenwartsliteratur nach 1945*. Hg. v. Dieter-Rüdiger Moser. München: dtv 1990; vor allem sei aber an dieser Stelle auf die Werke der erwähnten Autorinnen und Autoren verwiesen. Da die »erzählunwilligen Literaten« nicht das eigentliche Thema dieser Vorlesungen sind, sei es mir verziehen, wenn ich auf genauere biobibliographische Angaben verzichte.

24   Vladimir Vertlib: Nach dem Endsieg. In: Vertlib, Mörder, Lebensgeschichten (wie Anm. 15), S. 191–253, hier S. 194–197.

25   Ders.: Erzählen ist eine Grundeigenschaft des Menschen. [Interview.] In: Helmut Gollner: Die Wahrheit lügen. Die Renaissance des Erzählens in der jungen österreichischen Literatur. Innsbruck / Wien: StudienVerlag 2005, S. 129–139, hier S. 136 f., 132.

26   Ders.: Die Rezension als literarischer Text. In: Mit der Ziehharmonika 15 (1998), H. 3, S. 13 f. Für den Abdruck überarbeitete Fassung des Erstdrucks.

27   Ders.: Letzter Wunsch. Wien / Frankfurt a. Main: Deuticke im Paul Zsolnay Verlag 2003, S. 303–317.

28   Ebd., S. 310 ff.

29   Ders.: Träume. In: Der Kobold der Träume. Hg. v. Rudolf Habringer u. Josef P. Mautner. Wien: Picus Verlag 2006, S. 177–183. Für den Abdruck überarbeitete Fassung.

ANHANG

VITA

1966	Geboren am 2. Juli in Leningrad, UdSSR.
März 1971	Emigration der Familie nach Israel, nach Kirijat Ono in der Nähe von Tel Aviv.
April 1972	Übersiedlung nach Wien.
Ab Juni 1972	Aufenthalt in Rom.
Oktober 1972	Rückkehr nach Wien. Anschließend Besuch der 1. bis 3. Klasse der Volksschule.
Ab Juni 1975	Aufenthalt in Amsterdam.
Oktober 1975	Zweite Auswanderung nach Israel, abermals in die Nähe von Tel Aviv. Aufnahme in die 4. Klasse der Grundschule.
Ab Juni 1976	Zweiter Aufenthalt in Rom.
August 1976	Rückkehr nach Wien. Aufnahme in die 1. Klasse des Gymnasiums.
Juni 1980	Versuch der Einwanderung in die USA, zunächst nach New York, dann nach Boston. Zeitweilig Besuch einer Bostoner High School.

Oktober 1981	Endgültige Übersiedlung nach Österreich. Wiederaufnahme der Schulausbildung in der 6. Klasse des Gymnasiums in Wien.
1984–1989	Studium der Volkswirtschaftslehre in Wien.
Juni 1989– Jänner 1990	Freiberufliche Tätigkeit für die japanische Presseagentur Kyodo News Service in Wien.
Februar– Oktober 1990	Zivildienst in der Geriatrie.
November 1990– Februar 1992	Anstellung bei der Donau Versicherung, Wien.
März 1992– Mai 1993	Anstellung bei der Österreichischen Kontrollbank, Wien.
Seit Juli 1993	Freiberuflicher Schriftsteller, Übersetzer, Sozialwissenschaftler und Journalist in Salzburg und Wien. Redaktionsmitglied der Wiener Literaturzeitschrift *Zwischenwelt* [früher: *Mit der Ziehharmonika*]. *Zeitschrift für Literatur des Exils und des Widerstands.* Mitglied der Theodor Kramer Gesellschaft, der Grazer Autorenversammlung und des Literaturkreises *Podium*.

Stipendien und Preise, darunter:

1999	Österreichischer Förderungspreis für Literatur.
2001	Förderpreis zum Adelbert-von-Chamisso-Preis.
2001	Anton-Wildgans-Preis der österreichischen Industrie.
2006	Dresdner Chamisso-Poetikdozentur.

BIBLIOGRAPHIE

Einzelpublikationen

Abschiebung. [Erzählung.] Salzburg: Otto Müller Verlag 1995.

Osteuropäische Zuwanderung nach Österreich 1976–1991. Forschungsbericht. Wien: Österreichische Akademie der Wissenschaften 1995.

Zwischenstationen. [Roman.] Wien: Deuticke Verlag 1999.

Nachdruck: München: dtv 2005.

CD-ROM der Lesung mit Vladimir Vertlib. Lienz: wakuworld Verlag 2000.

Das besondere Gedächtnis der Rosa Masur. [Roman.] Wien: Deuticke Verlag 2001.

Nachdruck: München: dtv 2003.

CD-ROM der Lesung mit Vladimir Vertlib. Dortmund: Auslandsgesellschaft NRW 2001.

Auszug: Das besondere Gedächtnis der Rosa Masur / Neobičejná paměť Rózy Mazurové. [Übersetzung ins Tschechische v. Ivan Binar.] In: Deutsch-tschechischer Almanach 2002. Hg. v. Adalbert-Stifter-Verein. München: FIBO Druck- und Verlags GmbH 2001, S. 179–186.

Letzter Wunsch. [Roman.] Wien: Deuticke Verlag 2003.

Nachdruck: München: dtv 2006.

Auszug: Zadnja želja. [Übersetzung ins Slowenische v. Andreja Hočevar.] In: Apokalipsa (2004), Nr. 83 (September 2004), S. 47–52.

Mein erster Mörder. Lebensgeschichten. Wien: Deuticke Verlag 2006.

Auszug aus *Ein schöner Bastard*: Pěknej parchant. [Übersetzung ins Tschechische v. Tomáš Dimter.] In: Týdeník A2, Nr. 42 (11. Oktober 2006).

Übersetzungen

Ray Eichenbaum: Romeks Odyssee. [Aus d. Englischen, in Zusammenarbeit mit Herbert Kolmar.] Wien: Verlag für Gesellschaftskritik 1996.

Isaak Malakh: Ein leiser Herbst in Wien. Gedichte. [Aus d. Russischen.] In: Mit der Ziehharmonika 16 (1999), Nr. 3, S. 19 f.

Editionen

Bil Spira: Die Legende vom Zeichner. Wien – Vernet – Groß-Rosen – Paris. Hg. v. Konstantin Kaiser in Zusammenarbeit mit Vladimir Vertlib. Wien: Döcker Verlag 1997.

Verstreute literarische Texte

Das Bett. [Erzählung.] In: Mit der Ziehharmonika 10 (1993), Nr. 3, S. 17–23.

Petersburger Intérieur. Nach einer Reise. [Erzählung.] In: Mit der Ziehharmonika 11 (1994), Nr. 3, S. 35–40.
  Veränderter Nachdruck in: querlandein. Schriftsteller stellen Texte von Schriftstellern vor. Aus Österreich. Hg. v. Angelika Klammer u. Jochen Jung. Salzburg: Residenz Verlag 1995, S. 9–71.

Unterwegs. Aus dem Roman *Abschiebung*. In: Literatur und Kritik 29 (1994), Nr. 287 / 288, S. 23–29.

Kein Land der Träume. Auszug aus einem Roman-Debüt. In: Salzburger Nachrichten (16. März 1995).

»A Lejbn«. [Erzählung.] In: Mit der Ziehharmonika 15 (1998), Nr. 2, S. 16–20.

Nichtariernachweis. [Erzählung.] In: SALZ 24 / II (1998), Nr. 94, S. 33–35. Nachdruck in: Kulturelemente 20 / 2000 (20. April 2000), S. 13 f.

Weihnachtsmetamorphosen. [Erzählung.] In: Weihnachten für Fortgeschrittene. Das Überlebenspaket zum Fest. Hg. v. Martina Schmidt u. Linda Stift. Wien: Deuticke Verlag 1999, S. 68–77.

Der zwanzigste April. [Erzählung.] In: Golem 1 (1999), Nr. 12, S. 38–45.

Hundertfünfundzwanzig Gramm. [Erzählung.] In: Zwischenwelt 17 (2000), Nr. 4: Freunde in aller Welt, S. 26–31.

Der Melamed. Auszug aus einem in Arbeit befindlichen Roman. In: SALZ 25 / IV (2000), Nr. 100, S. 56.

Namen. Auszug aus einem Roman. In: Podium 113 / 114 (2000): Russland, S. 108–112.

Nachdruck in: Golem 2 (2001), Nr. 12, S. 44–58.

Meister Hehrle. [Erzählung.] In: Unter dem Sonnenschirm. Das große Sommerlesebuch. Hg. v. Maria Dürig u. Barbara Heinzius. München: Goldmann Verlag 2001, S. 243–257.

Taxifahrt. [Erzählung.] In: Macht Freiheit Staat. BAWAG-Anthologie zur offenen Gesellschaft. Wien: Verlag Carl Ueberreuter 2001, S. 142–151. Überarbeiteter Nachdruck in: Angekommen. Texte nach Wien zugereister Autorinnen und Autoren. Hg. v. Milo Dor. Wien: Picus Verlag 2005, S. 182–194.

Das große Buch. Aus dem Roman *Letzter Wunsch*. [Vorabdruck.] In: Zwischenwelt 19 (2002), Nr. 4: Aufklärung, Gegenaufklärung, S. 21–25.

Innere Werte. [Erzählung.] In: Liebe! Hg. v. Ilse Walter. Wien: Deuticke Verlag 2002, S. 124–142.

Vorabdruck auf der Website des ORF zum Bachmannpreis 1999: http://bachmannpreis.orf.at/bp99/texte/vertlib_text.htm.

Die Kommission. [Erzählung.] In: Viele Kulturen – eine Sprache: Hommage an Harald Weinrich zu seinem 75. Geburtstag von den Preisträgern und Preisträgerinnen des Adelbert-von-Chamisso-Preises der Robert Bosch Stiftung. Stuttgart: Robert Bosch Stiftung 2002, S. 147–152. Nachdruck in: Stadt – Land – Krieg. Autoren der Gegenwart erzählen von der deutschen Vergangenheit. Hg. v. Tanja Dückers u. Verena Carl. Berlin: Aufbau-Taschenbuchverlag 2003, S. 135–141.

Eine natürliche Bestimmung. [Vorabdruck aus dem Roman *Letzter Wunsch*.] In: SALZ 28 / II (2002), Nr. 110: Nahaufnahmen 8, S. 26–33.

Letzter Wunsch. Beginn des neuen Romans. In: Literatur und Kritik 38 (2003), Nr. 371 / 372, S. 21–26.

Alpenstraße / Michael-Pacher-Straße: Im Raum- und Zeitloch zwischen Salzburg und Nowosibirsk. [Erzählung.] In: Literatur und Kritik 39 (2004), Nr. 389 / 390: Die hässlichsten Orte Österreichs, S. 72–76. Tér-és időlyukszintézis Salzburg és Novoszibirszk között az Alpenstraße ésa Michael-Pacher-Straße sarkán. [Übersetzung ins Ungarische v. Lídia Nádori.] In: Jelenkor 46 (2006), Nr. 12, S. 1267–1270. Nachdruck in: Salzburger Bauernkalender 2007. Baukultur auf dem Land. Salzburg: Verlag Anton Pustet 2007, S. 148–151.

Fluchtversuche. [Erzählung.] In: Zwischenwelt 21 (2004), Nr. 1: Verborgte Sprache I, S. 47–49.

Ein schöner Bastard. [Erzählung.] In: Die Presse, Spectrum (31. Dezember 2004).

Angstgeruch. [Erzählung.] In: Kätzereien. Geschichten für die Katz. Hg. v. Sylvia Treudl. Wien: Edition Aramo 2005, S. 7–24.

Die Bank der kleinen Leute. [Erzählung.] In: Möglichkeiten. Erzählungen aus der Arbeitswelt. Mit e. Vorwort v. Hans Haider. Wien: Edition Atelier 2005, S. 137–196.

Schwarze Geschichte. [Erzählung.] In: auto revue, Wien (2006), Nr. 4, S. 134 f.

Essays und Aufsätze in Sammelbänden (Auswahl)

Die wirtschaftliche Lage der zentralasiatischen Nachfolgestaaten der UdSSR (zusammen mit Peter Havlik). In: Bürden auferlegter Unabhängigkeit. Neue Staaten im post-sowjetischen Zentralasien. Hg. v. Gerhard Mangott. Wien: Wilhelm Braumüller Verlag 1996, S. 147–239.

Ich habe keinen Hass. [Essay.] In: Umkämpfte Erinnerung. Die Wehrmachtsausstellung in Salzburg. Hg. v. Helga Embacher, Albert Lichtblau u. Günther Sandner. Salzburg: Residenz Verlag 1999, S. 219–230.

Ich und die Eingeborenen. [Essay.] In: Die Fremde in mir. Lyrik und Prosa der österreichischen Volksgruppen und Zuwanderer. Ein Lesebuch. Hg. v. Helmuth A. Niederle. Klagenfurt u. a.: Hermagoras / Mohorjeva 1999, S. 317–320.
Erstdruck in: Literatur und Kritik 30 (1995), Nr. 299, S. 54–57.
Veränderter Nachdruck in: Diskurs, Wien (1998), Nr. 9 / 10, S. 21 f.
Veränderter Nachdruck in: Signum. Blätter für Literatur und Kritik 1 (Winter 1999 / 2000), S. 47–52.

»In der Esse des Lagers«. [Essay.] In: Salzburg: Blicke. Hg. v. Helga Embacher, Ernst Fürlinger u. Josef P. Mautner. Salzburg: Residenz Verlag 1999, S. 170–174.

Schattenbild. [Essay.] In: Altes Land, neues Land: Verfolgung, Exil, biografisches Schreiben. Texte zum Erich Fried Symposium 1999. Hg. v. Walter Hinderer, Claudia Holly, Heinz Lunzer u. Ursula Seeber. Wien: Dokumentationsstelle für Neuere österreichische Literatur im Literaturhaus 1999, S. 119–123.
Überarbeitete Fassung des Erstdruckes aus: Literatur und Kritik 34 (1999), Nr. 331 / 332, S. 32–36.

Die wirtschaftliche Dimension des Kaukasus. In: Brennpunkt: Südkaukasus. Aufbruch trotz Krieg, Vertreibung und Willkürherrschaft? Hg. v. Gerhard Mangott. Wien: Wilhelm Braumüller Verlag 1999, S. 139–210.

Nichtvorbildliche Lieblingsautoren. [Essay.] In: Helden wie ihr. Junge Schriftsteller über ihre literarischen Vorbilder. Hg. v. Jürgen Jakob Becker u. Ulrich Janetzki. Berlin: Quadriga 2000, S. 198–204.

Die tägliche Herausforderung. [Essay.] In: Über Österreich zu schreiben ist schwer. Hg. v. Gerald Leitner. Salzburg: Residenz Verlag 2000, S. 221–234.
Überarbeitete Fassung des Erstdruckes: Und der Schatten dreht sich mit. In: Die Presse, Spectrum (7. Oktober 2000).
Veränderter Nachdruck unter dem Titel: Bleiben oder gehen? In: Rheinischer Merkur (1. August 2002).

Verfolgung, Anpassung, Emigration. Die Geschichte der Juden im Russischen Reich, der Sowjetunion und der GUS. Ein Längsschnitt. In: Vom Zerfall der Großreiche zur Europäischen Union. Integrationsmodelle im 20. Jahrhundert. Hg. v. Helga Embacher u. a. (= Mitteilungen des Österreichischen Staatsarchivs, Sonderbd. 5.) Wien: Horn 2000, S. 57–73.
Veränderter Nachdruck unter dem Titel: Verfolgung, Anpassung, Emigration. Die Juden auf dem Gebiet der ehemaligen Sowjetunion. In: Jüdische Gemeinden in Europa: zwischen Aufbruch und Kontinuität. Hg. v. Brigitte Ungar-Klein. Wien: Picus Verlag 2000, S. 98–106.

Der Autor und sein Alter. [Bericht.] In: Verlagsführer Österreich. Hg. v. Elisabeth Meixner u. a. Wien: Buchkultur 2001, S. 27–29.

Dank für den Chamisso-Förderpreis 2001. In: Jahrbuch 15. Hg. v. der Bayerischen Akademie der Schönen Künste. O.O.: Oreos 2001, S. 511 f.

»Jude, wie interessant!« – »A Jew, how interesting!« [Essay.] In: Juden in Salzburg. History. Cultures. Fates. Hg. v. Helga Embacher. Salzburg: Anton Pustet 2002, S. 104–111.

Wo die Lebenswelten sich berühren. Reflexionen über einen Besuch in Mattersburg im Jänner 2002. [Essay.] In: Mattersburg. Literarische Stadtbilder. Hg. v. Barbara Tobler. Weitra: Bibliothek der Provinz 2002, S. 93–104.
Where Life-Worlds Converge: Reflections on a Visit To Mattersburg. [Übersetzung ins Amerikanische v. Dagmar Lorenz.] In: Shofar. An Interdisciplinary Journal of Jewish Studies 25 (Herbst 2006), Nr. 1, S. 5–15.

Der doppelte Bruch. [Essay.] In: Stefan Zweig im Zeitgeschehen des 20. Jahrhunderts. Hg. v. Thomas Eicher. Oberhausen: Athena 2003, S. 305–312.

Heimat als reale Fiktion. [Essay.] In: Mit den Augen des Fremden. Adelbert
   von Chamisso – Dichter, Naturwissenschaftler, Weltreisender. Hg. v. d.
   Gesellschaft für Interregionalen Kulturaustausch e. V. Berlin: Gesellschaft
   für Interregionalen Kulturaustausch e. V. 2004, S. 227–229.
   Veränderter und überarbeiteter Nachdruck in: planet, Wien, Nr. 40
   (Juli / August 2005), S. 14.
Jurysprüche zu den Preisträgerinnen und Preisträgern der Literaturpreise
   Schreiben zwischen den Kulturen 2004. In: Sprachsprünge. Anthologie.
   Das Buch zum Literaturpreis Schreiben zwischen den Kulturen. Hg. v.
   Christa Stippinger. Wien: Edition Exil 2004, S. 242–247.
Rendezvous mit der Stadtbahn. [Essay.] In: So einfach war das. Jüdische
   Kindheit und Jugend seit 1945 in Österreich, der Schweiz und Deutsch-
   land. Begleitkatalog zu einer Ausstellung des Jüdischen Museums Ho-
   henems in Zusammenarbeit mit dem Jüdischen Museum Berlin. Hg. v.
   Hanno Loewy. Hohenems: Jüdisches Museum 2004, S. 115–117.
[Beitrag zum:] Vorwort. In: Stippinger (Hg.), Sprachsprünge, S. 7.
Der subversive Mut zur Naivität. [Essay.] In: Die Welt, an der ich schreibe.
   Ein offenes Arbeitsjournal. Hg. v. Kurt Neumann. Wien: Sonderzahl
   Verlag 2005, S. 228–236.
   Subverzivna hrabrost za naivnost. In: Svijet o kojem pišem. [Übersetzung
   ins Bosnische v. Naser Šećerović.] Sarajevo: Connectum 2007.
Bewegungen. [Essay.] In: Solysombra. Bewegung wurde Gestalt. Hg. v. Ger-
   hild Tschachler-Nagy, Annemarie Fleck u. Harald Pliessnig. Klagenfurt:
   Hermagoras 2006, S. 34.
Der Himmel durchs Fenster. [Ein literarischer Bericht.] In: Tandem. Poli-
   zisten treffen Migranten. Literarische Protokolle. Hg. v. Susanna Gratzl,
   Maria Hirtenlehner u. Herbert Langthaler. Wien: Mandelbaum Verlag
   2006, S. 78–98.
Träume. [Essay.] In: Der Kobold der Träume. Hg. v. Rudolf Habringer u.
   Josef P. Mautner. Wien: Picus Verlag 2006, S. 177–183.
   Überarbeitete Fassung des Erstdruckes aus: Zwischenwelt 18 (2001),
   Nr. 4: Lebenswege, S. 29 f.

Beiträge in Zeitungen und Zeitschriften (Auswahl)

1994

Auf den Spuren einer Selbstverleugnung. [Rezension zu Renate Welsh: Das Lufthaus. Roman.] In: Mit der Ziehharmonika 11 (1994), Nr. 4, S. 34f.

Ostjüdische Einwanderung, Wiener Themaverfehlung. [Rezension zu: Ist jetzt hier die »wahre« Heimat? Ostjüdische Einwanderung nach Wien. Hg. v. Peter Bettelheim u. Michael Ley.] In: Mit der Ziehharmonika 11 (1994), Nr. 2, S. 35–37.

1995

Betuliche Teufelei. Zu Radek Knapps Erzählband *Franio*. In: Literatur und Kritik 30 (1995), Nr. 193/194, S. 85f.

Emigration, N.Y. [Rezension zum Film: Emigranten, N.Y. Die Geschichte einer Vertreibung. Österreich 1994/95. Buch und Regie: Egon Humer.] In: Mit der Ziehharmonika 12 (1995), Nr. 4, S. 39f.

Die Fähigkeit zu verstummen. [Rezension zu André Stein: Versteckt und vergessen. Kinder des Holocaust.] In: Mit der Ziehharmonika 12 (1995), Nr. 3, S. 41.

Kubistisches Selbstporträt. Erinnerungen an Dinge, die nie geschehen sind. Harry Mulischs Autobiographie. [Rezension zu Harry Mulisch: Selbstporträt mit Turban.] In: Wiener Zeitung (3. November 1995).

Wo nur das Lachen bleibt. [Rezension zu Josef N. Rudel: Von Czernowitz bis Tel Aviv gabs immer was zum Lachen.] In: Mit der Ziehharmonika 12 (1995), Nr. 4, S. 38f.

Wo spricht man Jiddisch? L. Baier über »sprachverunsicherte« Zonen. [Rezension zu Lothar Baier: Ostwestpassagen. Kulturwandel – Sprachzeiten.] In: Die Presse, Spectrum (14. Oktober 1995).

1996

Bruchstücke einer vernichteten Welt. [Rezension zu Hinde Bergner: In den langen Winternächten. Familienerinnerungen aus einem Städtel in Galizien. 1870–1900.] In: Mit der Ziehharmonika 13 (1996), Nr. 3, S. 48f.

Jud Süß für Kinder. [Rezension zu Thomas Brezina: Wer spukt im schwarzen Schloss? Mit Illustrationen v. Robert Rottensteiner.] In: Mit der Ziehharmonika 13 (1996), Nr. 4, S. 10–12. Nachdruck in: Wiener Zeitung (11. April 1997).

»Schachernde Juden« oder: Die Mozartstadt einmal anders. In: Elisabeth-bühne. Magazin (1996), Nr. 102, S. 28–32.

Selbstzerstörung durch Liebe. Monika Wogrollys hitziger Liebesroman. [Rezension zu Monika Wogrolly: Ins Feuer. Roman.] In: Literatur und Kritik 31 (1996), Nr. 303 / 304, S. 86 f.

Spurensuche nach der Auschwitz-Asche. *Existenzbeweise*: Hanna Krall erzählt vom Trauma der Opfer. [Rezension zu Hanna Krall: Existenzbeweise. Zehn Erzählungen.] In: Die Presse, Spectrum (20. Jänner 1996).

Tina Modottis widersprüchliches Leben. [Rezension zu Elena Poniatowska: Tinissima. Der Lebensroman der Tina Modotti.] In: Mit der Ziehharmonika 13 (1996), Nr. 4, S. 34.

Vom »würzigen Bauernmädchengeruch« bis zum »schallenden Brunnen«. [Rezension zu Hans Lebert: Das weiße Gesicht. Erzählungen.] In: Mit der Ziehharmonika 13 (1996), Nr. 2, S. 46 f.

1997

»Bei Nichtbewährung ist die Strafe nach dem Endsieg zu verbüßen«. Ein Porträt des österreichischen Malers und Antifaschisten Roman Haller. In: Mit der Ziehharmonika 14 (1997), Nr. 3, S. 9–14.

Edle Menschen im Wüstensand: Hans Benedicts Nahostroman. [Rezension zu: Hans Benedict: Bis der Tod sie eint. Ein israelisch-palästinensischer Tatsachenroman.] In: Literatur und Kritik 32 (1997), Nr. 317 / 318, S. 83–85.

Ende des Schweigens. Peter Finkelgruen auf der Suche nach der eigenen Zugehörigkeit. [Rezension zu: Peter Finkelgruen: Erlkönigs Reich. Die Geschichte einer Täuschung.] In: Wiener Zeitung (7. November 1997).

Das Gefängnis des eigenen Körpers. Jean-Dominique Bauby über sein Leben nach dem Schlaganfall. [Rezension zu: Jean-Dominique Bauby: Schmetterling und Taucherglocke. Erzählungen.] In: Die Presse, Spectrum (14. Juni 1997).

Gemeinsame Grenzen. Die Geschichte einer ganz gewöhnlichen Absurdität. [Essay.] In: Mit der Ziehharmonika 14 (1997), Nr. 1, S. 12–15.

Gott im Braunhemd. [Rezension zu Melvin Jules Bukiet: Danach. Roman.] In: Die Presse, Spectrum (18. Oktober 1997).

Ein Gringo wird Patriot. Alfredo Bauers Berichte aus Argentinien. [Rezension zu Alfredo Bauer: Hexenprozess in Tucumán und andere Chroniken aus der Neuen Welt.] In: Die Presse, Spectrum (18. Jänner 1997).

Im Wald der Vorzeit. Ein Roman aus der Mottenkiste wird in Israel zum

Bestseller. [Rezension zu Dov Kimchi: Das Haus Chefetz. Roman.] In: Wiener Zeitung (19. Dezember 1997).

»Leider eine Fälschung«. [Rezension zu Zvi Kolitz: Jossel Rakovers Wendung zu Gott. Erzählung.] In: Mit der Ziehharmonika 14 (1997), Nr. 2, S. 36 f.

Lob des Außenseitertums. [Rezension zu Edward W. Said: Götter, die keine sind. Der Ort des Intellektuellen.] In: Mit der Ziehharmonika 14 (1997), Nr. 3, S. 50 f.

Mann mit Mut zum klaren Wort. Der Schweizer Politiker und Schriftsteller Jean Ziegler. [Essay.] In: Wiener Zeitung (21. November 1997).

Maulkorb für Menschen. [Rezension zu Chris de Stoop: Hol die Wäsche rein. Die Geschichte einer ganz gewöhnlichen Abschiebung.] In: Mit der Ziehharmonika 14 (1997), Nr. 2, S. 31–33.

Der Mut zum klaren Wort. Über Jean Ziegler. [Essay.] In: Mit der Ziehharmonika 14 (1997), Nr. 4, S. 53–55.

Nachspiel zum Holocaust. [Rezension zu Alexander Borschtschagowski: Orden für einen Mord. Die Judenverfolgung unter Stalin.] In: Mit der Ziehharmonika 14 (1997), Nr. 4, S. 46–50.

Nur mehr Stimmen auf Kassetten. Israel im Kleinen. [Rezension zu: Benny Berbasch: Mein erster Sony. Roman.] In: Die Presse, Spectrum (10. Mai 1997).

Österreichische Verstrickungen: Doron Rabinovicis erster Roman. [Rezension zu: Doron Rabinovici: Suche nach M. Roman.] In: Literatur und Kritik 32 (1997), Nr. 313 / 314, S. 89 f.

Der Sänger des kleinen Glücks. Eine Erinnerung an den Liedermacher und Schriftsteller Bulat Okudschawa. In: Wiener Zeitung, Beilage (18. Juli 1997).

Sicherheit mit begrenzter Hoffnung. Autorinnen und Autoren im Schweizer Exil. [Essay. Zu Robert Musil, Robert Jungk, Bertha Eckstein-Diener.] In: Mit der Ziehharmonika 14 (1997), Nr. 1, S. 22–32.

Wegbegleiterin im Labyrinth. [Rezension zu Stella Rotenberg: Ungewisse Ursprünge. Gesammelte Prosa.] In: Die Presse, Spectrum (19. Juli 1997).

Wien – Paris: mit Umwegen und Zwischenstationen. Über den Zeichner, Cartoonisten, Bühnenbildner und Redakteur Bil Spira. In: Mit der Ziehharmonika 14 (1997), Nr. 2, S. 22–24.

1998

Einsammlung der Verstreuten. Jüdische Einwanderung nach Palästina und Israel. [Essay.] In: Wiener Zeitung, Extra Lexikon (1. Mai 1998).

Hypochondrische Hündin. Michael Scharangs neuer Roman schwankt zwischen hintergründiger Satire und langatmiger Reflexion. [Rezension zu Michael Scharang: Das Jüngste Gericht des Michelangelo Spatz. Roman.] In: Wiener Zeitung, Extra (27. November 1998).

Leben mit drei Vätern. [Rezension zu Meir Shalev: Judiths Liebe. Roman.] In: Wiener Zeitung (27. Februar 1998).

Die Leichtigkeit der Last. [Rezension zu: Imre Kertész: Ich – ein anderer. Roman.] In: Wiener Zeitung (26. Juni 1998).

Die »Maschekseite«: Doppel- und Mehrfachidentität der Österreicher. [Rezension zu: Die Maschekseite: Doppel- und Mehrfachidentitäten von Österreicherinnen. Hg. v. Traude Horvath.] In: Literatur und Kritik 33 (1998), Nr. 323/324, S. 81 f.

Mord in Minsk. Kosmopolitismus als Verbrechen: Vor fünfzig Jahren begannen die Judenverfolgungen in der Sowjetunion. [Feuilleton.] In: Frankfurter Allgemeine Zeitung (12. Jänner 1998).

Das Nachtlager im Bauch des Pferdes. [Rezension zu Israel Rabon: Die Straße. Roman.] In: Die Presse, Spectrum (17. Oktober 1998).

Die Rezension als literarischer Text. [Essay.] In: Mit der Ziehharmonika 15 (1998), Nr. 3, S. 13 f.

Salzburg ohne Salzburger. Österreichische Juden hatten es schon vor den Nazis schwer. [Rezension zu: »Geduldet, geschmäht und vertrieben«. Salzburger Juden erzählen. Hg. v. Daniela Ellmauer, Helga Embacher u. Albert Lichtblau. In: Frankfurter Allgemeine Zeitung (17. Juni 1998).

Schäbige Häuser, finstere Hinterhöfe – und ein Kind. [Rezension zu Henry Roth: Nenn es Schlaf. Roman.] In: Die Presse, Spectrum (18. Juli 1998).

Schnarchende Götter. Hoffmanns Erzählung mit absurdem Witz. [Rezension zu Yoel Hoffmann: Christus der Fische. Erzählung.] In: Die Presse, Spectrum (30. Mai 1998).

Sissi kontra antifaschistisches Denkmal. [Aufsatz.] In: Mit der Ziehharmonika 15 (1998), Nr. 3, S. 43.

Statt eines Editorials: »Juden sollen nie vergessen …« Zu einem Artikel von Ronald Barazon in den Salzburger Nachrichten. Eine Polemik. In: Mit der Ziehharmonika 15 (1998), Nr. 3, S. 2 f.

Symbolische Gestalten. [Rezension zu Chaim Potok: Novembernächte. Die Geschichte der Familie Slepak.] In: Wiener Zeitung (17. Juli 1998).

Die »Wehrmachtsausstellung« in Salzburg. Tatsachen, Zitate, Reflexionen. [Essay.] In: Mit der Ziehharmonika 15 (1998), Nr. 2, S. 37–39.

Der Wunsch nach unbegrenztem Wissen. [Rezension zu Günther Stocker: Schrift, Wissen und Gedächtnis. Das Motiv der Bibliothek als Spiegel des Medienwandels im 20. Jahrhundert.] In: Die Presse, Spectrum (24. Jänner 1998).

1999

Als Grundlage für weitere Recherchen – Arno Lustigers Rotbuch zur Geschichte der sowjetischen Juden. [Rezension zu: Arno Lustiger: Rotbuch. Stalin und die Juden. Die tragische Geschichte des Jüdischen Antifaschistischen Komitees und der sowjetischen Juden.] In: Mit der Ziehharmonika 16 (1999), Nr. 3, S. 45.

Angehalten zur Wunschlosigkeit. [Rezension zu H. G. Adler: Eine Reise. Roman.] In: Wiener Zeitung (6./7. August 1999).

»Bist eh g'scheit, gel?« [Chronik.] In: Die Presse, Spectrum (20. Februar 1999).

»Er bleibt ein Jude«: zu den Prosatexten von Herbert Kuhner. [Rezension zu Herbert Kuhner: Minki, die Nazi-Katze und die menschliche Seite. Prosa.] In: Literatur und Kritik 34 (1999), Nr. 335/336, S. 85 f.

Etwaige Fragen sind prinzipiell mit »Das weiß ich nicht« zu beantworten. [Rezension zu James McBride: Die Farbe von Wasser. Erinnerungen.] In: Die Presse, Spectrum (18. September 1999).

Der fehlende Mut zur Auslassung. [Rezension zu Ariel Dorfman: Kurs nach Süden, Blick nach Norden. Leben zwischen zwei Welten. Roman.] In: Wiener Zeitung (17./18. September 1999).

Gegen den Strich. [Rezension zu: WIR. Zur Geschichte und Gegenwart der Zuwanderung nach Wien. Katalog.] In: Mit der Ziehharmonika 15 (1998), Nr. 2, S. 7 f.

»Gott rechnet manchmal schlecht«. [Rezension zu Daniel Kehlmann: Mahlers Zeit.] In: Wiener Zeitung (19./20. November 1999).

Großvater als Projektionsfläche. [Rezension zu Monika Maron: Pawels Briefe. Roman.] In: Wiener Zeitung (4. März 1999).

Käthe Vordtriedes aufrüttelnde Zeitchronik in Briefen. Verfolgung, Flucht, Exil. [Rezension zu Käthe Vordtriede: Es gibt Zeiten, in denen man welkt. Mein Leben in Deutschland vor und nach 1933.] In: Die WochenZeitung, Zürich (7. Jänner 1999).

Kosmopoliten, Zionisten, Landesverräter. Die ermordete jiddische Literatur der Sowjetunion. [Essay.] In: Literatur und Kritik 34 (1999), Nr. 337/338, S. 62–70.

Kristallklarer Samentropfen. Konstruierter Episodenroman. [Rezension zu Ralf Rothmann: Flieh, mein Freund! Roman.] In: Wiener Zeitung (8. Jänner 1999).

Mit dem Talmud in die klassenlose Welt. [Rezension zu Robert S. Wistrich: Die Juden Wiens im Zeitalter Kaiser Franz Josephs I.] In: Frankfurter Allgemeine Zeitung (13. Jänner 1999).

Monatelang regungslos unter einem Bett ausgeharrt. [Rezension zu Wilhelm Dichter: Das Pferd Gottes. Roman.] In: Die Presse, Spectrum (5. Juni 1999).

Noch 28 Kilogramm. Erinnerungen einer Wiener »Partisanin«. [Rezension zu Elisa Springer: Das Schweigen der Lebenden. Im Schatten von Auschwitz. Autobiographie.] In: Die Presse, Spectrum (13. März 1999).

Pinguin mit Intuition. [Rezension zu Andrej Kurkow: Picknick auf dem Eis. Roman.] In: Wiener Zeitung (18. / 19. Juni 1999).

Schweigen und warten? [Essay.] In: Mit der Ziehharmonika 16 (1999), Nr. 4, S. 4 f.
  Veränderter Nachdruck unter dem Titel: Schweigen, warten, lächeln? In: Die WochenZeitung, Zürich (9. März 2000).

Traf Frank Kafka 1916 Hitler im Kaffeehaus? [Rezension zu Bernhard Setzwein: Das Buch der sieben Gerechten. Roman.] In: Die Presse, Spectrum (20. November 1999).

»Vergangenheitsbewältigung« auf belgisch. [Bericht.] In: Mit der Ziehharmonika 16 (1999), Nr. 1, S. 34 f.

Vom Vergiften der Hand. Guanlong Caos Erlebnisse im China Maos. [Rezension zu Guanlong Cao: Lange Schatten. Aus dem Leben des Sohns eines chinesischen Grundbesitzers.] In: Die Presse, Spectrum (20. Februar 1999).

Vom Wunsch nach Eindeutigkeit. Einige Gedanken zur Doppelstaatsbürgerschaft und zu der aktuellen Debatte in Deutschland. [Essay.] In: Mit der Ziehharmonika 16 (1999), Nr. 1, S. 3 f.

Zur Heimkehr – wütendes und wildes Hundegebell. Rabbi Berl Edelsteins ironische Erinnerungen. [Rezension zu Rabbi Berl Edelstein: Schabbatnachmittage im Obstgarten. Zerbrochene Welten meiner chassidischen Kindheit.] In: Die Presse, Spectrum (30. Oktober 1999).

2000

Der Alte als Alter Ego. [Rezension zu Imre Kertész: Fiasko. Roman.] In: Wiener Zeitung (4. / 5. Februar 2000).

Alte Bekannte. [Essay.] In: Illustrierte Neue Welt. Wien (März / April 2000), Nr. 4, S. 17.

Eine Art Jüngstes Gericht in Bad Kranach. [Rezension zu Andrzej Szczypiorski: Feuerspiele. Roman.] In: Die Presse, Spectrum (7. Oktober 2000).

Aufzeichnungen eines Zuwanderers. [Kommentar.] In: Der Standard, Wien (3. März 2000).

Der »Gentleman« als Vertreter einer menschenverachtenden Ideologie. [Rezension zu Eva Menasse: Der Holocaust vor Gericht. Der Prozess um David Irving.] In: Die Presse, Spectrum (2. Dezember 2000).

Haiders Fanclub. [Essay.] In: Rheinischer Merkur (3. Mai 2000).

It's a white man's world. [Rezension zu Colson Whitehead: Die Fahrstuhl-inspektorin. Roman.] In: Die Presse, Spectrum (3. Juni 2000).

[Beitrag zu:] Kolloquium *Antisemitismus und österreichische Literatur*. [Essay.] In: Zwischenwelt 17 (2000), Nr. 1, S. 21 f.

»Lonely Rider« am Golan. [Rezension zu Robert Blunder: Falken des Friedens. Roman.] In: Wiener Zeitung (16. / 17. Juni 2000).

Schöner Preis. Würdige Preisträgerin. Leider kein Preisgeld. [Bericht.] In: Zwischenwelt 17 (2000), Nr. 2: Bukowina I, S. 71 f.

Tragische Verstrickungen. [Rezension zu Alexander Askoldow: Heimkehr nach Jerusalem. Roman.] In: Zwischenwelt 17 (2000), Nr. 4, S. 51.

2001

»Bei Bedarf an Bäume binden«. Ludwig Lahers literarische Dokumentation eines NS-Lagers. [Rezension zu Ludwig Laher: Herzfleischentartung. Roman.] In: Wiener Zeitung, Extra (13. Juli 2001).

Fern und nah, fremd und bekannt: Russland und Österreich in der gegensei-tigen Wahrnehmung. [Rezension zu: Russland – Österreich: literarische und kulturelle Wechselwirkungen. Hg. v. Johann Holzner u. a.] In: Literatur und Kritik 36 (2001), Nr. 355 / 356, S. 94–97.

Homo Zapiens statt Sovieticus. Viktor Pelewins deftige Satire auf das heutige Russland. [Rezension zu Viktor Pelewin: Generation P. Roman.] In: Wiener Zeitung, Extra (9. Februar 2001).

»Ich aber war niemandes Vorgesetzte«. Witzig, grotesk: A. Nothombs Roman über eine Europäerin in Japan. [Rezension zu Amélie Nothomb: Mit Stau-nen und Zittern. Roman.] In: Die Presse, Spectrum (17. Februar 2001).

»Immer die hartnäckigsten Andersdenkenden«. [Rezension zu Arthur Hertzberg: Wer ist Jude? Wesen und Prägung eines Volkes.] In: Die Presse, Spectrum (30. Juni 2001).

Ist alles schon gesagt? [Rezension zu Joshua Sobol: Schweigen. Roman.] In: Die Presse, Spectrum (6. Oktober 2001).

Statistik ist die eleganteste Lüge. Was der österreichische Schriftsteller Vladimir Vertlib über verschiedene Formen der Wahrheitsfindung und über Fernweh denkt. [Statement zum Thema.] In: Buchreport. Magazin 32 (2001), Nr. 8, S. 57.

2002

Erinnerung als Leitmotiv: Über Doron Rabinovicis Essayband *Credo und Credit*. In: Literatur und Kritik 37 (2002), Nr. 361 / 362, S. 98 f.

Der erste und der letzte Stein. [Rezension zu Edward W. Said: Das Ende des Friedensprozesses. Oslo und danach.] In: Die Presse, Spectrum (27. April 2002).

Freundlich, aber nebulos. Werner Morlangs Buch über Außenseiter der Literatur. [Rezension zu Werner Morlang: So schön beiseit. Sonderlinge und Sonderfälle der Weltliteratur.] In: Wiener Zeitung, Extra (4. Jänner 2002).

»Gibt es extra Hosen für Araber?« [Rezension zu Sayed Kashua: Tanzende Araber. Roman.] In: Die Presse, Spectrum (14. Dezember 2002).

»Das Heer von Teufeln ist schon ganz in der Nähe«. [Rezension zu Robert Haasnoot: Wahnsee. Roman.] In: Die Presse, Spectrum (2. März 2002).

Helden und Vorbilder. Isaiah Berlins Verbeugung vor den »großen Geistern« seiner Zeit. [Rezension zu Isaiah Berlin: Persönliche Eindrücke. Hg. v. Henry Hardy.] In: Zwischenwelt 19 (2002), Nr. 4: Aufklärung, Gegenaufklärung, S. 65.

Österreich und seine Nachbarn: Holt uns die Vergangenheit ein? [Essay, gemeinsam mit Karl-Markus Gauß.] In: FORMAT, Wien (28. Jänner 2002), S. 112.

Schwimmen mit Idi Amin. [Rezension zu Giles Foden: Der letzte König von Schottland. Roman.] In: Die Presse, Spectrum (15. Juni 2002).

Die Todesstrafe für den Besitz. Der Nazi-Vernichtungskrieg im Osten aus der Sicht eines Ukrainers. [Rezension zu Anatolij Kusnezow: Babij Jar. Die Schlucht des Leids. Roman.] In: Die Presse, Spectrum (2. März 2002).

Wird jemand hören, wenn ich protestiere? Antisemitismusdebatte: Ein Vergleich, ein Vorwurf und seine Folgen. [Essay.] In: Die WochenZeitung, Zürich (27. Juni 2002).

»Wüste an Wüste reihen«. [Essay.] In: Zwischenwelt 19 (2002), Nr. 4, S. 52 f.

Zielland Österreich. Flüchtlingsporträts. [Rezension zu Robert Schlesinger / Melita H. Šunjic: Flucht nach Österreich.] In: Zwischenwelt 19 (2002), Nr. 3: Über Flucht und Wiederkehr, S. 54 f.

2003

Der Fall Michael Scharang. Ist Marcel Reich-Ranicki ein »Blockwart«? – Eine Erwiderung. In: Die Presse, Spectrum (15. Februar 2003).

Klischees mit Turban. [Rezension zu Giles Foden: Sansibar. Roman.] In: Die Presse, Spectrum (6. Dezember 2003).

Ein Staat ohne Heimat. [Rezension zu Amira Hass: Gaza. Tage und Nächte in einem besetzten Land, sowie: Tom Segev: Elvis in Jerusalem: Die moderne israelische Gesellschaft.] In: Die Presse, Spectrum (5. Juli 2003).

Unser Schatten im Osten. In: Die WochenZeitung, Zürich (20. Oktober 2003).

Nachdruck in: Zwischenwelt 21 (2005), Nr. 3 / 4: Verborgte Sprache II, S. 50 f.

Versuch, niemand zu sein. [Rezension zu Mahi Binebine: Kannibalen. Roman.] In: Die Presse, Spectrum (7. Juni 2003).

[Ohne Titel:] »Was ich lese«. In: Die Presse, Spectrum (8. März 2003).

2004

Die bessere Sowjetunion. [Essay.] In: Zwischenwelt 21 (2004), Nr. 2: Atempause, S. 31 f.

Haartrockner unter der Decke. [Glosse.] In: SALZ 29 / IV (2004), Nr. 116: Spielformen der Liebe, S. 60.

Ich werde in Österreich bleiben. [Essay.] In: Morgen, Kulturberichte (2004), Nr. 1 / 2, S. 29–32.

Kreative Lösungen. [Glosse.] In: SALZ 30 / I (2004), Nr. 117: Klangtexte, S. 60.

Salzburg – Hallein. [Glosse.] In: SALZ 29 / III (2004), Nr. 115: Literatur aus Georgien, S. 67.

Schicksalsbilanz. In: Literatur und Kritik 39 (2004), Nr. 383 / 384: Einst & Jetzt, S. 58–61.

Sieben Runden Salz um den Kopf streuen. [Rezension zu: Leïla Marouane: Entführer. Roman.] In: Die Presse, Spectrum (29. Mai 2004).

Tausend Jahre Finsternis. [Rezension zu Amos Oz: Eine Geschichte von Liebe und Finsternis. Roman.] In: Die Presse, Spectrum (25. September 2004).

Und wie viele Panzer? [Rezension zu Usama Abu-Gosh: Der Jude der Juden. Roman.] In: Die Presse, Spectrum (10. Juli 2004).

Wenn die Zicke heißläuft. [Rezension zu Feridun Zaimoglu: Zwölf Gramm Glück. Erzählungen.] In: Die Presse, Spectrum (28. Februar 2004).

2005

Alptraum: Gott, Jungfrau und Paradies. [Rezension zu Sayed Kashua: Da ward es Morgen. Roman.] In: Die Presse, Spectrum (1. Oktober 2005).

Gute Reise! [Essay.] In: Die Presse, Spectrum (22. Jänner 2005).

Die heilige 34. [Rezension zu Viktor Pelewin: Die Dialektik der Übergangsperiode von Nirgendwoher nach Nirgendwohin. Roman.] In: Die Presse, Spectrum (8. Jänner 2005).

Jonglieren mit den Zehen. [Rezension zu Joshua Sobol: Whisky ist auch in Ordnung. Roman.] In: Die Presse, Spectrum (17. September 2005).

Mein erster Mörder. [Glosse.] In: SALZ 31 / I (2005), Nr. 121: 30 Jahre SALZ, S. 52.

Tote ohne Täter. Der erste Genozid des 20. Jahrhunderts: Vor 90 Jahren begann der Massenmord am armenischen Volk. [Bericht.] In: Die Presse, Spectrum (23. April 2005).

»Das Wasser des Schlafs noch im Mund«. [Rezension zu Robert Haasnoot: Steinkind. Roman.] In: Die Presse, Spectrum (25. Juni 2005).

2006

Deutschstunde und Russendisko. Für die Gemeinschaft: Wie sich aus einem kulturellen und sprachlichen »Zwischenraum« eine neue jüdische Identität entwickeln kann. [Essay.] In: Jüdische Allgemeine (30. November 2006).

Entre les mondes. [Übersetzung ins Französische v. Colette Strauss-Hiva.] In: Colette Strauss-Hiva: Lena Gorelik, Vladimir Vertlib, deux écrivains en quête d'identité. In: TENOUA revue bimestrielle du Mouvement Juif Libéral de France 120 (Juni / Juli 2006), S. 19–21, hier S. 21.

In weiter Ferne so nah. Gedenkwürdiger Tag: Wie aus der Erinnerung an die Schoa Bleibendes werden kann. Anmerkungen zum 27. Januar. [Essay.] In: Jüdische Allgemeine (26. Jänner 2006).

Jessica Durlacher: Daniel und die Terroristin. [Rezension zu Jessica Durlacher: Emoticon. Roman.] In: Die Presse, Spectrum (9. September 2006).

Meine Cousine in Haifa. Israels Ohnmacht und der Kreislauf von Trauer,

Wut und Vergeltung: ein privater Blick in den Nahen Osten. [Essay.]
In: Die Presse, Spectrum (22. Juli 2006).

Moralist wird Zyniker. [Rezension zu Norman G. Finkelstein: Antisemitismus als politische Waffe. Israel, Amerika und der Missbrauch der
Geschichte.] In: Die Presse, Spectrum (6. Mai 2006).

Satanisch gut – Bulgakows Meisterwerk *Der Meister und Margarita*. In:
vorspiel. Das Magazin des Wiener Burgtheaters 34 (März/April 2006),
S. 14 f.

2007

Ein Objekt und viele Fragen. [Zur Eröffnung der neuen Dauerausstel-
lung des Jüdischen Museums in Hohenems.] In: Die Presse, Spectrum
(28. April 2007).

»Es war einmal kein Zar«. [Essay.] In: Die Presse, Spectrum (10. März
2007).

Warum tötete die Frau? [Rezension zu Yasmina Khadra: Die Attentäterin.
Roman.] In: Die Presse, Spectrum (10. Februar 2007).

Wenn der Bus nicht explodiert. [Rezension zu Donna Rosenthal: Die Israelis.
Leben in einem außergewöhnlichen Land.] In: Die Presse, Spectrum
(12. Mai 2007).

Wenn man Angst hat. [Essay.] In: Die Presse, Spectrum (17. Februar 2007).

Interviews

Literatur auf dem Prüfstand. [Mit Porträt und Interview anlässlich des
Wettbewerbs um den Ingeborg-Bachmann-Preis 1999.] (Erstausstrahlung
im ORF in der Reihe *Treffpunkt Kultur*, 21. Juni 1999).

Elisabeth Attlmayr: Auf der Suche nach der schönen neuen Welt: Vladimir
Vertlib erzählt in seinem ersten Roman die Odyssee einer russisch-
jüdischen Familie, die es auf der Suche nach Freiheit durch Europa,
Amerika und Israel treibt. In: Tiroler Tageszeitung, Innsbruck (12. April
2000).

Wolfgang Beyer: Vladimir Vertlib. [Porträt und Interview.] (Erstausstrahlung
im ORF in der Reihe *Treffpunkt Kultur*, 26. März 2001).

Helga Bittner: Zunächst etwas Handfestes gelernt. In: Neuß-Grevenbroicher
Zeitung (28. Mai 2002).

Christian Pichler: »Will mir einen gewissen Idealismus bewahren«. In: Oberösterreichische Nachrichten (15. November 2002).

Wolfgang Malik: Interview mit Vladimir Vertlib. In: Ausblicke 8 (2003), Nr. 2, S. 21–23.

Schlussstrich oder Fragezeichen? Zur Zukunft des Erinnerns. Barbara Rett spricht mit dem Schriftsteller Vladimir Vertlib und dem Pianisten Paul Gulda. (Erstausstrahlung im ORF / Ö1, in der Reihe *Von Tag zu Tag*, 21. März 2003).

Saskia Schweiger: Reise zu meinen Wurzeln. In: nu (2004), Nr. 2, S. 15–18.

Sabine Strobl: Vom Leben in Zwischenräumen. In: Tiroler Tageszeitung, Innsbruck (25. Februar 2004).

Helmut Gollner: Erzählen ist eine Grundeigenschaft des Menschen. In: Ders.: Die Wahrheit lügen. Die Renaissance des Erzählens in der jungen österreichischen Literatur. Innsbruck / Wien: StudienVerlag 2005, S. 129–139.

Sprache als innere Heimat? Vladimir Vertlib zu Gast bei Stella Damm. (Erstausstrahlung im ORF / Ö1, in der Reihe *Von Tag zu Tag*, 16. Juni 2005).

Karin Feldbacher: »Kann nicht neutral sein«. Vladimir Vertlib spinnt aus realen Biografien berührende Geschichten. Im Interview spricht er über sein eigenes und fremder Leute Leben. In: Kleine Zeitung, Klagenfurt (13. März 2006).

Ellen Presser: Heimat im Zwischenbereich. In: Illustrierte Neue Welt 2006, H. 4 / 5, S. 8.

Dies.: »Weggefahren und nie angekommen«. Vladimir Vertlib über Heimat, Exil und Österreich. In: Jüdische Allgemeine, Beilage Jüdische Literatur (16. März 2006).

Ines Schütz: Vertlib im Gespräch. Live von der *literadio* Bühne auf der Leipziger Buchmesse 2006 (16. März 2006).

Nadja Tschistjakowa: Vladimir Vertlib. (= Heimat, fremde Heimat, 858; Erstausstrahlung im ORF 2, 14. Mai 2006).

Rezensionen und Sekundärliteratur (Auswahl)

Allgemeine Darstellungen

Claudia Ackermann: Tragische Geschichten mit Humor gewürzt. In: Backnanger Kreiszeitung (15. Juni 2005).

Tomáš Dimter: Vladimir Vertlib: portrét autora. In: Týdeník A2, Nr. 42 (11. Oktober 2006).

Tomas Gärtner: Suche nach Identität. In: Dresdner Neueste Nachrichten (4. Jänner 2006).

Ders.: Vladimir Vertlib hielt Poetik-Vorlesung im Blockhaus. In: Dresdner Neueste Nachrichten (11. Jänner 2006).

Ders.: Zu Hause im Grenzgebiet. Die Chamisso-Poetik-Vorlesungen von Vladimir Vertlib in Dresden. In: Dresdner Neueste Nachrichten (21. / 22. Jänner 2006).

Christa Gürtler: Zwischen Kulturen und Sprachen. Zur zeitgenössischen deutschsprachigen Literatur von Zsuzsanna Gahse bis Vladimir Vertlib. In: »Und gehen auch Grenzen noch durch jedes Wort«. Grenzgänge und Globalisierung in der Germanistik. Beiträge der Tagung in Ljubljana 2000. (= Stimulus 1, 2 / 2000.) Wien: edition praesens 2001, S. 107–115.

Erich Hackl: Die Sonne als letzter Freund. Bil Spira: verraten, verhaftet, vertrieben. [Rezension zu Bil Spira: Die Legende vom Zeichner. Hg. v. Konstantin Kaiser in Zusammenarbeit mit Vladimir Vertlib.] In: Die Presse, Spectrum (14. März 1998).

Ders.: Zu Vladimir Vertlib. In: querlandein. Schriftsteller stellen Texte von Schriftstellern vor. Aus Österreich. Hg. v. Angelika Klammer u. Jochen Jung. Salzburg: Residenz Verlag 1995, S. 46–48.

Wolfgang Hohmann: Der Versuch, die Welt festzuhalten. Wenn ein Volkswirt das Schreiben als seine Berufung empfindet: Ein Gespräch mit dem Autor Vladimir Vertlib. In: Fuldaer Zeitung (7. November 2002).

Konstantin Kaiser: Einer, der vom Erzählen erzählt. Über Vladimir Vertlib. In: Zwischenwelt 17 (2000), Nr. 2, S. 4 f.
Nachdruck unter dem Titel: Einer, der vom Erzählen erzählt. Laudatio auf Vladimir Vertlib. In: Jahrbuch 15. Hg. v. der Bayerischen Akademie der Schönen Künste. O.O.: Oreos 2001, S. 506–510.

Ders.: Von der Gültigkeit des Lebens. Vladimir Vertlib. Ein Autor, der vom Erzählen erzählt. In: Wiener Zeitung (27. April 2001).

Thomas Kraft: Der Jude und der Goi. Über den österreichischen Schriftsteller Vladimir Vertlib. In: Freitag (13. Mai 2005), S. 14.

Christine Lötscher: Wien und Welt. Vladimir Vertlib trainierte für Klagenfurt über den Dächern von Zürich. In: Tages-Anzeiger (11. Juni 1999).

Undine Materni: Leben im Zwischenraum. Der Autor Vladimir Vertlib erzählt mit feiner Ironie von der Suche nach Heimat. In: Sächsische Zeitung (11. Jänner 2006).

Bernd Noack: Mozart wollte fort, sie wollten bleiben. Auf den Spuren der

Friedmanns und Fürsts, der Ornsteins und Grindlingers: Das jüdische Salzburg. In: Frankfurter Allgemeine Zeitung (18. Januar 2006).

Martin G. Petrowsky: Suche nach Heimat. Eine Begegnung mit Arthur Schnitzler und Vladimir Vertlib. In: Der literarische Zaunkönig 2 (2004), S. 25–28.

Werner Rauschenbach: Odyssee in Zeiten des Friedens. In: Signum. Blätter für Literatur und Kritik 4 (Winter 2003), S. 122 f.

Rosamunde von der Schulenburg: Ein Dreigroschendasein. [Rezension zu Bil Spira: Die Legende vom Zeichner. Hg. v. Konstantin Kaiser in Zusammenarbeit mit Vladimir Vertlib.] In: Frankfurter Allgemeine Zeitung (5. März 1998).

Katrin Sorko: Die Literatur der Systemmigration im Kontext der »fünften deutschen Literatur«. In: Gender und Migration. Zwischen Kapitalverwertung, diskursiver Legitimation und sprachlicher Normierung. Fünftes DoktorandInnenseminar der Rosa-Luxemburg-Stiftung. Hg. v. Andrea Nachtigall, Birgit zur Nieden u. Tobias Pieper. (= Manuskripte, 62.) Berlin: Dietz-Verlag 2006, S. 40–69.

Colette Strauss-Hiva: Lena Gorelik, Vladimir Vertlib, deux écrivains en quête d'identité. In: TENOUA revue bimestrielle du Mouvement Juif Libéral de France 120 (Juni / Juli 2006), S. 19–21.

Wolfgang Unger: Unbehaustheit und Sehnsucht nach Heimat. Rede zur Verleihung des Förderungspreises für Literatur an Vladimir Vertlib. In: Zwischenwelt 17 (2000), Nr. 2, S. 5–7.

Rezensionen und Aufsätze zu *Abschiebung*

Edwin Hartl: Ende in Salzburg. Vladimir Vertlibs Debüt. In: Salzburger Nachrichten (29. April 1995).

Klaus Kastberger: Ich denke an Beine und gehe auf die Toilette. Abenteuer mit Sicherheitsnetz: Vladimir Vertlibs Erzähldebüt ist ein kleines Versprechen. In: Die Presse, Spectrum (22. April 1995).

Hans-Peter Kunisch: Nicht Israel! Vladimir Vertlibs Erstling *Abschiebung*. In: Neue Zürcher Zeitung (30. Juni 1995).

Tim Schomacker: Vladimir Vertlib: Abschiebung. In: GrauZone. Zeitschrift über neue Literatur (1997), Nr. 4, S. 35.

Franz Zeller: Von Leningrad über Washington nach Salzburg. Vladimir Vertlib – ein neuer österreichischer Erzähler. In: Literatur und Kritik 30 (1995), Nr. 295 / 296, S. 97 f.

Kirstin Breitenfellner: »Holloraitulijootuliahiii«. In: Falter, Wien (19. März 1999), Nr. 11, S. 69.

Karl-Markus Gauß: Die große Wanderung. Vladimir Vertlibs Roman *Zwischenstationen*. In: Literatur und Kritik 34 (1999), Nr. 337 / 338, S. 77 f.

Ders.: Auftritt des Erzählers Vladimir Vertlib. Der Roman *Zwischenstationen* – ein Ereignis. In: Neue Zürcher Zeitung (18. März 1999).

Anne Goebel: Probleme eines gelernten Österreichers. In: Süddeutsche Zeitung (2. März 2000).

Michaela Hasenauer: Eine Geschichte von vielen Geschichten. In: Mit der Ziehharmonika 12 (1999), Nr. 1, S. 34.

Thomas Kraft: Der Führer im Schrank. Jüdisches Leben im Zickzackkurs. Vladimir Vertlibs Romandebüt. In: Der Tagesspiegel (5. Dezember 1999).

Ders.: Nicht für jeden ist Platz in der Schachtel. Schelmen-Odyssee: eine russische Migranten-Familie auf Irrfahrt durch ihre »Wunschländer«. In: Der Tagesspiegel (9. Jänner 2000).

Anna Mitgutsch: Odyssee durch Zwischenräume. Der 33jährige Vladimir Vertlib beschreibt die Unbehaustheit seines Lebens. In: Der Standard, Wien (10. Juli 1999).

Wolfgang Paterno: Gelobtes Land. Vladimir Vertlibs Roman *Zwischenstationen*. In: Profil, Wien (7. Juni 1999), S. 226 f.

Georg Patzer: Vom Auswandern, Einwandern und anderen Erlebnissen in der Fremde. In: Stuttgarter Zeitung (24. März 2006).

Linda Stift: Westwärts, südwärts, ostwärts. In: Wiener Zeitung (26. / 27. Februar 1999.)

Robert Streibel: Ein russischer Jude sieht Wien. In: Die Furche (8. Juli 1999), S. 13.

Heimo Strempfl: Haargenau am Nerv der Zeit. Der Auftritt des Erzählers Vladimir Vertlib. In: Kleine Zeitung, Klagenfurt (29. April 1999).

Ariane Thomalla: Endstation Österreich. Exilodyssee. In: Freitag (18. Februar 2000), S. 16.

Elisabeth Tschiemer: Stationen dazwischen. In: Die Weltwoche (24. Juni 1999), S. 56.

Alois Vogel: Was ich lese. In: Die Presse, Spectrum (24. Juli 1999).

Anne M. Zauner: Vladimir Vertlib: Zwischenstationen. In: http://www. literaturhaus.at/buch/buch/rez/vertlib/. (18. August 1999).

Gerhard Zeillinger: Ein ironisches »Holloraitulijöötuliahiii« trotz allem –

Souverän erzählte Chronik skurriler Verhältnisse. In: Die Presse, Spectrum (30. April 1999).

Rezensionen und Aufsätze zu *Das besondere Gedächtnis der Rosa Masur*

Elisabeth Attlmayr: Die Macht der Erinnerung. In: Tiroler Tageszeitung, Innsbruck, Beilage Magazin (4. August 2001).

Hans Auinger: Ein Jahrhundert-Roman. In: Salzburger Nachrichten, Beilage Wochenende (25. August 2001).

Martin Ebel: Immer gegen die Juden. Vladimir Vertlib (er)findet ein russisches Leben. In: Neue Zürcher Zeitung (2. August 2001).

Christa Gürtler: Hineingelesen: Vladimir Vertlib: Das besondere Gedächtnis der Rosa Masur. In SALZ 26 (2001), Nr. 104, S. 9.

Alexander Kissler: Miss Jahrhundert. Vladimir Vertlibs Rejsele erzählt. In: Frankfurter Allgemeine Zeitung (23. Juni 2001).

Wolfgang Malik: *Das besondere Gedächtnis der Rosa Masur*. Eine Besprechung. In: Ausblicke 8 (2003), Nr. 2, S. 21–23.

Evelyn Ebrahim Nahooray: *Das besondere Gedächtnis der Rosa Masur*. In: David, Wien 3 (2002), Nr. 52, S. 48.

Georg Patzer: Fremde in Multikultistan. Der erste Roman über GUS-Juden in Deutschland. In: Jüdische Allgemeine Wochenzeitung (26. April 2001).

Georg Pichler: Tapeten von den Wänden kratzen. In: Die Presse, Spectrum (28. April 2001).

Karin Pollak: *Das besondere Gedächtnis der Rosa Masur*. In: Profil, Wien (19. März 2001), S. 143.

Werner Schuster: Mit Stalin schlafen. Vladimir Vertlibs verunsichernder Roman *Das besondere Gedächtnis der Rosa Masur*. In: Der Standard, Wien, Beilage Album (10. März 2001).

Sabine E. Selzer: Alibi- und Powerfrau. Jüdisches Schicksal, gebrochen durch Ironie = Vladimir Vertlib. In: Die Furche, Wien (12. Juli 2001), Nr. 28, S. 18.

Günther Stocker: Aus dem Zeitalter der Extreme: Vladimir Vertlibs neuer Roman. In: Literatur und Kritik 36 (2001), Nr. 355 / 356, S. 91–93.

Sebastian Wogenstein: Topographie des Dazwischen: Vladimir Vertlibs *Das besondere Gedächtnis der Rosa Masur*, Maxim Billers *Esra* und Thomas Meineckes *Hellblau*. In: Gegenwartsliteratur. Ein germanistisches Jahrbuch. Hg. v. Paul Michael Lützeler u. Stephan K. Schindler. Tübingen: Stauffenburg 2004, S. 71–96.

Rezensionen und Aufsätze zu *Letzter Wunsch*

David Axmann: Ein Sohn sucht seine Identität: Vladimir Vertlib über den letzten Wunsch eines jüdischen Vaters. In: Wiener Zeitung, Extra (10. Oktober 2003).

Karl-Markus Gauß: Rat vom Rabbi. In: Die Presse, Spectrum (4. Oktober 2003).

Helmut Gollner: Neues aus Gigricht. In: Falter, Wien (16. Jänner 2004), S. 60.

Stephan Hofer: Vom Leben. Und Sterben. In: PROGRESS, Wien (2004, 2), S. 28.

Wolfgang Hohmann: Leben und Sterben in Gigricht. In: Fuldaer Zeitung (28. Februar 2004).

Wolfgang Huber-Lang: Groteske um einen Toten: Zwischen Schelmenroman und Tragödie: Vladimir Vertlib. In: Vorarlberger Nachrichten, Bregenz (11. Oktober 2003).

Paul Jandl: Tote wandern nicht aus. In: Neue Zürcher Zeitung (13. Jänner 2004).

Anna Kubesch: Vladimir Vertlib: Letzter Wunsch. In: Die Gemeinde, Wien 2 (2005), Nr. 571, S. 58.

Martin Link: Das Lachen über offenem Grab. In: Kleine Zeitung, Klagenfurt (11. Oktober 2003).

Friederike Rittberg: Vertlib, Vladimir: Letzter Wunsch. In: Neue Wiener Bücherbriefe (2004), Nr. 3, S. 18.

Sabine E. Selzer: Von den letzten Dingen. In: Die Furche, Wien, Beilage buchlese (20. November 2003).

Helmut Sturm: Kein Platz für den Toten. Der Roman *Letzter Wunsch* von Vladimir Vertlib um »Nicht-Arier-Nachweise«. In: Salzburger Nachrichten, Beilage LEBENSart (29. November 2003).

Michael Wuliger: Wie in einem Spiegel. In: Jüdische Allgemeine Wochenzeitung (27. November 2003).

Gerhard Zeillinger: Kann Tradition bloß Borniertheit sein? Zu Vladimir Vertlibs Roman *Letzter Wunsch*. In: Literatur und Kritik 39 (2004), Nr. 381/382, S. 96–98.

Rezensionen und Aufsätze zu *Mein erster Mörder*

Verena Auffermann: Im richtigen Land zu der falschen Zeit mit der falschen Sprache. In: Süddeutsche Zeitung (2. November 2006).

David Axmann: Ein gastfreundlicher Totschläger. Drei literarisierte »Lebensgeschichten« von Vladimir Vertlib. In: Wiener Zeitung, Extra (11. März 2006).

Sabine Berkin: Unter der Käseglocke. Geschichtsexhumierung: Die Geschichten von Vladimir Vertlib. In: Frankfurter Allgemeine Zeitung (3. April 2006).

Leo Federmair: Geschichten aus der Geschichte des 20. Jahrhunderts. In: Literatur und Kritik 41 (2006), Nr. 403/404, S. 73 f.

Adam Olschewski: Vergangenheit, die nicht vergeht. In: Neue Zürcher Zeitung (15./16. April 2006).

Georg Patzer: Die Pfeife als Mordwerkzeug. In: literaturkritik.de, Nr. 7 (Juli 2006); http://www.literaturkritik.de/public/rezension.php?rez_id=9659.

Evelyne Polt-Heinzl: Wenn der Täter Retter wird. Geschichten von Flucht und Verfolgung. In: Die Presse, Spectrum (5. August 2006).

Friederike Rittberg: Vertlib, Vladimir: Mein erster Mörder. In: Neue Wiener Bücherbriefe (2006), Nr. 2, S. 12.

Barbara Ruhsmann: Suchbewegungen. In: Die Furche, Wien, Beilage BÜCHERfrühling (20. April 2006), Nr. 16, S. VI.

Martin Sander: Zwischen politischer Willkür und Schicksal. In: Deutschlandradio Kultur. Radiofeuilleton: Buchkritik. (19. Juni 2006). Vgl.: http://www.dradio.de/dkultur/sendungen/kritik/511442/.

Klaus Zeyringer: »Nach dem Endsieg zu verbüßen«. Vladimir Vertlibs eindrucksvoller Erzählband. In: Der Standard, Wien (11. März 2006).

Annette Teufel / Walter Schmitz

WAHRHEIT UND »SUBVERSIVES GEDÄCHTNIS«
Die Geschichte(n) von Vladimir Vertlib

> »Sehe ich so aus, als würde ich solche Geschichten erfinden?«
> (*Das besondere Gedächtnis der Rosa Masur*)

Maskenspiele: »Die Erfindung des Lebens als Literatur«

Wer die Geschichten von Vladimir Vertlib kennt, meint den Autor zu kennen. Insbesondere *Abschiebung* (1995), Vertlibs erste selbstständig publizierte Erzählung, und sein erster Roman, *Zwischenstationen* (1999), sind oft und nachhaltig als Autobiographien missverstanden worden. Die äußeren Parallelen zwischen den erzählten Geschichten und Vertlibs eigener Biographie – die frühe »Vertreibung aus dem Paradies der Großfamilie« (S. 92),[1] zehn Jahre der Suche nach einer Heimat und das allgegenwärtige Drama des Kindes in jener Kleinfamilie, die nie und nirgendwo anzukommen vermag – waren leicht zu entdecken. So schien es nahe zu liegen, den Ich-Erzähler der literarischen Texte kurzerhand mit dem Autor und Gehalt wie Ton des Erzählens als schlichtweg »authentisch« zu »identifizieren«. Diese Lesart, gegen die sich Vertlib immer verwahrte, hatte ihm schon die Ablehnung seines ersten Romanmanuskripts durch den Berliner Fest-Verlag eingetragen: »Für eine Autobiographie [...] sind Sie mit zweiunddreißig doch noch zu jung«,[2] lautete die für dieses Missverständnis bezeichnende Begründung. Allerdings – wer im Alter von fünfzehn Jahren zehn Umsiedlungen und drei Sprachwechsel erlebt (und wohl auch erlitten) hat, dem sollte man zugestehen, etwas zu erzählen zu haben.

Wenn sich das, was Vladimir Vertlib zu erzählen hat, auch nicht im Autobiographischen erschöpft, so ist die Biographie des Autors dennoch eine Prämisse seines Erzählens. »Israel – Österreich – Ita-

---

1 Zitate aus der Poetikdozentur werden im folgenden durch bloße Angabe der Seitenzahl im vorliegenden Text nachgewiesen.
2 Vladimir Vertlib: Der Autor und sein Alter. In: Verlagsführer Österreich. Hg. v. Elisabeth Meixner u. a. Wien: Buchkultur 2001, S. 27–29, hier S. 29.

lien – Österreich – Niederlande – wieder Israel – wieder Italien – wieder Österreich – USA – und schließlich endgültig Österreich« (S. 13) – heißen die Stationen der häufig als ›Odyssee‹ bezeichneten Irrfahrt des jungen Vertlib, deren Ziel allerdings – im Unterschied zu dem anzitierten mythologischen »Vorbild« – keineswegs feststand, sondern das permanent ausgewechselt, fast möchte man sagen: verwechselt wurde. Von seinen Eltern, erinnert sich Vertlib, wurde ihm stets »suggeriert, das Glück liege an einem anderen Ort, jedenfalls nicht dort, wo ich mich gerade aufhalte.«[3] Der Notwendigkeit einer Sozialisation dürfte so die immer erneute Erfahrung von deren Nutzlosigkeit entgegen gestanden haben. Das Gefühl, nicht willkommen zu sein, nicht verstanden zu werden – und nicht zu verstehen –, lässt sich nicht still stellen, wo Länder, Schulen und Sprachen beinah im Jahrestakt ausgetauscht werden. Jeder Versuch einer Annäherung musste insofern a priori zum Scheitern verurteilt sein. »Man kennt sich nicht aus bei den Eingeborenen«, hält Vertlib im Rückblick aus der Perspektive des Kindes fest. »Sie sind eben Wilde.«[4] Am Tiefpunkt dieser Erfahrungen stehen Schubhaft und Abschiebung, begleitet von jenem unmissverständlichen Fluch einer Beamtin der amerikanischen Einwanderungsbehörde: »Unser Flugzeug möge abstürzen, meinte sie«,[5] damit sie dieser Familie nie wieder begegnen müsse. Vielleicht schreibt sich von diesen Worten ein Trauma her, welches das Leben als Überleben und das Überleben als Zufall erscheinen lässt, wenigstens zeitweise. – Sein Vater, berichtet Vertlib, habe ihm einmal im Scherz gesagt, »er habe mir durch seine Fehler und Neurosen, die ja der Grund für unsere gescheiterten Emigrationsversuche gewesen sind, einen Erfahrungsschatz verschafft, von dem jeder andere Autor nur träumen könne. Aber ich«, so Vladimir Vertlib, »träume heute noch davon.«[6]

Die Kindheit als Alptraum, der auch »im wachen Zustand« allgegenwärtig ist. »Emigration und Exil« sind Vertlib zufolge »nie wirklich zu Ende«; wer sie durchleben musste, bleibt »dazu verdammt, bestimmte Erlebnisse immer wieder abzurufen und nachzuspielen.«[7] Hier mag

---

3 Wolfgang Malik: Interview mit Vladimir Vertlib. In: Ausblicke 8 (2003), Nr. 2, S. 21–23, hier S. 22.
4 Vladimir Vertlib: Ich und die Eingeborenen. In: Literatur und Kritik 30 (1995), Nr. 299, S. 54–57, hier S. 55.
5 Ders.: Gute Reise! In: Die Presse, Spectrum (22. Januar 2005).
6 Ders.: Träume. Essay. In: Zwischenwelt 18 (2001), Nr. 4: Lebenswege, S. 29 f., hier S. 29.
7 Ebd., S. 29 f.

einer jener Gründe zu suchen sein, aus denen Vertlib nicht sofort
bereit war, den prekären Status des Emigranten durch »den permanenten Ausnahmezustand eines Lebens als freiberuflicher Schriftsteller«
(S. 121) zu ersetzen, und weshalb er statt dessen zunächst einmal »etwas
Handfestes erlernen wollte« – letzteres, wie er einschränkt, »auch auf
Drängen meiner Eltern.«[8] Obwohl sein »Wunsch, Schriftsteller zu
werden«, sich bereits in Amerika, »im Alter von 14, 15, 15 ½ Jahren […]
zu entwickeln begann«,[9] erscheint Vertlibs Werdegang, seinem Vorsatz
entsprechend, zunächst unauffällig, beinahe so, als habe es nie jene
›Zwischenstationen‹ gegeben: Geboren 1966 in Leningrad, Besuch der
Volksschule und des Gymnasiums in Wien, 1984 – altergemäß, ohne
Verzögerung – Matura, anschließend Studium der Volkswirtschaftleh-
re, das 1989, also abermals in der Regelzeit, erfolgreich abgeschlossen
wird. Es folgen Zivildienst und verschiedene Anstellungen – bei einer
Versicherung und einer Bank, der erworbenen Ausbildung gemäß.
Geschrieben hat Vertlib in diesen Jahren zwar auch, aber nur »neben-
bei«. Als er sich schließlich dafür entschied, seine »Erlebnisse als Kind
und als Jugendlicher zu reflektieren«, »sie zu Literatur zu verdichten«
(S. 22) und damit an die Öffentlichkeit zu treten, lag seine Emigration
beinah fünfzehn Jahre zurück. Präsent waren die Verletzungen, die der
heimatlos Heranwachsende auf jener Irrfahrt erlitten hatte, geblieben.
Was er jedoch in *Abschiebung* und seinem Roman *Zwischenstationen*
– obschon aus der Ich-Perspektive – am Ende schilderte, konnte nur
mehr bruchstückhaft und durch die Erinnerung gefiltert festhalten, was
er selber einmal erlebt hatte. Das Ich war zum fiktiven Ich, das Erlebnis
zur Er-Findung geworden – ein Verfahren, das Vertlib schon früh, als
Schreiber von Tagebüchern, erprobt hatte:

Ich versuchte, alles festzuhalten, was ich nie mehr vergessen wollte.
Doch was ich vergessen musste, vergaß ich schließlich trotzdem, und
was ich aufschrieb, war bald keine Chronik mehr. Die Wirklichkeit
erschien mir als karge und trockene Oberfläche dessen, was ich als
eigentliche Wahrheit hinter der Wirklichkeit zu erkennen glaubte. Es
war nicht allzu schwer, zu dieser Wahrheit vorzustoßen. Ich brauchte
sie nur zu erfinden. Dabei gab ich selten dem Wunsch nach, die Er-

8   Helga Bittner: Zunächst etwas Handfestes gelernt. [Interview mit Vladimir
Vertlib.] In: Neuß-Grevenbroicher Zeitung (28. Mai 2002).
9   Vladimir Vertlib: Erzählen ist eine Grundeigenschaft des Menschen. In: Helmut
Gollner: Die Wahrheit lügen. Die Renaissance des Erzählens in der jungen österreichischen Literatur. Innsbruck/Wien: StudienVerlag 2005, S. 129–139, hier S. 130.

eignisse so niederzuschreiben, wie ich sie gerne erlebt hätte. Mogeln wollte ich nicht. Phantasie war eine ernste Angelegenheit. (S. 23)

Schon am Beginn seiner Autorschaft stand ein doppelter Akt der Verfremdung und Distanzierung: die Übersiedlung von Wien nach Salzburg – und die Übersetzung der Tagebücher aus seiner Muttersprache, dem Russischen, in eine Fremdsprache, in der »[k]ein einziges […] Wort […] für mich seine Fremdheit zur Gänze verloren« (S. 59) hat. Der Begriff der Fremdheit ist in diesem Fall durchaus ambivalent, also auch positiv besetzt, weil sie dem Schreibenden eine Distanz zu seinen Erlebnissen zu verschaffen vermochte. Die sprachliche und räumliche Distanzierung ermöglichte es ihm, nicht aus dem Zentrum des Traumas heraus, in welchem Schweigen herrscht, zu erzählen, sondern sich ihm von den Rändern, von der Peripherie her, anzunähern, auf dem Umweg über das Deutsche und eben von Salzburg aus: [10]

Hier finde ich die nötige Distanz zu mir selbst, denn im Unterschied zu Wien, Boston oder Rom ist für mich Salzburg »neutrales Territorium«, mit dem ich keine Erinnerungen an Kindheit, Emigration oder an erlittene Verletzungen verbinde. Ich kann niederschreiben, was mich bewegt, ohne von meinen Emotionen überwältigt zu werden.

Das Spiel mit Verfremdungen und mit Masken ist konstitutiv für Vertlibs Erähluniversum, es bestimmt die Struktur und Motivik seiner literarischen Texte. Bereits *Abschiebung* spielt geschickt mit den möglichen Perspektiven auf die erzählte Geschichte, denn der Erzähler führt statt eines gleich drei verschiedene Tagebücher – in zwei verschiedenen Sprachen: [11]

Eines, das ich vor den amerikanischen Behörden versteckte und dessen Platz […] meinem Vater bekannt war, ein zweites, das ich vor ihm verbarg, lag auf dem Dachboden. Ein drittes schließlich, das ich in einem holprigen Englisch zu schreiben versuchte und das meine intimsten Gedanken enthielt, war als Schulheft getarnt.

---

10 Ders.: »Jude, wie interessant!« – »A Jew, how interesting!« In: Juden in Salzburg. History. Cultures. Fates. Hg. v. Helga Embacher. Salzburg: Pustet 2002, S. 104–111, hier S. 110 f.
11 Ders.: Abschiebung. Salzburg: Otto Müller Verlag 1995, S. 18 f.

Aus welchem der Tagebücher sich der Erzähler gerade bedient, bleibt zumeist unklar, und wo der Leser trotzdem in Versuchung gerät, das Geschriebene als das Authentische anzunehmen, bricht Vertlib unerwartet die Illusion: »Soweit die Version im ›zweiten‹ Tagebuch«, [12] kommentiert sein Ich-Erzähler, richtiger: einer der Ich-Erzähler. Denn der Erzähler tritt allemal in Masken, in Rollen auf. Im Schutz der Masken erprobt er potenzielle Identitäten, die aus jeweils verschiedenen Perspektiven aus der Geschichte, welche der Held erleidet, erwachsen könnten: auf verständliche – vielleicht: allzu verständliche – Weise. Insofern sind die Maskierungen seines Erzählers zugleich ein ironisches Spiel mit Klischees: Dass sich der Heimatlose nach Heimat sehnt, leuchtet ein – und dass der Erzähler sich angesichts seiner Erfahrungen – »*In Deutschland bin ich immer ein Außenseiter gewesen*« [13] – eine Rückkehr nach Israel wünscht, scheint beinahe ebenso selbstverständlich zu sein. Bei Vertlib jedoch darf man sich nirgends auf solche »Selbstverständlichkeiten« verlassen. Auf die pathetische Klage folgt unmittelbar der ironische Kommentar: »In meinen Tagebüchern«, lesen wir, »gefiel ich mir sehr in der Rolle des sterbenden Schwans.« [14] – Dieses Trugbild des Selbstverständlichen wird immer wieder – in scheinbarer Naivität des Erzählens – aufgebaut und sodann, eine allzu naive Gutgläubigkeit der Lektüre verstörend, aufgedeckt. So wird jede verlässliche Version der Geschichte zweifelhaft; die Einsicht in die »Uneindeutigkeit und Widersprüchlichkeit der Welt« (S. 39) ist das Resultat dieses Erzählens – und seine Prämisse zugleich.

Das Spiel mit Masken hat bei Vertlib allerdings nichts mit jenem Spiel mit Identitäten zu tun, wie es die so genannte ›Postmoderne‹ kultivierte. Vertlib ist ein moderner, kein postmoderner Erzähler. Die Masken, in denen der Ich-Erzähler sich präsentiert, sind dessen einzig vermittelbare, wenngleich instabile Identität: ›Ich ist ein anderer‹, [15] in jeder neuen Situation. Dieses – später fast inflationär genutzte – Leitzitat, wie es Arthur Rimbaud der Bewegung der ›Moderne‹ mitgegeben hatte, stiftet für Vertlib, auch wenn er es nur gelegentlich einsetzt, [16] vor allem eine Erfahrungsgemeinschaft mit der Katastrophe europäischer Humanität

---

12   Ebd., S. 32.
13   Ebd., S. 45. [Kursiv im Original.]
14   Ebd., S. 45.
15   Vgl. das berühmte Zitat von Arthur Rimbaud in den *Lettres du Voyant*, welches Imre Kertész als Motto seinem Buch *Ich – ein anderer* vorangestellt hat.
16   Es kommt ihm so vor, wie es mit einer Kennformel der Moderne heißt, »als wäre ich ein anderer«. Vgl. Vladimir Vertlib: Letzter Wunsch. Wien: Deuticke Verlag 2003, S. 150.

und damit der Identität Europas im Zwanzigsten Jahrhundert: dem Jahrhundert der totalitären Verfügung über den Menschen. Wie Imre Kertész, der als Jugendlicher eine Odyssee durch das Universum der nationalsozialistischen Vernichtungslager überlebt hatte und dessen Œuvre sich aus diesem Überleben ohne Leben in immer neuen Facetten entwickelt, geht es auch Vertlib um »ein Erkunden von Situationen im Spiegel von Alterität«. [17] Und wie bei Kertész ist dieses Erkunden kein Spiel: Es ist die einzig mögliche Antwort auf eine Verletzung, welche die Einheit des Ichs nicht in einem spielerisch-postmodernen Sinn aufhebt, sondern existenziell zerstört. »Jenes ›andere Ich‹ aus der Vergangenheit«, schreibt Vertlib über Kertész' Essay *Ich – ein anderer*, [18]

> wird das Ich der Gegenwart nie loslassen. […] Auf alte Identitäten festgelegt, deren Eindeutigkeit ihm abhanden gekommen ist, deren Last er abschütteln möchte, wünscht sich der Autor jene befreiende Veränderung, die, wie er schließlich erkennt, nie wirklich möglich sein kann und die in letzter Konsequenz nur der Tod bringen wird.

Vertlibs eigenes Maskenspiel stiftet in ähnlicher Weise allenfalls temporär gültige Identitäten. Was der Erzähler dadurch trotzdem gewinnt, ist eine gewisse Distanz zu jenen Verletzungen, die, wie auch Vertlib zeigt, nicht mitgeteilt werden können: »Bestimmte Teile des Gesprächs«, so abermals sein Erzähler, »versuchte ich so schnell wie möglich zu vergessen, sogar in meinem intimsten Tagebuch blieben die Eintragungen kryptisch.« [19]

Distanz ist auch jener Begriff, mit dem sich die Erzählperspektive des zweiten Buches von Vladimir Vertlib, *Zwischenstationen*, am ehesten fassen lässt. »Vertlib«, so hat Karl-Markus Gauß festgestellt, »weiß gerade […] dadurch zu bewegen, dass er in der Düsternis Witz und Daseinslust aufleuchten lässt, seine Erzählung frei von moralisierendem Kommentar hält und das Geschehen immer wieder in ironische Distanz rückt.« [20] Der Roman ist keineswegs durchgängig, wie vielfach behauptet wur-

---

17 Walter Schmitz / Annette Teufel.: ›… immer ist Auschwitz präsent‹. Zur Reflexion der vorgetäuschten Wende in Imre Kertész' ›Roman‹ *Ich – ein anderer*. In: Erinnerte Shoah. Die Literatur der Überlebenden / The Shoah Remembered. Literature of the Survivors. Dresden: Thelem 2003, S. 356–381, hier S. 365.
18 Vladimir Vertlib: Die Leichtigkeit der Last. [Rezension zu Imre Kertész: Ich – ein anderer.] In: Wiener Zeitung (26. Juni 1998).
19 Vertlib, Abschiebung (wie Anm. 11), S. 41.
20 Karl-Markus Gauß: Die große Wanderung. Vladimir Vertlibs Roman *Zwischenstationen*. In: Literatur und Kritik 34 (1999), Nr. 337 / 338, S. 77 f., hier S. 77.

de,[21] aus einer kindlichen Perspektive heraus geschrieben. Er ist kein Schelmenroman, in dem der Leser den Erlebnissen eines Kindes folgt, die dieses noch nicht – oder nicht »richtig« – beurteilen kann. Vielmehr zeigt der Erzähler deutlich, dass die Geschichte aus der Distanz, aus der fiktiven Gegenwart heraus, erzählt und im Nachhinein arrangiert wird: »Und da geschah das für mich als Kind Unvorstellbare«, heißt es etwa, »das auch heute noch verfremdet wie ein Film im Zeitlupentempo abläuft«; »[n]ur mit viel Überwindung gelingt es mir, die Bilder jenes Abends vor meinen Augen wieder zu einer Szene zu arrangieren.«[22] Wir befinden uns also nicht auf einer kindlichen Reflexionsebene, auf der der Erzähler nicht sehen und wissen kann, was der Leser sieht und weiß. Der hier spricht, ist ein Erwachsener. Aus dieser Tatsache erwachsen jene bestürzenden Diskrepanzen, aus denen heraus der Text erzählt ist: Denn der Erzähler breitet seine Geschichte – die doch so offenkundig seine eigene ist – mit der neutralen Distanziertheit eines Beobachters aus. Als sei er ein anderer, ein Fremder, der, um höchste Genauigkeit bemüht, eine Geschichte erzählt, die zu bewerten er sich – aus welchen Gründen auch immer – enthält oder aber nicht zugesteht. Als sei es ihm möglich, sich zu enthalten. Oder als sei es ihm – im Gegenteil – unmöglich, sich ihr gegenüber zu positionieren. Diese Neutralität des Erzählers, die sich gewiss als Versuch, aus der Geschichte herauszutreten – ein anderer zu sein – lesen lässt, die aber zugleich ein sublimes Einverständnis mit einer an sich unerträglichen Geschichte signalisiert, stiftet jene Diskrepanz zwischen Erzählung und Ton, auf der die Wirkung von Vertlibs Roman *Zwischenstationen* zu keinem geringen Teil beruht. Sie ist zweifellos eine seiner entschiedenen Stärken.

Am Ende, scheint es, gelingt dem Ich-Erzähler doch noch der Ausbruch aus »seiner« Geschichte. Die Irrfahrt, die nach der »wirklichen Heimat« suchte, wird abgebrochen – oder richtiger: sie wird in den Prozess des Schreibens verlagert, wird gleichsam durch diesen ersetzt. Schreiben ist für Vladimir Vertlib eine Grenzerfahrung in Permanenz – ohne Ankunft, so wie das letzte Kapitel der *Zwischenstationen* denn auch bezeichnenderweise den Titel *Abfahrt* trägt: Man lebt ja in einem »Provisorium«,[23] in einer »Zeit des Übergangs«, weiß noch der Erzähler seines

---

21 Vgl. u. a. Robert Streibel: Ein russischer Jude sieht Wien. [Rezension zu *Zwischenstationen*.] In: Die Furche (8. Juli 1999), S. 13, wo Vertlibs Erzähler u. a. mit Günter Grass' Oskar Matzerath verglichen wird.

22 Vladimir Vertlib: Zwischenstationen. München: dtv 2005, S. 47 u. 45.

23 Vgl. Vertlib, Letzter Wunsch (wie Anm. 16), S. 34 u. 82.

Romans *Letzter Wunsch* zu berichten. In *Zwischenstationen* ist es einzig der Vater, der glaubt, der jeweils letzte Übergang führe zum Ziel – und die ersehnte Zukunft sei dann nicht länger utopisch, sondern werde endlich real: Er wartet, so wirft seine Frau ihm vor, »›auf die Zukunft‹«, »›[…] als würde er einem Regenbogen nachlaufen oder seinen eigenen Schatten fangen wollen.‹«[24] Die hier genannten Kennmotive weisen den Vater zum einen als einen Märchenhelden aus – denn nur dort, im Märchen und nicht in der Wirklichkeit, findet man am Fuße des Regenbogens den Schatz –; zum anderen aber wird der Vater als Variation jenes Peter Schlemihl erkennbar, der seinen Schatten sucht – einer Figuration jüdischer Ausgrenzung also seit Chamissos berühmter Erzählung. Spätestens seit der Stiftung des *Adelbert-von-Chamisso-Preises* für die Literatur von AutorInnen nicht deutscher Muttersprache im Jahr 1985 wird er jedoch zugleich zu einer Kennfigur einer Poetologie des Migrantischen. Der Ich-Erzähler der *Zwischenstationen* hat die Irrfahrt durch die Welt abgebrochen – und statt dessen die Ankunftslosigkeit zum poetologischen Prinzip seines Erzählens erhoben. Bei Vertlib selber begegnet uns dieses Motiv in der poetologischen Metapher des Schattenbildes, das den Beginn seiner Autorschaft markiert. Während Schlemihl nämlich seinen Schatten verliert, entdeckt ihn Vertlib – wenn auch in einer sich permanent wandelnden Form: Denn das Schattenbild, in dem sich für Vertlib die Exilerfahrung unserer Zeit und seine eigene Erfahrung spiegeln, ist »leicht veränderbar«: Mit jeder neuen Perspektivierung, jeder individuellen Erfahrung, drehte sich »der Schatten […] mit, änderte seine Form, ohne je sein Wesen zu verlieren.«[25]

Vielleicht ist für Vladimir Vertlib das Schreiben, ist die Literatur, jene Maske über den sich ständig wandelnden Schatten, hinter welcher er sich verbergen und zugleich mitteilen kann: jene Maske, nach der sich der Held seines Romans *Zwischenstationen* in seiner Kindheit sehnte – »eine Teufels- oder eine Tiermaske«, ein »Krokodilskopf«[26] – und die er sich bei seiner ironisch geschilderten »Ankunft« in der »Provinz« in Form eines Tirolerhuts über den Kopf stülpt. Die passendere Maske scheint allerdings das Schreiben zu sein. Wenigstens hat es Vertlib, seinen eigenen Worten zufolge, zumindest zum Teil aus seinen Kindheitsmustern befreit: »Erst […] als mir klar wurde, dass dieses österreichische Deutsch

24   Vertlib, Zwischenstationen (wie Anm. 22), S. 79.
25   Ders.: Schattenbild. In: Literatur und Kritik 34 (1999), Nr. 331 / 332, S. 32–36, hier S. 35.
26   Vertlib, Zwischenstationen (wie Anm. 22), S. 102.

meine Schreibsprache sein würde, konnte ich mich von der zwanghaften Vorstellung, irgendwann weiteremigrieren zu müssen, lösen.«[27] Und deutlicher: »Seit ich schreibe und publiziere, stellt sich für mich die Frage einer möglichen Auswanderung […] nicht mehr.«[28] Zur symbolischen Ankunft in einer »Heimat« mag der gegen alle Klischees äußerst misstrauische Autor sein Schreiben trotzdem nicht verklären:

> Weder ein Ort noch eine Sprache werden mir die Illusion vermitteln, mich ganz zu fühlen. Ich fühle mich nur ganz, wenn ich weiß, dass ich mich nie ganz fühlen kann. Meine Ganzheit ist dieser Mangel. Wahrscheinlich ist das meine Chance. (S. 63)

Perspektivwechsel: »Man braucht nur das Licht zu drehen«

Traumatische Erfahrungen sind keine Initiation. Wenigstens nicht für Vladimir Vertlib. Das Trauma nicht nur als Ausgangspunkt, sondern als Legitimation seiner Autorschaft zu interpretieren, hieße, sich ihm zu ergeben, es anzunehmen, ihm einen höheren Sinn zu verleihen. »Meine Alpträume«, hält Vertlib dagegen fest, »sind nicht der ›Preis‹, den ich zu zahlen habe, um meine Bücher schreiben zu können«,[29] sie sind weder der einzige noch der bevorzugte Gegenstand seiner Literatur. Die Bewältigung des Erlebten mag so ein Nebeneffekt seines Schreibens sein – dessen vordergründiges Ziel war sie dagegen nie: die »Selbsttherapie« des Verfassers (S. 25) ist für Vertlib noch keine Literatur. Nicht Befreiung, sondern Freiheit bedeutet das Schreiben für ihn: eben jene »Erfindung des eigenen Lebens als Literatur« (S. 22). Von einer therapeutischen Aufgabe seines Schreibens kann denn auch schon deshalb die Rede nicht sein, weil Vertlib seine Erlebnisse zunächst als rein individuelle, persönliche und nicht-repräsentative Erfahrungen bewertete und deshalb lange Zeit »entweder für uninteressant oder für nicht mitteilbar hielt.«[30] Die Diskretion gegenüber der eigenen Person und ihren Erfahrungen mag angesichts der wenig alltäglichen Lebensgeschichte dieses Autors gewiss überraschen. Sie erklärt sich

27 Saskia Schweiger: Reise zu meinen Wurzeln. [Interview mit Vladimir Vertlib.] In: nu (2004), Nr. 2, S. 15–18, hier S. 17.
28 Malik, Interview mit Vladimir Vertlib (wie Anm. 3), S. 22.
29 Vertlib, Träume (wie Anm. 6), S. 29.
30 Vertlib, Schattenbild (wie Anm. 25), S. 35.

jedoch zum einen aus Vertlibs Auffassung von der Rolle der Literatur, die keineswegs darin besteht, lediglich »[p]ersönliche Gefühle und Sehnsüchte in Worte zu fassen« (S. 126) – und sie erklärt sich zum anderen aus einer Scheu, die der Autor mit dem Erzähler der *Zwischenstationen* teilt: »Die Wahrheit zu sagen«, so der Erzähler, »wäre mir unanständig vorgekommen, so als würde ich nach dem Mitleid und der Betroffenheit der anderen heischen.«[31]

Vertlib lehnt mit Entschiedenheit jeden Vergleich seiner Erfahrungen mit den Erfahrungen der Exilierten der NS-Diktatur ab. Er wolle, so Vertlib, keine »unpassende[n] oder peinliche[n] Parallelen ziehen […], denn verfolgt und in meiner Existenz bedroht war ich natürlich nie.«[32] Allerdings habe ihm die Lektüre jener Flucht- und Überlebendenberichte, mit denen er als Kritiker, Übersetzer oder Herausgeber konfrontiert war, zugleich eine neue und andere Perspektive auf seine eigenen Erlebnisse vermittelt – eine Perspektive, aus der heraus sie mitteilbar wurden und einer Mitteilung wert schienen: »Was ich geschrieben habe«, so Vertlib im Rückblick, »ist letztlich nur ein andersförmiger Schatten eines umfassenden Phänomens«,[33] das er in anderer, doch wesensverwandter Weise in den Berichten der Überlebenden und der Entkommenen wieder erkannte: Heimatlosigkeit und »Exil« (S. 60) sind für Vertlib zentrale Erfahrungen unserer Zeit.

»Meine schriftstellerische Heimat«, so bekennt denn auch Vertlib, »ist der Grenzbereich, die Gleichzeitigkeit und das Nebeneinander.« (S. 59) – Den ›Roman des Nebeneinander‹ hatte noch Lion Feuchtwanger als Genre eines vernunftgeleiteten Erzählens in der Moderne genutzt. Seine *Wartesaal*-Trilogie, die der vom NS-Regime vertriebene deutsch-jüdische Autor im Exil konzipierte, begreift die Geschichte des 20. Jahrhunderts dem entsprechend als einen Raum des unaufhebbar Transitorischen, wie ihn bereits der Titel benennt. Einen geplanten vierten Teil – *Die Rückkehr* – hat der Exilant Feuchtwanger nie geschrieben. Das Exil endet nicht: es wird – im Biographischen wie im Literarischen – zur Signatur des Zeitalters. – Vladimir Vertlib hat diese Diagnose in seinen Essays und Romanen fortgeschrieben. Die Erfahrung des Transitorischen kann aus seiner Sicht nicht auf die Shoah im Spe-

---

31   Vertlib, Zwischenstationen (wie Anm. 22), S. 263.
32   Vertlib, Schattenbild (wie Anm. 25), S. 34.
33   Ebd., S. 35.

ziellen und das jüdische Schicksal im Allgemeinen beschränkt werden. »Die Opfer des NS-Regimes«, schreibt Vertlib, [34]

> mussten nur in der krassesten Form durchleiden, was in einer unendlichen Zahl von Varianten tagtäglich geschieht. [...] Aus der Summe der individuellen Bilder entsteht ein Schattenbild mit klaren Konturen. [...] Das Schattenbild ist leicht veränderbar, man braucht nur das Licht zu drehen, also den Blickwinkel zu ändern.

Erst vor diesem Hintergrund schien es Vertlib opportun, seine eigenen Erlebnisse zu literarisieren und in seinen Romanen jüdische Schicksale zu thematisieren. »Die jüdischen Themen« jedoch, so betont Vertlib, »dienen mir als Symbol, um allgemein gültige Themen aufzuwerfen und menschliche Schicksale zu beschreiben.« [35] Das Judentum wird zur Chiffre verallgemeinert, zu einem Modell des Menschen in dieser Zeit. – Mit diesem Ansatz steht Vertlib wiederum Lion Feuchtwanger – als einem Chronisten des Judentums – nahe, den er vielleicht auch deshalb schätzt, weil die historischen Romane Feuchtwangers – obschon sie sehr häufig jüdischen Stoffen gewidmet sind – nirgends ausschließlich auf jüdische Fragen, sondern stets auf ein Allgemein-Menschliches zielen. Der Jude ist, wie Feuchtwangers historische Romane erzählen, ja seit der Zerstörung des zweiten Tempels ein Exilant. – Und auch bei Feuchtwanger wird er damit, wie bei Vladimir Vertlib, als Chiffre in Anspruch genommen – als Gleichnis eines »west-östlichen Menschen«, [36] der in jedem Menschen vorborgen liegt –, wie es bereits Martin Buber, der »Apostel des Judentums vor der Menschheit«, [37] mit seiner Bestimmung des Judentums als »*polares* Phänomen« am Beginn des 20. Jahrhunderts vorgeprägt hatte: [38]

> Der Mensch erlebt die Fülle seiner inneren Wirklichkeit und Möglichkeit als eine lebendige Substanz, die nach zwei Polen hinstrebt;

34 Ebd.
35 Schweiger, Reise [Interview mit Vladimir Vertlib], (wie Anm. 27), S. 18.
36 Lion Feuchtwanger: Vom Sinn und Unsinn des historischen Romans. In: Ders.: Centum opuscula. Rudolstadt o.J. [1959], S. 508–515, hier S. 511.
37 Gustav Landauer: Martin Buber. In: Neue Blätter 3 (1913), H. 1, 2. (Buberheft), S. 91–107, hier S. 96.
38 Martin Buber: Das Judentum und die Menschheit. In: Ders.: Der Jude und sein Judentum. Gesammelte Aufsätze und Reden. Mit einer Einleitung von Robert Weltsch. 2. durchges. u. erw. Aufl. Gerlingen: Lambert Schneider 1993, S. 18–27, hier S. 19 f.

er erlebt seinen inneren Weg als eine Wanderschaft von Kreuzweg zu Kreuzweg. [...] In keinem Menschen aber war und ist diese Grundform so stark, so beherrschend, so zentral, wie sie im Juden war und ist.

Etwas Vergleichbares unternimmt Vertlib, wenn er seine Lebensgeschichte und die Geschichten seiner Romane – durch einen Wechsel der Perspektive – als Spiegel jener universellen Erfahrung von Fremdheit und Heimatverlust interpretiert.

Aus einer wieder anderen Perspektive hätte es des beschriebenen Perspektivwechsels allerdings gar nicht bedurft. Wenn es auch zweifellos richtig ist, dass Vertlibs Erfahrungen nicht mit jenen der Shoah vergleichbar sind, ist seine Geschichte doch andererseits nicht nur mittelbar eine Folge der antisemitischen Exzesse des 20. Jahrhunderts und der Shoah. »Die ganze Odyssee«, stellt Vertlib denn auch fest, »die ich während meiner Kindheit machen musste, hätte nicht stattgefunden, wenn ich nicht jüdischer Herkunft gewesen wäre.«[39] Um jenen antisemitischen Pressionen, die sich als Vorschein einer »›zweite[n] *Schoa*‹« (S. 22) entziffern ließen, endlich ledig zu sein, hatten die Eltern 1971 die Sowjetunion verlassen, in der sie für sich – vor allem jedoch für den Sohn – keine Zukunft mehr zu erkennen vermochten. Was sie in die Emigration mitnahmen, waren neben einigen Habseligkeiten ihre Familienlegenden und die Geschichten aus der Geschichte. »Meine Eltern erzählten«, so Vertlib, »nicht nur, was sie selber erlebt hatten, sondern, in gelegentlich wechselnden Varianten, auch Geschichten von ihren Eltern, von Freunden oder Verwandten.« (S. 86): die Geschichte der Urgroßmutter, die in Weißrussland noch auf dem Wege zur Exekution ermordet wurde, »[w]eil sie mit dem Tempo der Marschkolonne nicht mithalten konnte und somit den zeitlich geregelten Mordablauf behinderte«,[40] die Geschichte der Großtante und ihrer Familie, die am selben Tag umgebracht wurden, aber auch jene Geschichten von der Leningrader Blockade, die Vertlibs Eltern als Kinder erlebt hatten und der sie möglicherweise ihr Überleben verdankten: »Es gehört zu den perversen Absurditäten des Schicksals«, so Vertlib,

39   Schweiger, Reise [Interview mit Vladimir Vertlib], (wie Anm. 27), S. 17.
40   Vladimir Vertlib: Ich habe keinen Hass. Essay. In: Umkämpfte Erinnerung. Die Wehrmachtsausstellung in Salzburg. Hg. v. Helga Embacher, Albert Lichtblau u. Günther Sandner. Salzburg: Residenz Verlag 1999, S. 219–230, hier S. 219.

dass die von der Naziführung initiierte Hungerblockade meinen Eltern höchstwahrscheinlich das Leben gerettet hat. Hätten die deutschen Truppen die Stadt im Herbst 1941 tatsächlich besetzt, wären meine Eltern und Großeltern mit ziemlicher Sicherheit aufgrund ihrer jüdischen Herkunft ermordet worden. So verdanke ich Hitlers Vernichtungsplänen für meine Geburtsstadt vielleicht meine Existenz [...] (S. 89)

Das Trauma der Überlebenden bleibt nicht auf die Zeugen der Shoah, die interniert Gewesenen und die durch Flucht oder Tarnung Entkommenen, beschränkt. Die Nachgeborenen empfinden sich oft, wie mittlerweile bekannt ist, als lebende »Museen«, in welchen die »Eltern und Großeltern ihre Erinnerungen, Erfahrungen und Alpträume eingeschlossen haben. So wie sie sterben wir tausend Tode [...].«[41] Obschon Jahre, zum Teil Jahrzehnte nach der Shoah geboren, wachsen die Kinder, die in den »meisten, wenn nicht allen Entwicklungsphasen [...] von der Überlebendenproblematik beeinflusst wurden«,[42] zu sekundären Zeugen heran, bei denen die Authentizität des Traumas die Authentizität des Erlebten ersetzt: Die Vergangenheit, vermittelt im Schweigen wie im exzessiven Erzählen, lebt in den Lebenden fort, bis in die dritte und vierte Generation. Das Gefühl, in einer ›doppelten Realität‹,[43] also zeitgleich in Geschichte und Gegenwart leben zu müssen, gehört zu jenen Gemeinsamkeiten, die die Generation der Nachgeborenen (aus psychologischer Perspektive) zu einer Gruppe verbindet – wenn auch in ungleich diffuserer Weise als die erste, die Überlebendengeneration.[44]
Ob dieser Befund – wie auf einige seiner Romanfiguren – auch auf den Autor Vertlib zutrifft, ist zum Verständnis seiner Literatur im Grunde zweitrangig: »Eigentlich«, hält Vertlib selber fest, »ist es uninteressant, was der Autor erlebt hat und ob sein Buch teilweise, zur Gänze oder gar nicht autobiographisch ist und was er damit *bewältigen*

41   Janine Chasseguet-Smirgel: Vorwort. In: Ilany Kogan: Der stumme Schrei der Kinder: Die zweite Generation der Holocaust-Opfer. Frankfurt a. Main: Suhrkamp 1998, S. 14–18, hier S. 17.
42   Judith K. Kerstenberg: Überlebende Eltern und ihre Kinder. In: Kinder der Opfer, Kinder der Täter. Hg. v. Martin S. Bergmann, Milton E. Jucovy u. Judith S. Kestenberg. Frankfurt a. Main: Fischer Taschenbuch Verlag 1998, S. 103–126, hier S. 126.
43   Martin S. Bergmann u. Milton E. Jucovy: Einleitung. In: Ebd., S. 23–55, hier S. 51.
44   Vgl. Kerstenberg (wie Anm. 42), S. 103.

konnte.«[45] – Dass Vertlibs Beziehung zur Geschichte, auch zu seiner Familiengeschichte, trotz allem typisch ist für jene ›zweite Generation‹, darf aber sicherlich festgestellt werden. Denn vergangen war die Vergangenheit für Vladimir Vertlib nie: »Die Wehmut, der Schmerz, die Traumata, die unsere Eltern- und Großeltern-, Urgroßelterngeneration erlitten hat, ist ja auch etwas, was wir [...] in uns tragen.«[46] Wir, das sind »die Kinder und Kindeskinder der Opfer«: »Der Schmerz wird an sie weitergereicht.«[47] Geschichte war darum für Vertlib »immer von einer starken, fast schmerzlichen Präsenz.« (S. 106) Die Umstände, unter denen er aufwuchs, könnten jene generationstypische Aneignung von Geschichte noch nachhaltig unterstützt haben. Jedenfalls wären sie ideal für die Transmission von Erfahrungen, auch von Traumata, früherer Generationen geeignet gewesen. In seinen Kindheits- und Jugendjahren, zehn Jahren der Emigration, die Vertlib vor allem mit »Langeweile und vergeudeter Lebenszeit« (S. 164) assoziiert, war sein soziales Umfeld nicht selten auf die eigenen Eltern beschränkt. Dass unter diesen Bedingungen, wie Vertlib sagt, »der Rückgriff auf die tradierte Familiengeschichte, wie ich sie von meinen Eltern gehört habe, auch ein Fundament meiner eigenen Identität«[48] wurde – und dass die Geschichten der Eltern ihm »in einer Weise präsent [sind] wie manches, das ich selbst erlebt habe«[49] –, ist kaum verwunderlich: Die Geschichten der Eltern verbanden den Sohn mit der Welt, der er, kaum fünfjährig, entrissen wurde. Sie banden ihn an sie zurück. Vielleicht war die Vergangenheit so kein bloßer ›Schatten‹ des Lebens, sondern beinahe das Leben selbst, der Ersatz für ein Leben, das – wenigstens vorläufig – nicht gelebt werden konnte.

Verstärkt seit den 1990er Jahren ist jene ›zweite Generation‹ auch als literarische Gruppierung kenntlich geworden. Im Mittelpunkt ihrer Literatur steht die Frage nach den Chancen und den Bedingungen eines jüdischen Lebens nach dem Über-Leben. »Die vielbesprochene

45   Malik, Interview mit Vladimir Vertlib (wie Anm. 3), S. 23.
46   Ines Schütz: Vertlib im Gespräch. Live von der »literadio«-Bühne auf der Leipziger Buchmesse 2006 (16. März 2006, 16:30 Uhr).
47   Vgl. Vertlib, Letzter Wunsch (wie Anm. 16), S. 305.
48   Bittner, Zunächst etwas Handfestes [Interview mit Vladimir Vertlib], (wie Anm. 8).
49   Vladimir Vertlib: In weiter Ferne so nah. Gedenkwürdiger Tag: Wie aus der Erinnerung an die Schoa Bleibendes werden kann – Anmerkungen zum 27. Januar. In: Jüdische Allgemeine (26. Januar 2006).

zweite Generation«, so Doron Rabinovici, der selbst zu dieser Generation gehört, [50]

> ist die erste nach der nationalsozialistischen Vernichtung. [...] Vor ihrer Geburt war der Tod, der Massenmord. Ihr Leben ist eine Ausnahme, gründet im Zufall und Glück des Überlebens ihrer Eltern. Sie sind ein Widerspruch, der dem Verbrechen und seinen Zielen, der deutschen Vergangenheit und Gegenwart entgegenhallt. In diesem Zwieklang entstehen ihre Bücher.

Wie es bereits für die Literatur der Überlebenden galt, so vermittelt auch jene der ›zweiten Generation‹ einen in vielem differenzierteren und interessanteren Blick auf die Problemlage, als psychologische Studien es können: Diese sind allemal klinischen Fällen gewidmet und ihre Erkenntnisse insofern nicht ohne weiteres zu verallgemeinern. Die Literatur der ›zweiten Generation‹ stellt sich demgegenüber einem gesellschaftlichen und für unsere Zeit zentralen Problem. Zeugnisliteratur – im Sinne der Überlebendenliteratur – ist sie nicht, wohl aber bezeugt sie ein Trauma, von dem keineswegs nur die Kinder der Opfer betroffen sind: Traumatisiert ist die Gesellschaft und eine ganze Generation. »Verdrängung und Sprachlosigkeit«, hält Vladimir Vertlib fest, »ist etwas, was Täter, Opfer und deren Kinder oft gemeinsam haben.« [51] Die Kinder der Opfer und die Kinder der Täter, die, wie es in Robert Schindels Roman *Gebürtig* heißt, »vollkommen unschuldig« zu ihrer Schuld kamen, [52] sind auf verschiedene Weise dennoch in den gleichen Bannkreis einer nicht bewältigbaren Vergangenheit eingeschlossen. Die darunter leiden, sind aber, außer in Ausnahmefällen, vor allem die Kinder der Opfer. »Es hat sich nichts geändert«, so eine Figur aus Schindels Roman: [53]

---

50 Doron Rabinovici: Angeln aus christlicher Sicht oder Gibt es ein jüdisches Erzählen im Deutschen? In: Altes Land, neues Land: Verfolgung, Exil, biografisches Schreiben. Texte zum Erich Fried Symposium 1999. Hg. v. Walter Hinderer u. a. Wien: Dokumentationsstelle für Neuere österreichische Literatur im Literaturhaus 1999, S. 62–68, hier S. 62.– Vgl. auch: Deutsch-jüdische Literatur der neunziger Jahre. Die Generation nach der Shoah. Hg. v. Sander L. Gilman u. Hartmut Steinicke. (= Beihefte zur Zeitschrift für deutsche Philologie; 11.) Berlin: Erich Schmidt 2002.
51 Vladimir Vertlib: Ende des Schweigens. Peter Finkelgruen auf der Suche nach der eigenen Zugehörigkeit. [Rezension zu: Peter Finkelgruen: Erlkönigs Reich. Die Geschichte einer Täuschung.] In: Wiener Zeitung (7. November 1997).
52 Robert Schindel: Gebürtig. Frankfurt a. Main: Suhrkamp 1994, S. 244.
53 Ebd., S. 15.

Die Väter haben die Unsern in die Öfen geschoben, die Mütter haben den Rosenkranz gebetet, und die Söhne wollen uns großzügig eingemeinden, setzen sich darüber hinweg, wollen unbefangen selber Opfer sein. […] Sie bleiben die Hiesigen. Die Sieger. […] Und ich existiere in Stücken. Und was ich bin, ist mir fremd.

Den Kindern der Opfer, die nahezu physisch an die Geschichte der Eltern gekettet sind, bleibt nur mehr die Wahl, als Schuldphantom der Diaspora – oder als Sicherheitsexperten des Staates Israel einen Platz in der Gesellschaft zu finden; so jedenfalls hat Doron Rabinovici in seinem Roman *Suche nach M.* die Problemlage dieser Generation – satirisch zugespitzt – auf den Punkt gebracht.

Die ›literarischen Psychopathographien‹[54] der ›zweiten Generation‹ thematisieren in aller Regel nicht die psychischen Mechanismen, durch welche ein Trauma vererbt wird. Die Texte sind keine klinischen Fallstudien. Statt dessen fragen ihre Autoren nach den politischen und den sozialen Konstellationen, die die Transmission eines Traumas ermöglichen und womöglich befördern. Die Traumatisierung der Folgegenerationen ist in ihren Entwürfen zumeist das Ergebnis einer bis in die Gegenwart verfehlten Vergangenheitspolitik und einer verpassten Erinnerungsarbeit. Dass dieser Befund nicht auf die deutsche und österreichische Nachkriegsgesellschaft beschränkt werden kann, hat als einer der ersten der israelische Autor Yoram Kaniuk mit seinem Roman *Adam Hundesohn* (1969) aufgezeigt – dessen Held erst in Israel, in der Konfrontation mit der dortigen Erinnerungspolitik, in ein Überlebendentrauma fällt – sowie in jüngster Zeit Amir Gutfreund mit seinem Debüt-Roman *Unser Holocaust* (2000), der aus der Perspektive der ›zweiten Generation‹ geschrieben ist.

Vladimir Vertlibs Texte gehören gewiss zu den bewegendsten dieser ›zweiten Generation‹. Das Trauma der Nachgeborenen ist allenthalben präsent, obwohl es anfangs nicht eigentlich Vertlibs Thema ist. Es scheint, dass sich Vladimir Vertlib erst allmählich an dieses Thema herangeschrieben – dass er es sich erschrieben hat, aus wechselnden Perspektiven und mit wachsender Distanz. Je weiter sich Vertlibs Texte aus einem autobiographischen Fundament lösen, um so näher kommen

---

54   Der Begriff stammt von Thomas Anz, aus seinen Studien über das Motiv des Wahnsinns in der expressionistischen Literatur. Vgl. Ders.: Literatur der Existenz. Literarische Psychopathographie und ihre soziale Bedeutung im Frühexpressionismus. Stuttgart: Metzler 1977.

sie diesem Themenkreis: Die am tiefsten von der Geschichte Betroffenen sind bezeichnenderweise Kinder der Täter, Leopold Ableitinger, der Held der Titelerzählung aus Vertlibs jüngstem Buch *Mein erster Mörder* (2006) – sowie die Hauptfigur seines Librettos »*Und alle Toten starben friedlich*«, das er 2005 im Auftrag des Mauthausen-Komitees geschrieben hat. In seinen früheren Texten wird die Situation der Nachgeborenen nur selten direkt thematisiert: Die Aussage des Ich-Erzählers aus *Abschiebung* – er sei mit Geschichten aufgewachsen, »die so oft erzählt wurden, dass ich glaubte, selbst dabei gewesen zu sein, sie sogar selbst erlebt zu haben«[55] – bildet eher die Ausnahme. Dreht man aber, um in Vertlibs Metapher zu bleiben, das Licht und wechselt die Perspektive, dann läuft unterhalb seiner Texte ein Subtext mit, der die Vergangenheit, aus welcher das Trauma erwächst, immer erneut aufscheinen lässt und damit präsent hält. Das gilt bereits für *Abschiebung* und für *Zwischen-stationen*, wo der Rückgriff auf die Sprache des ›Dritten Reiches‹ – etwa in der wiederholten Rede von ›Deportationen‹,[56] einmal gar von der »Gaskammer«[57] – aus der scheinbar mimetischen Rede unversehens den Kontext der Shoah aufruft.

Auch noch in Vertlibs zweitem Roman, *Das besondere Gedächtnis der Rosa Masur* (2001), läuft die Rede über die Shoah in erster Linie als Subtext mit. Zwar spannt die Binnenerzählung dieses Romans den Bogen vom Beginn des 20. Jahrhunderts bis 1953 und schließt die Shoah als Ereignis solchermaßen mit ein. Auf der Handlungsebene wird das Ereignis trotzdem geradezu auffällig ausgespart. Die Shoah ist zugleich Blindstelle und Zentrum von Vertlibs Erzählung – eine Paradoxie, in der Vertlib präzise die Position der Nachgeborenen und der Entkommenen gegenüber dem historischen Ereignis erfasst: Es lässt sich die Vorgeschichte genau, in plastischen Bildern und Anekdoten, erzählen, und auch die Folgen aus dem Ereignis sind evident. Alles dazwischen liegende aber bleibt Spekulation. Gleich den Figuren aus Vertlibs Roman, Rosa Masur vor allem, ist auch der Leser darauf verwiesen, sich die Geschichte, die fehlt, aus in sich widersprüchlichen Bruchstücken einer fremden

---

55 Vertlib, Abschiebung (wie Anm. 11), S. 61. Vgl. auch Vertlib, Zwischenstationen (wie Anm. 22), S. 285: »Bald kannte Rita alle Konzentrationslager, Selektionen, Lagerkommandanten, Kapos, Transporte und Gräueltaten auswendig. Manchmal dachte sie, sie sei selbst dabei gewesen.«
56 Vgl. etwa: Vertlib, Abschiebung (wie Anm. 11), S. 174: »Wer einmal deportiert worden ist, bleibt sein Leben lang ein suspektes Individuum.«
57 Vertlib, Zwischenstationen (wie Anm. 22), S. 250.

Erinnerung zu rekonstruieren – wissend, dass diese Rekonstruktion nie an die Wahrheit heranreichen kann. Selbst der einzige Zeuge der Shoah in Vertlibs Roman, Rosas Cousin Isaak, kann die Geschichte vom Mord an den Eltern nur aus zweiter Hand wiedererzählen: Er hat sich, wie er mehrfach betont, »erkundigt.«[58] Verlässlicheres weiß er nicht zu berichten. Wüsste er es, hätte er nicht überlebt.

Dennoch ist die Shoah in Vertlibs Roman allenthalben präsent. Als Drohung und später als Trauma wird die historische Katastrophe – fiktive Gegenwart und Vergangenheit überschattend – durch den Text mitgeführt. Abermals ist es zunächst die Sprache – die Rede von Lagern und Deportationen –,[59] die subtil auf den Kontext der Shoah anspielt. Wenn Vertlib dann allerdings von einem Pogrom am Ende der 1910er Jahre schreibt, dass »[i]n einer ukrainischen Kleinstadt […] die Polen fast alle Juden in die Synagoge getrieben und diese dann angezündet, später die Asche der Toten von den noch lebenden Juden der Stadt auf einen Schubkarren laden und in den Fluss kippen lassen«[60] hätten, fällt es schwer, die beschriebene Szene nicht als bedrohlichen Vorschein der Shoah zu entziffern. Was Vertlib beschreibt, ist ein Topos, der dem Leser aus einer Vielzahl von Dokumentationen, Zeitzeugenberichten und fiktionalen Inszenierungen her bekannt ist: Obwohl Vertlib Szenen wie diese zeitlich unzweideutig verortet, dürften sie bei jedem geschichtlich interessierten Leser die Erzählungen und Bilder der Shoah aus dem Gedächtnis abrufen – die Berichte der Auschwitz-Überlebenden von der Entsorgung der Asche der Toten in der nahe gelegenen Wisła etwa[61] – bis hin zu den Bildern aus Marvin Chomskys *Holocaust* (1979), jener Mini-Serie des amerikanischen Fernsehens, durch die die Shoah überhaupt erst »zum Thema des öffentlichen Diskurses« wurde:[62] Die

58   Ders.: Das besondere Gedächtnis der Rosa Masur. München: dtv 2003, S. 291. Vgl. auch ebd., S. 299.
59   Vgl. als eines von vielen Beispielen ebd., S. 138: »Wenn ich den Mann angezeigt hätte, wäre er bestimmt ins Konzentrationslager […] gekommen.« Vgl. auch ebd., S. 90: »Den Verweigerer ließ er nach einiger Zeit unter einem Vorwand festnehmen und ins Innere Polens deportieren. Sein Vermögen wurde nun ganz offiziell konfisziert. Noch nie wurden wir so rücksichtslos und systematisch geplündert.«
60   Ebd., S. 88.
61   Vgl. u. a. Gideon Greif: Die »Sonderkommandos« von Auschwitz-Birkenau. Ein historischer Überblick. In: Ders.: »Wir weinten tränenlos ...« Augenzeugenberichte des jüdischen Sonderkommandos in Auschwitz. Frankfurt a. Main: Fischer 1999, S. 16–55, hier S. 39. Vgl. im Detail auch die im Band enthaltenen Interviews.
62   Waltraut ›Wara‹ Wende: Medienbilder und Geschichte – Zur Medialisierung des Holocaust. In: Geschichte im Film. Mediale Inszenierungen des Holocaust und

Bilder der brennenden Synagoge, in der die Eingepferchten bestialisch zugrunde gehen, stehen dort nicht zufällig für den Beginn des nationalsozialistischen Massenmords im Osten Europas ein.

Vertlibs Erzählung von der Leningrader Blockade, besonders von jenem Rettungsversuch, durch den eine Gruppe von Kindern aus der Stadt evakuiert werden soll, führt schließlich auch die seit Claude Lanzmanns Dokumentarfilm *Shoah* (1985) etablierte Metapher des Holocaust in den Roman ein:[63] Für die Reise, heißt es bei Vertlib, standen »fünf Viehwaggons mit handtuchgroßen, vergitterten Fenstern« zu Verfügung:[64]

> Unsere Verpflegung reichte nur für einen halben Tag. Weder die Kinder noch die Erwachsenen hatten viel mitgenommen. [...] Es war bald nicht mehr genug Wasser da. Toiletten gab es keine. Um unsere Notdurft zu verrichten, benützten wir Kübel. [...] Statt eines halben Tages waren wir mehr als vierzig Stunden unterwegs. Zusammengekauert saßen die Kinder auf dem Boden des Waggons und fragten immerfort, wann wir ankommen würden.

Vertlib gelingt es, durch die Überblendung der Rettungsaktion mit der Ikonographie der Shoah implizit eine historische Wahrheit zu transportieren – einen kausalen Zusammenhang, den explizit auszusprechen er sich auf diese Weise enthalten kann: Kenntlich werden die Gründe, aus denen heraus diese Rettungsaktion notwendig ist, kenntlich wird die Bedrohung, die hinter diesem Versuch einer Evakuierung steht, kenntlich wird aber auch eine mögliche, historisch wahrscheinliche Perspektive der hier erzählten Geschichte, die Perspektive der Shoah. Die Geschichte, so zeigt Vertlib in der verstörenden Überblendung auf, könnte auch anders verlaufen, der Zug könnte ein anderer sein und sein Ziel statt Rettung Vernichtung – wenigstens für Rosa Masur und ihre Kinder, auch wenn sie vorsichtshalber mit ihnen unverfängliche, nicht jüdisch klingende Namen einübt.

kulturelles Gedächtnis. Hg. v. Waltraut ›Wara‹ Wende. Stuttgart / Weimar: Metzler 2002, S. 8–30, hier S. 17.

63   Vgl. Manuel Köppen: Holocaust im Fernsehen – Die Konkurrenz der Medien um die Erinnerung. In: Wende (Hg.), Medialisierung (wie Anm. 62), S. 307–327, hier S. 321: »Nicht zuletzt hat Lanzmanns *Shoah* dazu beigetragen, dass es heute genügt, Schienenstränge abzubilden, um auf die industrielle Massenvernichtung zu verweisen.«

64   Vertlib, Rosa Masur (wie Anm. 58), S. 236 f.

Das Verfahren, das hier skizziert wurde, ist für Vertlibs Erzählen überhaupt typisch. Selten werden historische Zusammenhänge in seinen Texten direkt benannt, doch nirgendwo sind sie in Zweifel gestellt. Vertlib ist ein behutsamer, nirgends belehrender – und eben deshalb sehr eindringlicher Erzähler. Er ist ein Erzähler, dem man vertraut. Vertlib stellt keine Behauptungen auf, sondern lässt die Geschichten sprechen. Doch aus der erzählten Gegenwart seiner Romane scheint allemal die Vergangenheit, auch die potenzielle Vergangenheit seiner Figuren, auf, ohne die die geschilderte Gegenwart kontingent und nicht verständlich wäre. Die scheinbar ganz gegenwärtige Anmerkung Friedas, der Schwiegertochter von Rosa Masur – »›Die Gesunden sind immer schuldig gegenüber den Kranken‹ […], ›ähnlich wie die Lebenden nie die Schuld gegenüber den Toten werden abbüßen können‹« [65] – erhält auf diese Weise eine andere, historische Dimension. Die Krankheit Kostiks, ihres Mannes, lässt sich nur aus der Geschichte heraus erklären: Dass ihn buchstäblich der Schlag trifft, ist eine Folge seines Entschlusses, als Kontingentflüchtling von Russland nach Deutschland, ins ›Land der Täter‹, zu übersiedeln. Damit stehen wir nicht nur in einer individuellen Familiengeschichte, sondern mitten im Diskurs über die Shoah und über die Traumata der Überlebenden.

Doch erst in seinem jüngstem Roman *Letzter Wunsch* (2003), der weder auf Vertlibs eigener Biographie noch auf seiner Familiengeschichte basiert, steht das Problem der ›zweiten Generation‹ unmittelbar im Zentrum. Erzählt wird eine absurde Geschichte, in welcher der Sohn seinem Vater einen Grabplatz zu erstreiten versucht: »›Auf de[m] jüdischen Friedhof‹«, wie der Vater gewünscht hatte: »›[…] In Mutters Grab.‹« [66] – Die in der Generationenfolge traumatisierende Urszene ist an den Beginn des Romans *Letzter Wunsch* gestellt – ein rätselhafter »Alptraum« des Ich-Erzählers, dessen Wirklichkeitsstoff der Tod des Vaters und dessen ›letzter Wunsch‹ bilden. Dieser Schreckenstraum aber steht in Analogie zu einem ebenso rätselhaften, sich erst allmählich erklärenden Schrecken in der fiktionalen Realität: jener Szene, die Gewalttätigkeit – eine brutale Auseinandersetzung, in welcher der Vater seinem Gegner unterlag – mit der Kommunikationsverweigerung des Vaters kombiniert und die in analoger Weise in Vertlibs Erzählung *Mein erster Mörder* für die Kinder der Täter geltend gemacht

65   Ebd., S. 32.
66   Vertlib, Letzter Wunsch (wie Anm. 16), S. 38.

wird.[67] Die aus Handlungs- und Erinnerungssequenzen kunstvoll geschachtelte Erzählung wird von diesem doppelten Trauma in Gang gehalten; abarbeiten kann sie es freilich nicht.[68] Doch die Bilder des Traums führen zurück zu früheren Träumen, die das Leben des Kindes prägten:[69]

Ich hängte meine Bilder an die Wand des Klassenzimmers zu all den Papierblumen, Urlaubsimpressionen mit Stränden und Palmen, zu Kirchtürmen, Autobahnen und Häuschen mit rauchenden Schloten. Bei mir walzten Straßenbahnen mit Raubtiergesichtern Menschenmassen platt. Blut spritzte. Gliedmaßen flogen durch die Luft. Menschen brannten in Öfen oder wurden am Spieß gebraten.

»Offenbar konnte er«, so wiederum der Sohn über den Vater, »die Bilder von damals nur bannen, indem er sie von einem Mal auf das andere zum Leben erweckte.«[70] – Den Nachgeborenen, so zeigt sich im Prozess des Erzählens, zerbricht das Bild der Väter in unvereinbare Facetten – jener Generation also, der sie ihr Leben, aber zugleich auch die Hypothek von Traumata, Schuld und Verantwortung verdankt.[71] Dem Sohn stehen bei seiner – an sich begreiflichen und selbstverständlichen – Unternehmung, den ›letzten Wunsch‹ des Vaters zu erfüllen, eben deshalb auch seine eigenen Traumata und Verletzungen entgegen: Angstzustände, sobald er aufhört zu rauchen, weil ihm dann, wie er sagt, »nichts den Weg zu meinem Innersten versperrte«,[72] Panikattacken, die ihn nächtelang durch die Straßen treiben, und eine gewisse Schwierigkeit, sich zu binden, durch die er seinen Problemen weitestgehend alleine ausgesetzt ist: Denn Gabriel Salzinger lebt seit seiner Scheidung »sehr zurückgezogen«.[73] Seine Kollegen würde er nicht als Freunde bezeichnen – er hat mit ihnen »bis jetzt kein einziges persönliches Gespräch geführt«[74] –, und seine so genannte »Freundin« kommt lediglich »jeden zweiten Montag [...] gegen Mittag und fährt um vier Uhr wieder ab«; Gabriel selbst hat sie

67 Vgl. ders.: Mein erster Mörder. In: Ders.: Mein erster Mörder. Lebensgeschichten. Wien: Deuticke 2006, S. 9–82, hier S. 81.
68 Vgl. Vertlib, Letzter Wunsch (wie Anm. 16), S. 20–22.
69 Ebd., S. 87.
70 Vgl. ebd., S. 92.
71 Vgl. exemplarisch die Erzählung ebd., S. 73 f.
72 Ebd., S. 276.
73 Ebd., S. 82.
74 Ebd., S. 81.

noch nie besucht: »Das ist ihre Welt. Sie geht mich nichts an.«[75] Als sein Vater stirbt, ist er nicht nur unfähig, die erforderliche Anzahl an Trauernden für einen Minjan zu finden, er ist, wie er sagt, »noch nicht einmal sicher, ob ich zehn nichtjüdische Freunde, Männer wie Frauen, zum Begräbnis einladen werde.«[76]

Interessanterweise – und dies hebt Vertlibs Roman von der Mehrzahl der Texte der ›zweiten Generation‹ ab – eskaliert die Situation aber nicht in der Auseinandersetzung des Helden mit einer nicht-jüdischen, in diesem Fall deutschen Gesellschaft – wenngleich die sublimen bis offenen antisemitischen Anfeindungen aus dem auch in Vertlibs Poetikvorlesungen zitierten Interview (vgl. oben, S. 143 ff.) oder die Tatsache, dass neuerdings auch gegen »Juden, Türken und das ganze linke Pack« von ›Volkes Stimme‹ gehetzt wird,[77] durchaus dazu geeignet wären. – Und sie eskaliert auch nicht aufgrund seiner Traumata: In den entscheidenden Situationen vermag es Gabriel Salzinger, sich ihnen nicht zu ergeben. Er hat gelernt, sie auszuhalten, mit ihnen umzugehen, er hat gelernt, allem zum Trotz zu leben. Damit ist Salzinger, obwohl er sich seiner Identität – zumal als Jude – nie sicher war, der jüdischen Gemeinde von Gigricht dennoch um vieles voraus. Denn viel tiefer versehrt als sein Held, so Vertlibs Konstruktion, sind die vermeintlich in sich Gefestigten, die einen Platz als Juden in der nicht-jüdischen Nachkriegsgesellschaft gefunden haben: Der Sohn darf seinen Vater nicht neben der Mutter begraben, weil letzterer – nach orthodox-jüdischem Gesetz – gar kein »richtiger« Jude ist. Das Insistieren auf diesem Gesetz muss umso absurder erscheinen, als jene Großmutter, die für die Nachkriegsgesellschaft nicht (mehr) jüdisch genug ist, ehedem sehr bewusst zum Judentum konvertiert war: »Sie tat es nicht aus religiöser Überzeugung«, heißt es über Hermine, »sondern aus Prinzip. Es gäbe Zeiten im Leben, in denen ein Mensch Stellung beziehen und sich für die richtige Seite entscheiden müsse.«[78] Dass sich im August 1933 nur ein liberaler Rabbiner bereit fand, diese Konversion vorzunehmen, erweist sich – aus der Perspektive der Nachgeborenen – als zwar tragischer, aber nicht korrigierbarer Fehler: »›Ihre Großmutter‹«, wird Gabriel Salzinger erläutert, »›ist für uns offiziell immer noch Nichtjüdin, und somit ist auch Ihr Vater kein Jude. Wir können leider keinen Nichtjuden auf einem jüdischen Friedhof eine letzte Ruhestätte zur Verfügung stellen.

75 Ebd., S. 83.
76 Ebd., S. 62.
77 Vgl. ebd., S. 58.
78 Ebd., S. 143.

So sind die Regeln.«[79] Ein Begräbnis des Vaters im Grab seiner Frau erweist sich so als nicht realisierbares Unterfangen.

So wenig wie irgendwo sonst erhebt sich Vertlib zum Richter über die von ihm beschriebenen, handelnden Personen. Der Rückgriff auf orthodoxe Verhaltensregeln ist, so zeigt Vertlib, nur einer von vielen Versuchen, mit einer existenziellen Verstörung umzugehen und ein Stück Identität und Sicherheit zu gewinnen: indem man weiß, was richtig ist und wer man selber ist. Nach der Shoah, so einer der Überlebenden aus Vertlibs Roman, habe es nur mehr »zwei Möglichkeiten« gegeben, »um nicht verrückt zu werden oder Selbstmord zu begehen: Entweder Gott für immer zu verfluchen oder sich bedingungslos seiner Macht unterzuordnen.«[80]

Damit ist aber zugleich die Frage nach einem jüdischen Leben nach der Shoah – und nach dem möglichen Ort dieses Lebens – gestellt: »›Warum Deutschland und nicht Israel?‹«, fragt Rosa Masur, »[d]ie immer wiederkehrende Frage.«[81] Die ›Odyssee‹ der Familie in *Zwischenstationen* hatte Deutschland, das ›Land der Täter‹, noch ausgespart – obschon die Zuwanderung von Juden aus Mittel- und Osteuropa unmittelbar nach dem Ende des Krieges eingesetzt hatte. In Deutschland zu bleiben, ist fraglos eine jener besonders verstörenden Brechungen, die sich unter der Formel ›Ich – ein anderer‹ verbergen können:[82] Ein »Leben als Deutscher und Jude«[83] war schon problematisch, als Jakob Wassermann eine ähnliche Formel 1921 als Titel seiner Autobiographie gewählt hatte; nun aber ist diese »Doppelidentität«[84] schier ein Paradox. Dennoch könnten die Juden, durch die Schuld der einen und das Leid der anderen an das Land gebunden, dieses nicht einfach verlassen; denn das käme »einer Flucht aus der Verantwortung gleich.«[85] Als ebenso paradox muss erscheinen, dass die Flüchtlinge jener Wende der 1990er Jahre – wie Rosa Masur

79   Ebd., S. 133.
80   Ebd., S. 154.
81   Vertlib, Rosa Masur (wie Anm. 58), S. 224.
82   Vgl. dazu etwa: Ich bin geblieben – warum? Juden in Deutschland heute. Hg. v. Katja Behrens. Gerlingen: Bleicher 2002.
83   Vgl. Vertlib, Letzter Wunsch (wie Anm. 16), S. 230; vgl. Jakob Wassermanns berühmte Schrift: Mein Weg als Deutscher und Jude. Berlin: Fischer 1921. – Übrigens ist auch einer der ersten Wege, den der Überlebende Hermann Gebirtig aus Robert Schindels Roman in Österreich, wohin er als Zeuge in einem NS-Prozess geladen ist, unternimmt, der Weg an Wassermanns Grab. Vgl. Schindel (wie Anm. 52), S. 223.
84   Vgl. Vertlib, Letzter Wunsch (wie Anm. 16), S. 231.
85   Ebd., S. 247.

und ihre Familie – gerade im ›Land der Täter‹ nach Zuflucht suchen, weil ihnen Deutschland seit 1991 den Status von Kontingentflüchtlingen zuerkannt hat und einen unbefristeten Aufenthalt ermöglicht.

Der endlich errungene jüdische Staat dagegen, ›Erez Israel‹, stellt für die Figuren in Vertlibs Erzähluniversum – durchaus analog zu Autoren der ›zweiten Generation‹, die in der Bundesrepublik Deutschland aufwuchsen [86] – einen ebenso großen Anspruch wie eine Enttäuschung dar. Gabriels Vater hat sich, laut der Erinnerung des Sohnes in *Letzter Wunsch*, »[ü]ber religiöse Menschen […] immer lustig gemacht« und »[ü]ber niemanden […] mit einer so großen Verachtung gesprochen wie über die orthodoxen Fanatiker, die aus Israel einen fundamentalistischen Staat machen wollen.« [87] Viele der von Deutschland nach Israel ›aufgestiegenen‹ Juden sehen sich dort enttäuscht, denn – wie der Vater des Erzählers es formuliert –: »Israel ist kein Land für Deutsche […]‹«. [88] Die Kette der Gewalt nämlich – und darin besteht die Unausweichlichkeit jenes Traumas, wie sie in Vertlibs Erzählen von der ›zweiten Generation‹ allmählich aufgedeckt wird –, bricht gerade dort nicht ab. Anstatt den ersehnten ›neuen Menschen‹ zu schaffen, [89] wurde Israel ein ›normaler Staat‹ mit ›normalen Menschen‹ – gewiss eine Zuflucht der Opfer, doch ebenso gewiss eine Heimat neuer Täter, die sich der alten, von Gewalt geprägten Welt assimiliert hatten. [90] Bereits in *Zwischenstationen* setzte der Terror in Israel bei den jüdischen Kindern – auch beim Ich-Erzähler – spiegelbildlich Aggression frei; und das Trauma von Gabriels Vater wurde, nachdem er die Shoah überlebt hatte, in eben jenem Augenblick unwiderruflich, da er in Israel selber zum Mittäter wird, der im Araber nur den Feind sehen darf, den es zu vernichten gilt. [91] – So ist die Tatsache, dass der Sohn auf dem Tisch des Vaters »Yoram Kaniuks *Der*

---

86   Vgl. Walter Schmitz: »Dem Rafi sein Kampf…« Das Identitätstrauma der Juden in der deutschen Diaspora in Film und epischer Prosa von Rafael Seligmann. In: Stimmen aus Jerusalem. Zur deutschen Sprache und Literatur in Palästina / Israel. Hg. v. Hermann Zabel unter Mitarbeit v. Andreas Disselnkötter u. Sandra Wellinghoff. Berlin: LIT Verlag 2006, S. 370–411.
87   Vertlib, Letzter Wunsch (wie Anm. 16), S. 45.
88   Ebd., S. 58, vgl. ebd., S. 68 f.
89   Vgl. dazu in jüngster Zeit Rina Peled: Der »Neue Mensch« der zionistischen Jugendbewegung und seine deutschen Wurzeln. In: Die Neuen Hebräer – 100 Jahre Kunst in Israel. Hg. v. Doreet LeVitte Harden in Zusammenarbeit mit Yigal Zalmona. (Katalog zur Ausstellung im Martin-Gropius-Bau, Berlin, 20. Mai – 5. September 2005.) Berlin: Nicolaische Verlagsbuchhandlung 2005, S. 219–224.
90   Vgl. Vertlib, Letzter Wunsch (wie Anm. 16), S. 106 f.
91   Vgl. ebd., S. 105, 236, 251, 310 u. 329.

letzte Jude im hebräischen Original« entdeckt,[92] vielleicht doch nicht
so »überraschend«, wie er selber es meint: hatte doch einer der wahrhaft
heldischen Helden dieses Romans, ein Sabre und Überlebendenkind,
bezeichnenderweise am stärksten darunter gelitten, »dass es ihm nicht
gelungen war, getötet zu werden«:[93]

> Ich heiße Boas. Ich töte, ohne getötet zu werden. Auf der Richter-
> skala der metaphysischen Biologie bin ich Stufe neun. Schon seit
> Jahren schaff ich's nicht, in gerechten Kriegen zu sterben, und in
> ungerechten auch nicht.

Die jüdischen Schicksale, wie sie Vladimir Vertlib unter anderem in
Letzter Wunsch geschildert hat, dienen ihm, so hat er mehrfach betont,
nur »als Folie, [...] als Spiegel für die Schicksale meiner Figuren«;[94] sie
stehen symbolisch für etwas ein, das letztlich jeden in dieser Gesellschaft
betrifft – jeden, so muss man vielleicht ergänzen, der sich seiner Vergangenheit und der Vergangenheit seiner Eltern – jener allgegenwärtigen
Hypothek der Gewalt – stellt, statt sie zu verdrängen. Vladimir Vertlib
hat dies in seinem jüngsten Erzählband überzeugend unter Beweis
gestellt: Seine Protagonisten sind hier gerade nicht oder nur zum Teil
jüdischer Herkunft: Leopold Ableitinger, ein gebürtiger Österreicher,
der Held der Erzählung *Mein erster Mörder*, und Renate, die Heldin der
zweiten Geschichte des Bandes, *Ein schöner Bastard*.
Im Fall von Renate erklärt sich die Traumatisierung schon aus der
Anlage ihrer Figur. Renate gehört noch zur ersten, zur Überlebendengeneration; sie hat die Jahre des Zweiten Weltkriegs als Kind und als
Jugendliche selber erlebt. Auf welcher Seite sie dabei stand, ist schwer
zu entscheiden, da es die Seite, auf welcher sie hätte stehen können,
damals so wenig gab, wie es sie vorläufig gibt: »Ich bin nicht wie die
anderen«, weiß Renate schon als Kind. »Ich bin überhaupt nichts. Eine
Mischung«[95] – so dass ihr nie klar werden konnte, »[...] zu welcher
Gruppe ich selbst gehörte, zu jenen, die im Kreis laufen, oder zu denen,
die andere im Kreis laufen lassen.[...]«[96] Zur Hälfte tschechisch und

92 Ebd., S. 31.
93 Yoram Kaniuk: Der letzte Jude. Frankfurt a. Main / Leipzig: Insel 1994, S. 266
u. 347.
94 Nadja Tschistjakowa: Vladimir Vertlib. [Interview.] (= Heimat, fremde Heimat; 858; Erstausstrahlung im ORF am 14. Mai 2006.)
95 Vladimir Vertlib: Ein schöner Bastard. In: Vertlib, Mörder, Lebensgeschichten
(wie Anm. 67), S. 83–189, hier S. 126.
96 Ebd., S. 135.

zu je einem Viertel jüdisch und deutsch, war sie ein Opfer, das davon träumte, den Täter spielen zu dürfen, und das sich doch gleichzeitig dafür bestrafte. »Sie hat diesmal nicht tief genug geschnitten«, heißt es, nachdem Renate wieder einmal eine ihrer Kameradinnen schikaniert hatte, »obwohl es nach den Exzessen dieses Nachmittags angebracht gewesen wäre, den ganzen Arm abzuhacken.«[97] – Bei jedem der Schritte, die man sie zwingt zu gehen – um zu beglaubigen, dass sie auf eine der Seiten gehört –, ist sie gezwungen, keinen geringen Teil ihrer selbst zu verleugnen oder jedoch – was noch schlimmer ist – ihn zu vergessen. Renate ist dazu bereit. »Mit Willen und Fleiß«, so der Plan des Kindes, »wird sie das jüdische Viertel ausmerzen wie ihre tschechische Aussprache. Mit Fleiß und Willen wird das deutsche Viertel sich ausbreiten und die tschechische Hälfte verdrängen, bis der slawische Teil ihrer Seele zur blassen Erinnerung verkommt […].« Das gelingt Renate tatsächlich – bis sie kurze Zeit später gezwungen ist, eben diesen Teil ihrer selbst wieder zu mobilisieren. Und auch hier gilt: bald ist ihr »Notendurchschnitt so gut wie einst in der deutschen Schule. Es hat sie viel Mühe gekostet, die ›Teutonismen‹ aus ihrer Sprache zu verbannen. Inzwischen ist ihr Tschechisch makellos.«[98]

Trotzdem kann Renate niemals gewinnen, liegt doch der »Fehler«, der sie auf jeder Seite zur jeweils anderen macht, jenseits der eigenen Schuld – ja, jenseits der Existenz; er ist mithin durch sie selber und im Nachhinein nicht korrigierbar. Renate ist die Verkörperung eines nicht aufhebbaren Dazwischen. Der Riss, der die Welt zerteilt, geht mitten durch sie hindurch. Das war bereits vor dem Krieg so, während des Kriegs ohnehin, und das hat sich auch nach dem Krieg wenig geändert. Renate wird darum weiterhin »nie eine[] von diesen, sondern nur von denen«[99] sein – wie es bereits ihr Vater war. Vladimir Vertlib ist sich dessen bewusst und verzichtet auf eine versöhnliche Lösung. Seine Lösung ist konsequent, da sie gerade keine Auflösung bietet – wohl aber eine Ahnung davon. Ein Augenblick der Identität, erfahren in einem Moment der Schwäche – das ist das Ende, zu dem er seine Geschichte führt. Das ist nicht viel, aber vielleicht doch genug, um ein Stück weiter leben und die Existenz zwischen den Welten ein wenig länger ausbalancieren zu wollen. Das zumindest scheint Renate gelungen zu sein. »›Wissen Sie‹«, bekennt sie bereits am Beginn ihrer Erzählung,

---

97 Ebd., S. 114.
98 Ebd., S. 116 f. u. 158.
99 Ebd., S. 85.

»»die Zeit bietet weder Trost, noch schließt sie etwas ab, aber sie rückt die Dinge an ihren Platz.‹« [100]

Mein erster Mörder erzählt die Geschichte der Transmission einer Schuld. Wie den Kindern der Opfer häufig das Trauma der Eltern vererbt wird, wird in Vladimir Vertlibs Geschichte beinahe analog dem Kind der Täter die Schuld vererbt: Es wird buchstäblich selber zum Täter, so wie die Kinder der Opfer vielfach selber zu Opfern werden. Die Transmission der Schuld erfolgt unter jenen bereits aus dem Prozess der Trauma-Transmission bekannten Rahmenbedingungen: Leopold Ableitinger, ein Nachkriegskind der ›zweiten Generation‹, fällt dem Schweigen der Eltern zum Opfer. Denn Leopold, der als erster in dieser Familie eine höhere Bildung anstrebt, beginnt, in den Tagebüchern der Großtante nach seiner Familiengeschichte zu suchen, entdeckt wenig später die Geschichte des Nationalsozialismus – und muss beides als die Geschichte einer niemals gesühnten Schuld erkennen. »›Du bist völlig verrückt […]‹«, wirft ihm die Großtante vor. Doch Leopold »›[…] will es wissen.‹ / ›Wozu? Es hat nichts mit dir zu tun.‹ / ›Trotzdem.‹« [101] Dass sein Vater während des Zweiten Weltkriegs an der Ermordung von Juden beteiligt war – nicht aus Überzeugung, wie die Großtante weiß, sondern weil er ein »Feigling« war, der mordete, »wenn's von oben gut geheißen« wurde, »und sich dann in die Hosen« machte, »wenn eine andere Obrigkeit« kam –, [102] ist ein Familiengeheimnis, das lange Zeit sorgsam gehütet wurde: nicht allein vor dem Sohn, sondern zuallererst vor sich selbst. Die Schuld des Vaters ist in der Rede seiner Familie hochgradig tabuisiert; jede Anspielung darauf provoziert unmittelbar Gewalt. Was auch immer geschah, haben, so behauptet Leopolds Vater dann allerdings in einem Moment der Verzweiflung, »die anderen getan«, er habe [103]

»nur zugeschaut. Ich hatte keine andere Wahl. Sonst hätten sie mich ebenfalls umgebracht. Dein Vater ist kein Mörder […] Das musst du mir glauben […] Ich kann nichts dafür. Keiner kann was dafür. Und du darfst nie jemandem davon erzählen […].«

---

100   Ebd., S. 89.
101   Vertlib, Mörder (wie Anm. 67), S. 40.
102   Ebd., S. 79.
103   Ebd., S. 74 f.

Im pathologischen Verhalten von Leopolds Vaters, insbesondere gegenüber seiner Familie, scheint die Schuld allerdings deutlich hindurch – so deutlich, wie die Verletzungen der Opfer in deren Familien auch dann erkennbar sein dürften, wo über diese geschwiegen wird: Denn »[…] das Schweigen der Überlebenden des Holocaust«, so Vertlib in seiner Rezension zu Doron Rabinovicis *Suche nach M.*, »schließt die Allgegenwart der Erinnerung an erlittene Qualen mit ein.«[104] In Vertlibs Geschichte ist analog die Schuld allenthalben präsent. Wohl hat Leopold jenes Tagebuch seiner Großtante »später verbrannt«, aber er »kann es auswendig«, und seine »Sätze begleiteten mich, bis ich den ersten schweren Nervenzusammenbruch hatte.«[105] Da die Schuld der Väter niemals gesühnt, niemals auch nur gestanden wurde, werden die Kinder der Täter – so Vertlib – als schuldlos Schuldige in einen scheinbar unaufhaltsamen Kreislauf immer neuer Verbrechen verstrickt: Die sinnlose Tat des Sohnes, sein Totschlag, ist nichts anderes als die Verlängerung der väterlichen Schuld in die Gegenwart. Darum wird auch die Strafe, die Leopold abgebüßt hat, »seiner« Schuld in keiner Weise gerecht: »Er habe trotzdem nicht genug bezahlt«, bekennt Leopold: »Es sei nie genug.«[106] Dass der »Mörder« seine Geschichte am Ende erzählen – dass er den Kreislauf der Schuld benennen – kann, ist der einzige Hoffnungsschimmer in dieser wahrhaft hoffnungslosen Geschichte.

Erzählen und ›subversives Gedächtnis‹

Die Geschichte Mittel- und Osteuropas ist von Zeitsprüngen geprägt – gegenwärtig vom bislang letzten, besonders spürbaren, nach den Revolutionen von 1989 und dem Beginn einer ›Wende‹: »Als die DDR ihrem Ende zuging«, heißt es in Vertlibs Roman *Zwischenstationen*, »schrieb ein scharfsinniger Journalist, dass dort jedes zweite Jahrzehnt ausgefallen wäre, eigentlich ausgefallen wurde. […] Die Sowjetunion übersprang gleich drei Jahrzehnte, das war billiger. Die fünfziger Jahre

---

104   Ders.: Österreichische Verstrickungen: Doron Rabinovicis erster Roman. [Rezension zu: Doron Rabinovici: Suche nach M.] In: Literatur und Kritik 32 (1997), Nr. 313/314, S. 89 f., hier S. 89.
105   Vertlib, Mörder (wie Anm. 67), S. 42.
106   Ebd., S. 12.

gingen über in die neunziger.«[107] Mit einer Erinnerungsreise, die über diese Schwelle der Zeit zurück will, setzt der Roman ein: Der Erzähler kehrt in die Stadt, die er als Kind mit seinen Eltern verlassen hatte, zurück, um seine Großmutter zu besuchen. Die Hoffnung auf eine Weitergabe der Erinnerungen von Generation zu Generation – die Hoffnung auf eine verlässliche Geschichte also –, erweist sich allerdings, wie auch sonst bei Vertlib, als trügerisch. Der Erzähler bleibt fremd in der Stadt; er wird lediglich Zeuge eines Zerbrechens seiner Familiengeschichte, und jene Briefe, die die Lebensgeschichte der Großmutter zu Ende führen sollen, fallen »*etwas unklar und verworren aus [...], da ja noch so wenig Zeit vergangen ist. Vieles gerät durcheinander, und im Kopf herrscht (so wie im Leben) ein großes Chaos…*«[108] Die Zeit ist in Verwirrung;[109] Missverständnisse, gar die Unmöglichkeit des Verstehens, bestimmen – einmal mehr unter dem Horizont von Tod und Untergang – die Kommunikation: »Aber wer kann schon wirklich verstehen, was in einem Sterbenden vorgeht. Wir werden es früh genug erfahren, denn diese große Prüfung steht uns allen noch bevor.«[110]

Wie also soll das, was die Menschen prägt, erzählt werden? »Erzählen«, so hat Vladimir Vertlib bündig formuliert, »ist eine Grundeigenschaft des Menschen.«[111] Und diese Eigenschaft teilt der Autor mit den Helden seiner Erzählungen und Romane, die ja zumeist aus der Ich-Perspektive erzählt sind. Das gilt auch dort, wo es einen überschauenden, auktorialen Erzähler gibt, also beispielsweise in *Das besondere Gedächtnis der Rosa Masur*. Denn *Rosa Masur* erzählt die Geschichte einer Erzählerin. Die Erzählerin Rosa indessen erzählt nicht nur, sondern sie reflektiert zugleich auf einer Metaebene, was sie erzählen kann und will und warum sie das in dieser und keiner anderen Weise tut. Insofern ist der Roman zugleich ein poetologischer Roman, genauer: ein poetologischer Text über die Voraussetzungen und Bedingungen historischer Romane.

Rosa Masur ist die Zeugin ihrer individuellen Geschichte und der Geschichte des 20. Jahrhunderts in einem. Trotzdem ist das, was sie erzählt, nicht mit der Faktizität der Geschichte, einer Wahrheit im wissenschaftlichen Sinn, gleichzusetzen. Denn Rosa Masur erzählt – wie jeder Erzähler so genannt authentischer Geschichten – aus einem nicht

107   Vertlib, Zwischenstationen (wie Anm. 22), S. 6.
108   Ebd., S. 7. (Kursiv im Original.)
109   Vgl. ebd., S. 8.
110   Ebd., S. 18.
111   So lautet der Titel eines Interviews mit Vladimir Vertlib; vgl. Anm. 9.

in jedem Punkt verlässlichen, von Vladimir Vertlib so benannten ›subversiven Gedächtnis‹ heraus: [112]

> Neben dem subjektiven und dem kollektiven Gedächtnis gibt es noch ein interessanteres, wenn auch seltener zitiertes: nämlich das ›subversive‹ Gedächtnis. Es treibt mit dem sich Erinnernden allerlei Späße, bedient Erwartungen, macht halsbrecherische Kapriolen, vor allem aber lässt es sich nie festlegen und findet letztendlich doch einen Weg zur so genannten Wahrheit.

Dessen ist sich auch die Erzählerin Rosa bewusst. Obschon sie die Zeugin ihrer Geschichte ist, vermag sie es nicht, sich an jedes Detail der Geschichte, die sie erzählen will, zu erinnern. Das Gedächtnis, so Rosa, ist ein »sehr launischer Meister.« [113] Immerhin ist Rosa, als sie in Vorbereitung eines Jubiläumsbuches für die Stadt Gigricht ihre Lebensgeschichte erzählt, bereits 92, und die Ereignisse, von denen sie zu berichten hat, liegen zum Teil mehr als ein halbes Jahrhundert zurück. Es sind Geschichten aus ihrer Kindheit in einem weißrussischen Shtetl, wo sie im Jahre 1907 geboren wurde, Geschichten aus den Jahren des Bürgerkriegs, aus der Frühzeit der Sowjetunion, vom Zweiten Weltkrieg und der Leningrader Blockade bis in die Nachkriegszeit. Rosa Masur hat sie alle erlebt und in ihrem »besonderen«, wenn auch nicht lückenlosen Gedächtnis bewahrt. »Ich kann mich nicht erinnern«, heißt es etwa, »was mein Vater erwiderte. [...] Aller Wahrscheinlichkeit nach wartete er geduldig, bis der Wutanfall meiner Mutter vorüberging.« [114] – Erzählen zu können, heißt also zunächst, über die Lücken der Überlieferung hinweg zu erzählen – über jene Stellen, an denen »die Familienchronik [...] sicherlich mehr [verschweigt], als sie preisgibt« [115] – und diese Lücken auf der Basis des Wahrscheinlichen oder des wirkungsästhetisch Angemessenen aufzufüllen.

Denn das Erzählen wird zunächst einmal durch seine eigenen Gesetze bestimmt; das weiß auch Rosa Masur – und mit ihr der Autor dieses Romans. Im Akt des Erzählens wird das authentische Erlebnis überformt und verändert, umgedeutet und neu gewichtet, durch eine

---

112   Vladimir Vertlib: Statistik ist die eleganteste Lüge. Was der österreichische Schriftsteller Vladimir Vertlib über verschiedene Formen der Wahrheitsfindung und über Fernweh denkt. In: Buchreport. Magazin 32 (2001), Nr. 8, S. 57.
113   Vertlib, Rosa Masur (wie Anm. 58), S. 296.
114   Ebd., S. 56.
115   Ebd., S. 54.

implizite Dramaturgie und den Wunsch, zunächst einmal eine gute
– und das heißt: eine mitreißende, spannende – Geschichte zu erzählen.
So sind auch jene Erlebnisse von Vladimir Vertlibs Großmutter, die
dem Roman um Rosa Masur zugrunde liegen, nicht als authentische
Episoden im Text wiederzufinden. Sie sind vielmehr, so Vertlib, »in
der Konstruktion des Romans vielfach gebrochen: durch ihre eigene
[der Großmutter] Perspektive, durch die Perspektive (und Intention)
der Romanfigur Rosa Masur, die diese Geschichte erzählt, und durch
diejenige des Erzählers.« (S. 92)

Auch Rosas Erzählen ist stets ein gestaltetes, von einer inneren
Dramaturgie bestimmtes Erzählen, kein bloßes Zeugnis. Den Höhe-
punkt ihrer Geschichte hat Rosa Masur von Anbeginn klar vor Augen:
»»[…] Es gibt da eine Geschichte‹«, bekennt Rosa, »»mit der ich sie
geködert habe, aber auf die müssen sie noch eine Weile warten. Jeder
Tag bringt fünfzig Mark, und das nütze ich natürlich aus. […]‹« [116] Mit
dieser Eröffnung wird neben der fiktiven Zuhörerschaft zugleich der
Leser »geködert« – und in gewisser Weise auch Rosa, die Erzählerin,
selbst. Nicht in jedem Moment scheint Rosa gleichermaßen Herr über
ihre Geschichte zu sein: »Immer, wenn ich dramatische Ereignisse schildere, werde ich von meinen eigenen Worten mitgerissen, und es fällt
mir schwer, die Details nicht auszuschmücken«, [117] kommentiert Rosa
Masur. – Gelegentlich hat es den Anschein, als sei es gar die Geschichte,
die in Rosa ihre Erzählerin suchte und fand; insofern ist Rosa auch das
Medium einer Geschichte, die erzählt werden will, weil sie erzählt sein
muss. Die Warnung ihrer (allerdings bereits vor Jahren verstorbenen)
Freundin Mascha – »»pass lieber auf, dass du bei dieser Geschichte
nicht selbst auf die Nase fällst‹« [118] – ist, von daher betrachtet, nicht
ganz unangemessen.

Erzählen, so kommentiert dieser poetologische Roman auch das
bisherige Erzählen Vladimir Vertlibs, ist allemal eine unauflösbare
Einheit von Authentischem und Fiktivem. Denn die Wirklichkeit
selbst rückt in der Erinnerung, die ja stets der Raum des Erzählens ist,
ins Fiktive. Allmählich, so bemerkt Rosa Masur, verwandelt sich die
Vergangenheit, auch die Menschen, die ihr nahe standen, immer »mehr
[in] ein Produkt meiner Phantasie als meiner Erinnerung«, [119] und die
Erinnerungsstücke, die etwas beweisen könnten, gehen verloren. Was

116 Ebd., S. 108.
117 Ebd., S. 165.
118 Ebd., S. 40.
119 Ebd., S. 73.

an Rosas Erzählungen demnach »wahr« und was erfunden ist, lässt sich nicht restlos entscheiden: »›Wenn es nicht wahr wäre‹«, so der Oberbürgermeister der Stadt Gigricht, »›könnte man es nicht besser erfinden.‹« – »›Vielleicht hab ich's ja erfunden‹, meinte Rosa.« So mag es sein, dass sie »Lügengeschichten« erzählt. [120] Allerdings, so Vertlib, kann »[e]ine gute Lüge […] wahrhaftiger sein als eine verlogen vorgebrachte Tatsache. Legendenerzähler wissen das schon seit Jahrtausenden.« [121] Wichtig ist, dass die Geschichte authentisch erscheint, sich so oder ähnlich ereignet haben könnte – und insofern, in einem höheren Sinne, »wahr« ist. Um aber wahr sein zu können, muss die Geschichte vor allem anderen gut erzählt sein. Denn ganz gewiss ist »die Grenze zwischen Moral und Unmoral« nicht identisch mit jener »zwischen Wahrheit und Lüge«. [122] Vielleicht übersteigt aber auch die »Wahrheit« des Zwanzigsten Jahrhunderts jegliche Phantasie der Dichter, von denen bereits die Antike wusste, dass sie »lügen«: Was aber Rosa erzählt, »›[...]wäre ja viel zu absurd, um nicht wahr zu sein.‹« [123]

Im Jahrzehnt der Erinnerungsdebatten in Deutschland wie in Mitteleuropa hat Vladimir Vertlib erzählerisch eine Poetologie des Gedenkens erkundet; er ging dabei konsequent von den Geschichten der Opfer aus. Die Eltern von Rosa Masur wurden ermordet, und kein Denkmal erinnert an sie. Nur ihre Tochter wird, wie es heißt, »das Denkmal nun immer in meinem Inneren tragen [...], bis an mein Lebensende«; [124] ihre Erzählungen, so wie die Erzählerin sie gestaltet, legen Zeugnis ab von der Geschichte, die allerdings viele lieber vergäßen: »›Heutzutage empfinden es viele Menschen als Segen, wenn sie vergessen können‹«, meint Rosa Masur. [125] Sie wiederum, die sich erinnern will, kann es nur mehr bedingt. Denn für gewöhnlich ist das Erinnerungsvermögen »nicht gnädig« zu Vertlibs Figuren. [126] Die Spuren verlieren sich: »Ich suchte nach einem Zeichen, das mir den Weg in die Vergangenheit weisen würde, und fand keines.« [127] Andererseits: Wäre die Erzählung schlichtweg authentisch, so wäre sie trotzdem nicht so überliefert. Denn die Erinnerung gehört nicht dem Einzelnen; sie ist bereits vorab – durch die Sprache – kollektiv kodiert und durch die Medien überformt. Was

120   Ebd., S. 414, voriges Zitat ebd., S. 416.
121   Vertlib, Statistik (wie Anm. 112), S. 57.
122   Vertlib, Rosa Masur (wie Anm. 58), S. 314.
123   Ebd., S. 416.
124   Ebd., S. 306.
125   Ebd., S. 296.
126   Vgl. diese Formulierung zu Rosa Masurs Erinnerungsreise, ebd. S. 292.
127   Ebd., S. 291.

Rosa nämlich erzählt, wird aus dem Russischen in das Deutsche – und aus der Rede in Schrift übersetzt.

Die scheinbare Täuschung aber, wie sie durch die Eigenwilligkeit des Erinnerungsvermögens, durch den Formanspruch des Erzählens, durch die ›Übersetzung‹ zwischen den Sprachen und Medien geschieht, ist die Rettung dieses Romans; denn sie – und nicht die vorgebliche Wirklichkeit – ist sein Thema und Stoff zugleich. Die echte Erzählung darf nicht nur – dies ist das Zentrum von Vertlibs Poetologie –, sie muss sogar »lügen«, um wahrhaftig zu sein. Insofern ist sie ›subversiv‹ gegenüber jeder verfestigten Borniertheit. Denn die schlichte, die einfache Wahrheit zu sagen, vermag nur Gott. Die Geschichten der Menschen dagegen ergeben sich aus Gottes Ratschluss und menschlicher Freiheit. So wird es in jener poetologisch lesbaren Lehre bestimmt, die Gabriel Salzingers Vater in Israel erhielt:[128]

> »Ich hätte den Entschluss nicht gefasst, Erez Israel zu verlassen und nach Deutschland, ins Land der Mörder, zurückzukehren. Aber es war auch mein Lehrer im Kibbuz, der gemeint hatte, unser aller Schicksal sei in einem großen Buch eingeschrieben. Niemand von uns habe die Macht, es umzuschreiben. Wir können nur Kommentare an die Seitenränder kritzeln und manchmal zwischen den Zeilen etwas einfügen.«

Dies ist die Chance des menschlichen Erzählens. In seinem Roman *Letzter Wunsch* aber lässt Vertlib Rosa Masur noch einmal auftreten; sie bringt auf diese Weise das Resultat ihres eigenen Erzählens in die neue Erzählung mit ein: »›Gott selbst ist eine Übersetzung und dazu noch eine schlechte.‹«[129]

Denn Gottes Schicksalsbuch braucht – wie jede andere Geschichte auch – die Aufnahme durch den andern, braucht Verständnis – und entfaltet so ihr subversives Potential. Ausgenommen von dieser Erfahrung ist auch die Erzählerin, die ja immer auch Zuhörerin ist, keinesfalls. Gerade die scheinbar simplen Geschichten erweisen sich in dieser Erzählwelt als höchst kompliziert und zudem poetologisch entzifferbar – so etwa Rosas Begegnung mit dem verhafteten, irritierender Weise russisch sprechenden Afrikaner, dem sie solidarisch, als ›Übersetzerin‹, helfen will: Zunächst scheint alles nach stereotypem Muster abzulaufen, doch ob am Ende wirklich die deutschen Beamten vorurteilhaft – oder der

128 Vgl. Vertlib, Letzter Wunsch (wie Anm. 16), S. 107.
129 Vgl. ebd., S. 255 u. 268.

›Fremde‹ nicht vielleicht wirklich ein Dieb und der bestohlene Juwelier ein verunsicherter Sucher nach der Gerechtigkeit ist, scheint mehr als zweifelhaft. [130] Die ›Übersetzung‹ Rosas schafft insofern keine ›Wahrheit‹, aber sie öffnet subversiv diesen Erfahrungsweg. Rosa Masur spricht es deutlich aus: »›Das ist eine verrückte Geschichte… Im übrigen kann der erste Eindruck trügerisch sein. Man glaubt schon verstanden zu haben, was vor sich geht, hat sich schon sein Urteil gebildet, und dann geschieht plötzlich etwas ganz anderes.‹« [131]

Vladimir Vertlibs Erzählungen klingen auf starke, zum Teil irritierende Weise authentisch – gerade weil sie erfunden und weil sie immer schon ›übersetzt‹ sind. Sie lesen sich, so Günther Stocker über *Das besondere Gedächtnis der Rosa Masur*, »phasenweise […] wie ein Zeitzeugenbericht, so stimmig […] bis in die Details.« [132] – »Wer diese Vergangenheit mit solcher Energie aufzeichnet«, heißt es in einer anderen Rezension, zu *Mein erster Mörder*, [133]

muss selbst von ihr gezeichnet sein. Das zumindest steht zu vermuten nach der Lektüre von Vertlibs drei Erzählungen. […] Doch so ist es nicht. Vertlib ist Jahrgang 1966, und umso mehr erstaunt es, mit welcher Intensität er die Jahre des Dritten Reichs und dessen Folgen wieder auferstehen lässt. Mit welcher Detailtreue auch und welchem literarischen Geschick.

Für diesen Befund könnte es eine sehr simple Erklärung geben, auf die sich Vertlib gelegentlich selber zurückzieht: »Eigentlich bin ich nur ein Geschichtenerzähler, das ist einfach das, was ich besser kann als alles andere […].« (S. 133) Man könnte auch sagen: er ist einfach ein guter Geschichtenerzähler, und das ist selten.

»Den Vergleich mit Joseph Roth oder Isaac Singer braucht Vladimir Vertlib nicht zu scheuen.« [134] Das ist schon deshalb richtig, weil Vertlib nie

130   Vgl. Vertlib, Rosa Masur (wie Anm. 58), S. 105 ff.
131   Ebd., S. 98.
132   Günther Stocker: Aus dem Zeitalter der Extreme: Vladimir Vertlibs neuer Roman. [Rezension zu Das besondere Gedächtnis der Rosa Masur.] In: Literatur und Kritik 36 (2001), Nr. 355 / 356, S. 91–93, hier S. 93.
133   Adam Olschewski: Vergangenheit, die nicht vergeht. [Rezension zu Mein erster Mörder. Lebensgeschichten.] In: Neue Zürcher Zeitung (15. / 16. April 2006).
134   Alexander Kissler: Miss Jahrhundert. Vladimir Vertlibs Rejsele erzählt. In: Frankfurter Allgemeine Zeitung (23. Juni 2001).

der Versuchung nachgibt, die schon in der Literatur des 19., beginnenden 20. Jahrhunderts geprägten Stereotypen eines romantischen Ostjudentums zu bedienen. So ruft Vertlibs Roman *Das besondere Gedächtnis der Rosa Masur* zwar die ostjüdische Welt eines Scholem Alejchem oder des Joseph Roth als einen weiteren Subtext auf, ohne jedoch die von Texten wie diesen und im Kontext der ›jüdischen Renaissance‹ geprägten Romantisierungen fortzuschreiben. War es der kulturzionistischen Bewegung des beginnenden 20. Jahrhunderts vor allem darum gegangen, dem Prozess des ›nation building‹ ein Idealbild des Jüdischen präsentieren zu können, [135] so ist Vertlibs Literatur im Gegenteil eine Arbeit am Abbau von Klischees. Vom Bild des ungeschickten, bettelarmen, doch frommen und vergeistigten – eben deshalb liebenswerten – Ostjuden sind Vertlibs Figuren weit entfernt. Mit Mendel Singer aus Joseph Roths *Hiob* oder mit Tewje, dem Milchmann, haben sie wenig gemein – nicht nur, weil Rosas Großvater mütterlicherseits »ein wohlhabender und angesehener« Mühlenbesitzer und außerdem »Besitzer eines Raddampfers« war, »der zwischen Weißrussland und dem Schwarzen Meer Fracht und Passagiere beförderte.« [136] Die ostjüdischen Figuren in Vladimir Vertlibs Roman stehen – obwohl auch sie von Pogromen betroffen und einer in vielem feindlichen, nicht-jüdischen Umwelt ausgesetzt sind – dennoch mitten im Leben. Von jener Passivität und Vergeistigung – einem Klischee, aus dem das zionistische Narrativ sein »Postulat der Negation der Diaspora« herleitete –, [137] kann die Rede nicht sein, wenn Rosas anderer Großvater beispielsweise »betrunkene Bauern eigenhändig aus seinem Laden« prügelte und wenn er, sobald »er in Rage geriet, [...] mit den Fäusten auf den Tisch« schlug. [138] Ähnlich entschieden stellen sich Vertlibs Figuren den Herausforderungen einer sich modernisierenden Welt. Ihnen vermag die Religion keine Ausflucht und keinen Halt mehr zu

---

135 Vgl. Scott Spector: Prague territories: national conflict and cultural innovation in Franz Kafka's Fin de siècle. Berkeley u. a.: Univ. of California Press 2000, S. 165, wo es über das Bild des Ostjuden im Diskurs des Kulturzionismus heißt: »They looked eastward for an image of their essential selves, and for the secret of their place in a hostile modern world.« Vgl. zudem: Das jüdische Erbe Europas. Krise der Kultur im Spannungsfeld von Tradition, Geschichte und Identität. Hg. v. Eveline Goodman-Thau u. Fania Oz-Salzberger. Berlin / Wien: Philo 2005.

136 Vertlib, Rosa Masur (wie Anm. 58), S. 51.

137 Moshe Zuckermann: Israel und die Shoah. Zur Problematik einer Selbstverständlichkeit. In: Die Neuen Hebräer (wie Anm. 89), S. 287–293, hier S. 288.

138 Vertlib, Rosa Masur (wie Anm. 58), S. 50.

geben, doch dies scheint keine Tragödie, sondern der Lauf der Dinge zu sein. Rosas Vater zumindest bot [139]

> seine religiöse Bildung in erster Linie den Stoff für pointierte Bemerkungen mehr oder weniger blasphemischen, manchmal sogar anzüglichen Inhalts und für geistreiche Anekdoten, zu deren Standardfiguren ein Zaddik, ein Leiter der Jeschiwa, ein dicker Rabbi, ein Ganev […], ein Goj, der Messias und sogar der Allmächtige selbst gehörten.

Wie Alejchem und Roth erzählt auch Vertlib von einer zwischen Tradition und Moderne zerrissenen Welt, doch Vertlibs Blick auf die zerfallende Ordnung ist ohne Nostalgie. Vielleicht deshalb wirken Vertlibs Geschichten so »wahr«, als habe er sie erlebt.

Zu einem guten Erzähler gehört allerdings mehr als ein Fundus an interessanten, authentisch anmutenden Geschichten – und ein sicheres Gespür fürs Details, wie es für Vertlibs Erzählen zweifellos typisch ist. Hinzu kommt die ihm eigene, spannungsreiche, nicht verwechselbare Sprache, die nirgends den falschen Ton trifft und die Vertlib selber damit erklärt, dass er unbewusst »Satzbau, Melodie und Idiomatik des Russischen« (S. 59) ins Deutsche übernehme. Damit ist die Frage nach dem Werden des Erzählers gestellt, und sie kann nicht nur mit dem Verweis auf den Sprachwechsel – die ›Übersetzung‹ als Stilprinzip – beantwortet werden. Vielmehr wird hier eine weitere poetologische Schicht in Vertlibs Romanen – in *Zwischenstationen* zuerst – offengelegt.

Zugrunde liegt jene frühe Erfahrung, dass die Sprache vom Sprechenden nicht beherrscht werden kann – eine Erfahrung, welche der Autor mit dem Erzähler der *Zwischenstationen* teilt. Belegt wird dies in einer Zahl scheinbar komischer und kindlicher Missverständnisse – wie etwa dem folgenden: »Ich kannte das Wort Provokation nicht, doch es gefiel mir. Wenn mich jemand von den Erwachsenen fragte, wie es mir gehe, antwortete ich oft stolz: ›Es geht mir gut. Ich bin eine Provokation.‹« [140] Damit jedoch gelingt es dem Kind zum ersten Mal – gerade indem es die Sprache nicht meistert –, sich durch Naivität und Witz über die Sprachregelungen der Erwachsenwelt zu erheben: sich zu befreien. – Mit dem Eintritt in die Arbeitsordnung nimmt die Regulierung der Sprache noch zu; die Vorgesetzte der Mutter verlangt den ihr Un-

139 Ebd., S. 49.
140 Vgl. Vertlib, Zwischenstationen (wie Anm. 22), S. 27.

tergebenen Demut bereits in der Anrede ab; sie ist die »Oberputzfrau«, und entsprechend weist sie dem Kind – das die Mutter begleitet und aus ihrer Sicht dort nichts zu suchen hat – den ihm entsprechenden Rang zu: ganz unten. Doch gerade indem der kindliche Held sich naiv in dieser Art von Devotion übt, begeht er einen Fauxpas: er nennt den »Herr[n] Prokurist[en] Furtlehner«, zuständig für Schäden an Großobjekten, einen »Großschädling«, wie es insgeheim unter dessen Kollegen üblich ist:[141]

> Die Schreibmaschinen verstummen. Kurze Zeit herrscht absolute Stille. Großschädlings Kollegen versuchen, ihre Gesichter zu verbergen. Ihre Körper zittern. Eine Frau wischt sich mit dem Taschentuch die Tränen aus den Augen. Für einen Moment verfinstert sich Furtlehners Blick, dann prustet auch er los und kann sich nicht mehr halten vor Lachen. Wenn er ein Großschädling sei, sagt er, sei ich ein Kleinschädling, weil alle Kinder eigentlich böse kleine Schädlinge seien. Das wisse er genau, schließlich habe er drei. Und auch ich lache, weil mir diese Bezeichnung gefällt. »Nur«, meint er, »Doktor bin ich keiner.«

Das Kind hat das Schema wie im Spiel weitergeführt; so wird seine Naivität ›subversiv‹; im Spiel hilft die Sprache ihm – und nicht denen, die jedes Verständnis vorab normieren. Auf ähnliche Weise, wie sich dem Fremden durch das Missverständnis die Sprache öffnet, erschließt sich ihm später die Tradition: Seinen Schulerfolg verdankt der Erzähler von *Zwischenstationen* »in nicht unwesentlichem Maße Goethe«, dem deutschen Klassiker – dessen Werk er allerdings nur zufällig kennen lernt und durch einen weiteren glücklichen Zufall, ja ein Missverständnis, in der Schule nutzen kann.[142] – Unauffällig, nur punktuell, zitieren Vertlibs Texte die großen, pathetischen Symbole, die sich seiner Thematik längst – bis zum allzu Selbstverständlichen – amalgamiert haben: den ›Turm zu Babel‹ als Ort der Sprachverwirrung,[143] das »Labyrinth« als Chiffre der Desorientierung.[144]

141   Ebd., S. 73.
142   Ebd., S. 163, vgl. S. 166.
143   Man findet, Rosa Masur flicht ihre Zöpfe »zu einem Knoten, der auf meinem Kopf wie ein kleiner Turm zu Babel aussehen musste.« – Vertlib, Rosa Masur (wie Anm. 58), S. 77.
144   Ebd., S. 79.

Unauffällig sind auch jene Schlüsselszenen mit eingeschaltet, die in den *Zwischenstationen* von der verzweifelten Suche des Kindes nach Kontakt, nach Kommunikation und nach Orientierung handeln – beginnend in jener ersten Zuflucht, in der das verlassene Kind vergeblich nach Schutz sucht und statt dessen nur Fremdenhass und Antisemitismus findet. Wo aber die Orte nicht heimisch werden, soll zumindest das ›Labyrinth‹ eine erkennbare Ordnung gewinnen. Unablässig fährt der Junge mit der Straßenbahn durch Wien und kennt alle Pläne auswendig, so dass sich die ankunftslose Reise ins Ungewisse, wenn auch nur scheinbar, in die Ordnung von Fahrplan und Schienennetz überführen lässt. [145] – Wenigstens Reisen durch die Welt der Lektüren vermögen ihm eine Zeit lang Orientierung und Sinn zu vermitteln; als die Eltern ihn jedoch in Rom, ein weiteres Mal, über den transitorischen Charakter auch dieser ›Zwischenstation‹ getäuscht – und damit die Hoffnung auf Ankunft zerstört – haben, wirft das Kind seine Bücher weg. – In Amerika erhält es zwar zeitweilig neue, aber nur dank einer gefälschten Sozialversicherungsnummer, einer fingierten echten Ankunft in diesem Land also. Allerdings lernt das Kind hier zu schreiben – in der Fremdsprache Englisch, als Übersetzer des Vaters, der in zahllosen Eingaben seine Träume gegen die Bürokratie zu verteidigen sucht – ein missgeleitetes Unterfangen. Die Übersetzung aber wird stilschöpferisch: »Vaters trockenem Stil setze ich die Kraft des Ausdrucks entgegen« – fruchtlos natürlich. [146] »Russland – Israel – Österreich – Italien – Österreich – Holland – Israel – Italien – Österreich und nun die USA. Ich bin des Reisens müde«, hatte es am Beginn dieser Reise geheißen: »Amerika ist das Land, in dem die Träume wahr werden.« [147] Doch wieder wird das Klischee korrigiert; denn Amerika ist das Land, in dem die Träume zuschanden werden; es ist nicht mehr als eine weitere ›Zwischenstation‹ auf dem Weg des Erzählers zur Autorschaft. Die Erfahrung Amerika führt ihn, wieder einmal in Wien ankommend, an die Grenze der Sprache selbst: [148]

> Wenn ich es hätte ausdrücken können, hätte ich erklärt, wie die Bilder in der Erinnerung ineinander übergehen, die Zuordnung schwer machen, sich verdichten zu einem einzigen Gefühl der Zwischenwelt. Über dieses Gefühl hätte ich gerne mit ihnen [den einheimischen Mitschülern] gesprochen.

145   Vgl. Vertlib, Zwischenstationen (wie Anm. 22), S. 164.
146   Ebd., S. 227.
147   Ebd., S. 210.
148   Ebd., S. 263.

Aber ich verstand, dass dies nicht möglich war. [...]
Eines Tages nahm ich mir vor, mit niemandem mehr zu sprechen.

Missverständnis und Sprach-Spiel, Sprachverzweiflung und – allemal ohnmächtige – Übersetzung, das wären die poetologischen Elemente in der Biographie eines künftigen Autors, wie sie Vladimir Vertlibs Roman *Zwischenstationen* entfaltet. Zu einer Erzählung, die alle Verwirrungen löst, kommt es am Ende trotzdem nicht. Die Politik hat im Zwanzigsten Jahrhundert dafür gesorgt, dass ›Erinnerung‹ – die Wendung ins Innere, wo der Mensch um seine ›Heimat‹ weiß – ins Leere geht. Die Vergangenheit ist verschollen, der Heimatort nicht existent. Das frühere Shtetl hat seine Lage im Raum verändert; ehemals Grenzort, liegt es inzwischen im Binnenland – und ist schon lange kein Shtetl mehr: »Der Stadt waren die Bewohner abhanden gekommen«,[149] heißt es lakonisch. Die Grenzerfahrung der Juden, für die das Shtetl einstand und die das Erzählen anleiten könnte, ist in der kompakten Einsinnigkeit des Binnenlandes verloren gegangen. So rettet Vertlibs Roman jenen subversiven Doppelsinn auch nur noch durch einen Kunstgriff, einen doppelten – und zugleich unaufgelösten – Schluss: In einem ersten Schritt zerbricht die Übereinkunft des Erzählens angesichts des Ur-Traumas der Shoah. Die Freundin Rita, die als Nachgeborene dennoch in alle Schrecken der Eltern, von Freunden oder Verwandten – »alles Überlebende des Holocaust«[150] – eingeweiht ist und die auf diese Weise der Gemeinschaft der Opfer angehört, bricht unerwartet ihr Gespräch mit dem Erzähler ab, nachdem ihr Vater noch einmal das Opfer einer Gewalttat wurde. Er könne am jüdischen Leid nicht teilhaben, hält Rita dem Erzähler entgegen: Er habe das Judentum längst verlassen, so sehr er auch selber glaube, dass die »jüdische Leidensgeschichte [...] auch meine Geschichte«[151] sei: »»Es gibt keine Geschichte‹«, lautet das Fazit,[152] – Komplementär dazu übernimmt der Erzähler in einem zweiten Schritt eine – oder: seine – Geschichte. Diese jedoch ist überzeichnet, gleichsam eine mediale Simulation: denn assimiliert ist er nun doch in diesem Österreich, das seines Gleichen nicht akzeptiert. So verlässt er den Grenzort Wien, die ›Porta Orientis‹, und zieht ins Binnenländisch-Provinzielle, nach Salzburg, an den geometrischen Ort einer Provinzhölle, wie Thomas Bernhard ihn so eindrücklich schilderte,

---

149 Ebd., S. 271.
150 Ebd., S. 284.
151 Ebd., S. 289.
152 Ebd.

einerseits – und einen Ort von Festspielseligkeit und Touristenkulisse andererseits. Hier scheint der Erzähler tatsächlich anzukommen, und er besiegelt dies mit dem Entschluss, einen Tirolerhut – das Symbol österreichischer Heimat – zu kaufen: »den erstbesten grünen Hut mit Feder. Holloraitulijöötuliahiii.«[153] Mit einem falschen Jodler zum falschen Hut – denn sehr gewiss liegt Salzburg nicht in Tirol –, mit einer überinszenierten Geste des Heimatgefühls also, findet diese Erzählung ihr Ende, ohne dadurch ein Ziel gefunden zu haben. Die Maske jedoch, der der Erzähler bedurfte, scheint damit gefunden zu sein.

Geschichtsroman und Geschichtspolitik

»Fasst man den Begriff ›historisch‹ etwas weiter, als dies in der Umgangssprache üblich ist, so kann man alle meine Bücher als historische Romane bezeichnen« (S. 71), hält Vladimir Vertlib fest:

> Literarisch bietet ein historischer Rahmen mehr Möglichkeiten, bestimmte Erfahrungen und Überlegungen zu gestalten, symbolisch zu verdichten und auf den Punkt zu bringen, als ein so genannter Gegenwartsroman. Aus der Distanz betrachtet, erscheinen Verhaltensweisen, Probleme und Strukturen, gerade weil man Parallelen zur Gegenwart ziehen kann, schärfer, aber auch »zeitloser«, allgemeingültiger. (S. 106)

Der historische Stoff wäre demnach bei Vertlib, abermals ähnlich wie in den Romanen von Lion Feuchtwanger, in erster Linie ein »Gewand«, eine »historische[] Verkleidung«, unter welcher der Autor dennoch »im wesentlichen Zeitgenössisches aussagen will«:[154]

> Der Autor weiß, dass man eine bessere Perspektive nur aus der Distanz gewinnen kann, dass man die Linien eines Gebirges aus der Entfernung besser erkennt als mitten im Gebirge. Der Autor, um sein zeitgenössisches Weltbild klarer aus sich heraus zu projizieren, rückt es in eine größere räumliche Entfernung.

153   Ebd., S. 301.
154   Lion Feuchtwanger: Das Haus der Desdemona oder Größen und Grenzen der historischen Dichtung. München/Wien: Langen Müller 1984, S. 133 u. 140.

Gleichzeitig geht es allerdings dort, wo der historische Stoff der jüngeren Geschichte entstammt, immer auch um deren Deutung. Romane und Filme über den Zweiten Weltkrieg und die Shoah sind Teil der Geschichtspolitik, sie gehören, so Peter Reichel, zu deren »Feld der ästhetischen Kultur«. [155] Das gilt auch für Vladimir Vertlibs Erzählungen und Romane, von denen Adam Olschewski zu Recht behauptet, sie stellten »eine Geschichtslektion dar, die man ohne größere Umstände gegen etliche etablierte Nachschlagewerke einzutauschen bereit ist.« [156] Denn Vertlib, so eine andere Rezension, zu *Mein erster Mörder*, sei »ein Universum, einer, der die Geschichten aufbewahrt, die hinter anonymen Zahlen stehen.« [157]

Dennoch sind historische Romane dieser Art, nicht anders als Geschichtsverfilmungen und ›Doku-Dramen‹ – gerade weil sie eine geschichtspolitische Relevanz besitzen –, allemal auf die Gegenwart ausgerichtet; sie zielen keineswegs darauf ab, die Faktizität von Geschichte zu rekonstruieren. In diesem Sinn müssen alle Fiktionalisierungen von Geschichte als Erfindungen von Geschichte verstanden werden: »Medien – Sprache und Schrift, Bilder und Filme etc. – fungieren«, so Waltraut Wende, »nicht als ›neutrale‹ Vermittler zwischen Vergangenheit und Gegenwart, sondern sie sind zugleich immer auch Instrumente der Wirklichkeitskonstruktion [...].« [158]

Was für die Fiktionalisierungen von Geschichte noch eine allgemein akzeptierte Tatsache sein mag, gilt allerdings ähnlich für die Geschichtspolitik selber. »Geschichtspolitik«, hält abermals Peter Reichel fest, »ist [...] im Kern Deutungspolitik.« [159] Was erinnert wird, wie es erinnert wird – und wann es erinnert wird, wird allemal von den Erfordernissen der Gegenwart, nicht von der Faktizität des Ereignisses bestimmt: »Der Kampf um das Geschichtsbild«, so Samuel Salzborn, »wird [...] in der Gegenwart um die Zukunft geführt.« [160]

155   Peter Reichel: Erfundene Erinnerung. Weltkrieg und Judenmord in Film und Theater. München: Hanser 2004, S. 12.
156   Olschewski (wie Anm. 133), S. 29.
157   Verena Auffermann: Im richtigen Land zu der falschen Zeit mit der falschen Sprache. [Rezension zu *Mein erster Mörder*.] In: Süddeutsche Zeitung (2. November 2006).
158   Wende, Medienbilder (wie Anm. 62), S. 10.
159   Reichel, Erfundene Erinnerung (wie Anm. 155), S. 12.
160   Samuel Salzborn: Opfer, Tabu, Kollektivschuld. Über Motive deutscher Obsessionen. In: Michael Klundt u. a.: Erinnern, verdrängen, vergessen. Geschichtspolitische Wege ins 21. Jahrhundert. Giessen: NBKK 2003, S. 17–41, hier S. 19. Vgl. auch ebd., S. 18: »Was in diesen Prozessen letztlich zur Geschichte erklärt wird, ist in aller

Im Zwanzigsten Jahrhundert aber, und dies macht die Freiheit des Erzählens so unverzichtbar, haben die totalitären Staaten sich auch die Diktatur über die Sprache und die Geschichte angemaßt. »[M]onoglott und monokulturell« (S. 49) will das sowjetische Imperium sein; die Sprache der Macht duldet keine Abweichungen – und verfälscht durch Normierung die Realität. Die Erinnerung ›des Fremden‹ muss daraus getilgt werden – könnte sie doch jene »Mischung« und Vielfalt erzeugen, die dazu geeignet wäre, die normierte Staatsordnung zu irritieren. In Vertlibs Erzählen ist dies die Erinnerung »an die eigenen jüdischen Wurzeln« (S. 49); darauf zu verzichten, käme dem Selbstverlust gleich, einer Assimilation also als Programm von Heimatlosigkeit. (Vgl. S. 50 ff.)

Die notwendige Subversion jedoch steht zu den selbstformulierten Ansprüchen einer »Erinnerungs*politik*«[161] in einem prekären Verhältnis. Noch prekärer wird es allerdings dort, wo es um Erinnerungsarbeit, also abermals um Geschichtspolitik, im Kontext der Shoah geht. Aus der Geschichte lernen zu wollen und das Gedächtnis an die Geschichte aus diesem Grund zu bewahren, ist im ›Lande der Täter‹ nicht nur ein ethischer Wert, sondern ein unverzichtbarer Teil der öffentlichen Selbstdarstellung. Die Konzentration auf den Zeitzeugen, selbst noch ein »wahrer Kult des Zeugnisablegens«,[162] der sich im Laufe der Jahre entwickelt hat – wohl gemeinsam mit der von Vertlib wiederholt hinterfragten These vom Aussterben der Zeugnisgeneration –,[163] ist von daher verständlich: es geht hier schließlich um nichts Geringeres als die Wahrheit. Da Erinnerungsarbeit indes niemals Selbstzweck, sondern immer nur Ausgangspunkt einer daraus herzuleitenden Verantwortung ist, kommt gerade im ›Land der Täter‹ eine besondere Verantwortung gegenüber den Opfern und ihren Nachkommen hinzu: »um sowohl den Opfern der Gewalt«, wie Ulrich Baer festgestellt hat, »als auch uns selbst gerecht zu werden, wächst für uns die Verpflichtung, ›für die

Regel nicht von den historischen Fakten abhängig, sondern von ihrer Interpretation durch Politik, Wissenschaft, Medien und Öffentlichkeit.«

161   Zum Begriff vgl. Moshe Zuckermann: Trauerarbeit und Trauerpolitik: Gedenken und Ideologie im Umgang mit der Holocaust-Erinnerung. In: Trauer und Geschichte. Hg. v. Burkhard Liebsch u. Jörn Rüsen. Köln u. a.: Böhlau 2001, S. 297–306, hier S. 300: »Je mehr sich nun fremdorientierte Faktoren […] auf den Prozess der Erinnerungsinstitutionalisierung auswirken, desto eher wird man geneigt sein, von Erinnerungs*politik* zu sprechen […].«

162   Raul Hilberg, zit. nach Jörg Lau: Ein fast perfekter Scherz. Die Affäre um Binjamin Wilkomirski zieht weite Kreise: Darf man Erinnerungen an den Holocaust erfinden? In: Die Zeit (17. September 1998).

163   Vgl. u. a. Vertlib, In weiter Ferne so nah (wie Anm. 49).

Zeugen‹ [...] durch Wahrnehmung und Handlungen Verantwortung zu übernehmen.«[164] Anspruch und Notwendigkeit der Erinnerungsarbeit gehen hierin konform: Im Mittelpunkt hat die Sorge um den einzelnen Menschen, die mit dem Interesse an seiner persönlichen, unverwechselbaren Geschichte beginnt, zu stehen.

Vladimir Vertlibs Roman *Das besondere Gedächtnis der Rosa Masur* stellt ein in dieser Hinsicht sehr löbliches – weil verantwortungsvolles – Projekt vor: Anlässlich der 750-Jahr-Feier der (fiktiven) deutschen Kleinstadt Gigricht soll unter dem konventionell-originellen Titel »Fremde Heimat. Heimat in der Fremde« ein Jubiläumsbuch erarbeitet werden, in dem auch die zugewanderten Neu-Gigrichter – das Gedächtnis der Stadt programmatisch ins Multikulturelle erweiternd – eine Stimme erhalten:[165]

> ein Türke, ein Kurde, ein Kroate, ein Serbe, ein Bosnier (die Stadt hätte zwar aus Kostengründen gerne nur einen einzige ›Jugoslawen‹ genommen, doch sei dies heutzutage natürlich nicht mehr möglich), ein Kosovoalbaner, ein Nordafrikaner (hier wurde wiederum nicht nach den einzelnen Ländern differenziert, ein Marokkaner müsse demnach auch für alle Algerier herhalten), ein Roma oder Sinti, ein aus Gigricht stammender Jude (ein Holocaustüberlebender habe sich freundlicherweise bereit erklärt, am Projekt mitzuarbeiten), ein Chinese, eine weitere Person, die für alle verbleibenden kleineren Minderheiten stehen soll [...], und natürlich ein russischer Jude [...]

Der Wunsch des Bürgermeisters, »[...] dass gerade in den jüdischen Biographien die Tragik, die Umbrüche und Hoffnungen des 20. Jahrhunderts erkennbar werden«« – und dass auf diese Weise die »»Höhen und Tiefen der Zeit exemplifiziert am Beispiel einer persönlichen Erfahrung, wo sich in der Einzigartigkeit das Allgemeingültige widerspiegelt [...]«««,[166] sich offenbaren –, ist dann allerdings als erstes Indiz für das Fragwürdige dieses geschichtspolitischen Unterfangens zu werten. Denn erstens geht es den Initiatoren offenbar nicht darum, je individuelle, unverwechselbare Zeugnisse zu erhalten und im Gedächtnis der Stadt

---

164   Ulrich Baer: Einleitung. In: »Niemand zeugt für den Zeugen«. Erinnerungskultur und historische Verantwortung nach der Shoah. Hg. v. Ulrich Baer. Frankfurt a. Main: Suhrkamp 2000, S. 7–31, hier S. 8.
165   Vertlib, Rosa Masur (wie Anm. 58), S. 35.
166   Ebd., S. 37.

zu bewahren. Vor der Erwartung des Bürgermeisters, die sich beinahe wie eine ironische Paraphrase der ästhetischen Ideale des sozialistischen Realismus liest, wird das Schicksal des Einzelnen, im Gegenteil, durchaus nebensächlich, wo es vom so genannt Typischen – und insofern Instrumentalisierbaren – abweicht. Darüber hinaus jedoch impliziert die Erwartungshaltung der Leiter dieses Projektes eine ungeschminkte Aufforderung an die Zeugen, möglichst geschickt zu lügen. Sie müssen, so wird Rosa Masur erläutert, »»[…] sowohl durch so genannte typische Merkmale ihrer Gruppe als auch durch etwas Individuelles und über das gewöhnliche Maß Hinausgehendes beeindrucken‹‹[167] – denn die Zeugen, so stellt sich heraus, stehen miteinander in einem Wettbewerb, in dem nur der beste gewinnen – das heißt: einen Platz im Buch, mithin im Gedächtnis der Stadt, und ein Honorar bekommen – kann.

Diese Bemerkung mag angesichts der Tatsache, dass es hier um den Umgang mit Zeitzeugen und letztendlich um Zeugnisse geht, zynisch erscheinen. Im Zeitalter der ›Ökonomie der Aufmerksamkeit‹ (Georg Franck) enthält sie dennoch im Kern eine Wahrheit, die man beklagen, aber nicht abschaffen kann: Wer zur Kenntnis genommen werden soll, muss kenntlich sein und gleichzeitig den Geschmack einer Mehrheit treffen – eben so, wie es Rosa Masur in ihrem von Anbeginn gestalteten und wirkungsästhetisch kalkulierten Erzählen gelingt: »Da erst spielte Rosa ihren größten Triumph aus. Sie brauchte dafür zwei Minuten. Noch nie hatte sie jenes Ereignis, das sie meist als Schlüsselerlebnis ihres Lebens bezeichnete, so knapp und gleichzeitig so dramatisch geschildert.«[168]

Da die Erwartungshaltung des Publikums, verkörpert im Bürgermeister und den Projektbetreuern, mindestens indirekt zur poetologischen Grundlage von Rosas Erzählung wird – und da Vertlib zudem an verschiedensten Stellen ironische Hinweise auf mögliche Fehllektüren platziert –, sollte der Leser gewarnt sein: Ob man Rosas Erzählung trauen kann, ob also das, was sie berichtet, »wahr« und zeugnishaft ist, muss durchaus in Zweifel gezogen werden. »Bei manchen Details«, gibt Rosa zu, »behauptete ich, mich nicht mehr erinnern zu können, anderes, was mir wichtig schien, erzählte ich sehr ausführlich.«[169] Dennoch hängt das Ergebnis nicht alleine von Rosa ab; der Text wird, wie schon erwähnt, als Übersetzung aufgezeichnet, wobei sich der »junge

---

167 Ebd., S. 36.
168 Ebd., S. 39.
169 Ebd., S. 312.

Mann [...] einige Freiheiten erlaubt. Aber ich habe mich entschlossen, großzügig zu sein«, [170] so die Zeugin Rosa Masur. – Vorschnelle Schlüsse sollte demnach der Leser nicht ziehen. – Vielleicht liegt die ganze Wahrheit der Geschichte ja auch nur im Wortspiel verborgen. Für die verfolgten Juden zumindest erweist sich Rosas Wortspiel – ›zusammen‹ oder ›miteinander‹ geschlafen zu haben –, mit dem sie Stalin, den Diktator der Eindeutigkeit persönlich, verblüfft, als ein rettender Einfall: »›Talmudisten, Wortglauber, Spielernaturen‹«, stellt Josef Stalin, leicht widerwillig, mit bewundernder Verachtung, fest – und kennzeichnet so die Juden als Volk der Kunst: vielleicht, muss man einschränken, aber nur in Rosa Masurs Phantasie. [171]

Überraschende Wendungen gibt es indes nicht nur in der von Rosa erzählten Geschichte, sondern auch in der fiktiven Gegenwart, die sie gerade erlebt. Kaum nämlich ist die Arbeit an den Interviews abgeschlossen, stellt sich heraus, dass die Datierung des Stadtjubiläums auf einem Irrtum – richtiger: auf einer mittelalterlichen Geschichtsverfälschung – beruhte. Für das geplante Buchprojekt steht unter diesen Bedingungen weder Zeit noch Geld zur Verfügung. Vor allem jedoch gibt es keinen Anlass – mithin: keinen Grund – mehr für dieses Projekt: »›Das heißt: wo kein Jubiläum, braucht man auch kein Geld auszugeben. Kein Jubiläumsbuch, keine fünftausend Mark für Sie und das Ende meines Werkvertrages‹«, [172] fasst Rosas Interviewer die Lage zusammen. – Offenbar sind, wie Vladimir Vertlib zeigt, nicht die Ereignisse als solche der Erinnerung würdig. Wert und Bedeutung der Ereignisse werden vielmehr von sehr praktischen, gegenwärtigen Bedürfnissen bestimmt und den Ereignissen rückblickend zugesprochen – oder umgekehrt, wie in diesem Fall, aberkannt. So steht der Anspruch, die Opfer und Zeugen mit »einem einmaligen historischen Forschungsprojekt« zu ehren, [173] wie er angeblich hinter der Idee des Jubiläumsbuches stand, einem tatsächlichen Desinteresse an deren Geschichte entgegen. *Das besondere Gedächtnis der Rosa Masur* ist insofern auch eine Satire auf die Geschichtspolitik im Allgemeinen und die Politik der Vergangenheits-›Bewältigung‹ in Deutschland und Österreich im Besonderen. Sie gipfelt in einer Feierstunde, in welcher die Stadt nach den Worten des Oberbürgermeisters unter Beweis stellen will, dass die Stadt Gigricht »Wert darauf« legt, ihre »ausländischen Mitbürgerinnen und Mitbürger wie gleichwertige

170 Ebd., S. 312 f.
171 Ebd., S. 384 f.
172 Ebd., S. 401.
173 Ebd., S. 37.

Menschen zu behandeln«[174] – »wie«, wohlbemerkt, nicht »als«. Wo das Image stimmt, so zeigt Vertlib, ist die dahinter liegende Wirklichkeit nur halb so interessant. Der Empfang für die Ehrengäste, untermalt von den Klängen der »Ethnoband«, welche, »dem Anlass entsprechend«, spielt, ist jedenfalls ein Erfolg geworden, wie das Photo von Rosa Masur, dem wichtigsten Ehrengast, ohne Zweifel »bezeugt«:[175]

> Man war von ihr begeistert, klatschte Beifall. Aber sie hatte mehr als ein halbes Jahrhundert warten müssen, bis tatsächlich Menschen zu applaudieren begannen, als ihr Name genannt wurde, und das in einer deutschen Kleinstadt. Das erschien ihr auf einmal so komisch, dass sie laut auflachte. Es blitzte. Der Photograph des *Gigrichter Tageblatts* war zufrieden mit dem Schnappschuss: Frau Rosa Masur – glücklich über die Ehrung, die ihr zuteil wird. Und die Ethnoband spielte wieder jüdische Weisen.

Das besondere Gedächtnis der Rosa Masur ist die Geschichte einer Erzählerin, die sehr geschickt erzählt – und trotzdem nicht gehört wird. Ihr Versuch, Zeugnis abzulegen – von ihrer persönlichen Geschichte und der Geschichte des 20. Jahrhunderts –, scheitert an ganz denselben geschichtspolitischen Praktiken, die das Zeugnis anfänglich provoziert und für bedeutsam erklärt hatten: Es ist gewünscht, wo es geschichtspolitisch passt – mit anderen Worten: wo es für aktuelle Bedürfnisse instrumentalisierbar ist –, und es verliert seinen Wert, wo sich die Rahmenbedingungen ändern: »›Ja‹«, so Rosas Interviewer Dmitrij, »›so ist das nun einmal in Deutschland. Unsere Lokalpolitiker haben sich blamiert, alle Jubiläumsfeiern wurden abgesagt, alle geplanten Publikationen erscheinen, wenn überhaupt, irgendwann, aber auf einen feierlichen Empfang möchte niemand verzichten.‹«[176]

Vielleicht aber sind die Deutschen insgeheim ihrer Erinnerungskultur einfach müde – so wie es ein wiederum diskret gesetztes Kennwort vermuten lässt, das in Vertlibs Poetikdozentur ebenso auftaucht wie aus des ›Volkes Stimme‹ während des Interviews mit Gabriel Salzinger im Roman *Letzter Wunsch*: jene »Antisemitismuskeule«, die – laut einer empörten Anruferin – »›die meisten Juden schwingen […], wenn

---

174   Ebd., S. 413.
175   Ebd., S. 409 u. 412.
176   Ebd., S. 405.

man ihnen etwas kritisches über sie sagt«.[177] Die hitzige, so genannte
›Walser-Bubis-Debatte‹ hatte im Jahr 1998 diesem Ressentiment erstmals
ein breites öffentliches Forum verschafft.[178] Wohl gibt es nichts, wie es
bei Vertlib heißt, »»was die Deutschen heutzutage besser beherrschen, als
zerknirscht und betroffen zu sein««;[179] und so lieben sie heute – nach
der Shoah – denn selbst die Juden: »»zumindest solange die Juden sich
nicht so jüdisch benehmen, wie sie glauben, dass sich Juden benehmen
könnten, aber nicht sollten.«« [180] Und dennoch: »»[…] Es geht immer
gegen die Juden.‹«[181]

Entgegen dem Zeitgeist und den Verlautbarungen einer ›neuen‹ Vergangenheitspolitik sind darum, wie Vertlib vorführt, »Schlussstrichdebatten
noch völlig absurd«, weil »traumatische Ereignisse sich nicht in ein, zwei
Generationen auflösen«[182] – nicht für die Kinder der Opfer und nicht
für jene der Täter, wie Vertlib zuletzt in seinem Oratorium »*Und alle
Toten starben friedlich*« aufgezeigt hat:[183]

> Mein Großvater hat fünfzig Jahre lang geschwiegen. Doch
>   kurz bevor er starb, teilte er mir alles mit, was seine Kinder
>   nie erfahren durften.
> Täglich überwand ich meine Furcht, ging zu ihm, fragte nach.
> Ich war erst zehn, und meine Eltern verordneten mir
>   schließlich Großvaterverbot.
>
> Bis auf den heut'gen Tag verfolgt mich manches Bild und ist
>   ein Teil von mir geworden.

177   Vgl. Vertlib, Letzter Wunsch (wie Anm. 16), S. 309; dieses Kennwort, das
auf Martin Walsers Formulierung von der ›Auschwitz-Keule‹ anspielt, auch oben,
S. 147.
178   Vgl. besonders die Dokumentation, die beides – die sonst schweigende
Mehrheit und die ›politisch korrekte‹ Öffentlichkeit – vereint: Die Walser-Bubis-
Debatte. Eine Dokumentation. Hg. v. Frank Schirrmacher. Frankfurt a. Main:
Suhrkamp 1999.
179   Vertlib, Rosa Masur (wie Anm. 58), S. 225.
180   Ebd., S. 227.
181   Ebd., S. 211.
182   Sabine Strobl: Vom Leben in Zwischenräumen. [Interview mit Vladimir
Vertlib.] In: Tiroler Tageszeitung, Innsbruck (25. Februar 2004).
183   Wir danken Vladimir Vertlib herzlich, dass er das Manuskript des Librettos
zur Verfügung gestellt hat.

Das Jubiläumsbuch jedenfalls, für das Rosa Masur ihre Geschichten wiederfand – oder erfand –, wird nicht gedruckt. Rosa Masur hätte beinahe vergebens erzählt – wäre da nicht der Erzähler von Vertlibs Roman. Ohne diesen Erzähler, der von der Erzählerin Rosa erzählt, wäre auch ihre Geschichte verloren. So aber bleibt der Roman, der das Verschwinden der Erzählung und damit die endgültige Gedächtnislosigkeit verhindert. Insofern ist Vladimir Vertlibs Roman *Das besondere Gedächtnis der Rosa Masur* auch ein poetologischer Text über die Rolle der Literatur in der Gesellschaft: Literatur – nicht Geschichte oder Geschichtspolitik im engeren Sinn – ist jene Instanz, die das Gedächtnis der Zeit bewahrt.

Literatur als Zwiegespräch: »Hat Schreiben einen Sinn?«

Jedes Erzählen braucht Zuhörer. Wo erzählt werden soll, bedarf es eines Gegenübers, einer dialogischen Situation. »Um das Zeugnis überhaupt hervorzubringen und um diese Erleichterung [durch die Mitteilung] zu ermöglichen, bedarf es einer zuhörenden Person, die eine Art der zweiten Zeugenschaft übernimmt.«[184] Was für die Zeugnisse der Shoah im Extremen gilt, gilt in schwächerer Form für das Bezeugen jeder – wie auch immer gearteten – traumatischen Erfahrung.

Vladimir Vertlib entwirft in seinen Texten immer erneut Situationen des Zwiegesprächs, in denen erzählt, in denen nachgefragt und dem anderen zugehört wird. Schon Rosa Masur, so will es Vertlibs Roman, wäre wohl nie in Versuchung gekommen, aus ihrem ›besonderen Gedächtnis‹ zu erzählen – noch nicht einmal, sich in dieses Gedächtnis hineinzubegeben –, hätte sie nicht unerwartet einen Zuhörer gefunden, der sie ermutigt, der fragt und der Anteil nimmt. Es geht in diesem Akt des Erzählens, der zugleich ein Akt des Erinnerns und des Bezeugens ist, um deutlich mehr als ein Honorar, obwohl Rosa, die Zugewanderte, letzteres gut für ihre Familie und die von Kostik, dem Sohn, so innig ersehnte Reise nach Aix-en-Provence gebrauchen kann. Das ursprüngliche, möglicherweise vorgeschobene Motiv, das Geld, wird zunehmend – je tiefer sich Rosa Masur ins Erzählen und mithin in die Welt ihrer Erinnerungen verstrickt – verdrängt von dem Motiv, einfach erzählen zu können. Den Vorwurf der Kinder, sie prostituiere sich, indem sie ihre

---

184   Baer (wie Anm. 164), S. 15.

Geschichte öffentlich preisgebe, weist Rosa jedenfalls sehr entschieden zurück: »Hör endlich auf, das Projekt zu kritisieren. Es bereitet mir großes Vergnügen [...] Ich kann erzählen, was ich will. Man lässt mich reden. [...]«« [185] Denn die »Gespräche«, gesteht sich Rosa am Ende ein, sind »für mich [...] zu einer Art Lebenselixier geworden.« [186] – »›Was ich Dir eigentlich erzählen wollte‹« – dieses Bekenntnis des Sohnes aus dem Roman *Letzter Wunsch* kann als Leitwort von Vladimir Vertlibs Erzählen überhaupt betrachtet werden. [187]

Der Zuhörer ist demnach jene Instanz, die dem Erzählenden und dem Zeugen einen Weg zur Erinnerung, mithin zu sich selbst, zu eröffnen vermag. Es geht um nichts Geringeres als die Möglichkeit, sich im Erzählen selber finden – beziehungsweise, in Vertlibs Sinn, ›er–finden‹ – zu können. Meist nimmt der Zuhörer, der häufig als Ich-Erzähler eingeführt wird, in diesem Prozess eine äußerst diskrete Rolle ein. Er beschränkt sich darauf, den anderen anzuhören. Dadurch wird der andere zum eigentlichen Erzähler, den der zuhörende Ich-Erzähler nur gelegentlich unterbricht – um einen winzigen Kommentar einzustreuen oder um die Geschichte, wo sie droht abzuschweifen, auf den richtigen Weg zurück zu bringen. Das ist bereits in Vertlibs Erzählung *Innere Werte* (1999) so, wo der Erzähler zum eher unfreiwilligen Zeugen des Berichtes eines Bekannten über dessen Versuche wird, sich im Osten die richtige Frau zu kaufen – eben dort, wo Frauen noch »meine inneren Werte zu schätzen« wissen. [188] Die Kommentare des Ich-Erzählers sind bereits hier äußerst sparsam, und selbst noch das letzte Wort der Geschichte, welche der Sprecher erzählt, bleibt ihm überlassen und spricht für sich selbst. Trotzdem wäre diese Geschichte – wie viele andere Geschichten in Vertlibs Texten – ohne die Gegenwart jenes diskreten Ich-Erzählers wohl niemals erzählt worden. Dessen plastischste Figuration ist gewiss Naum Schwarz, Rosa Masurs Ehemann, der es versteht, andere dazu zu bringen, sich ihm – und mithin sich selber – zu öffnen: »Meist«, so berichtet Rosa über ihren verstorbenen Mann, »unterhielt er sich den ganzen Abend mit jemandem, wobei er geschickt Fragen stellte und den

185   Vertlib, Rosa Masur (wie Anm. 58), S. 107 f.
186   Ebd., S. 307.
187   Vertlib, Letzter Wunsch (wie Anm. 16), S. 52.
188   Ders.: Innere Werte. Erzählung. In: Liebe! Hg. v. Ilse Walter. Wien: Deuticke 2002, S. 124–142, hier S. 126. Vertlib hatte die Erzählung bereits 1999 während des Ingeborg-Bachmann-Wettstreits in Klagenfurt gelesen.

anderen dazu bewog, ihm interessante, sogar intime Details aus seinem Leben zu erzählen, wobei er von sich selbst nur wenig preisgab.«[189]

Im Erzählungsband *Mein erster Mörder* inszeniert Vertlib schließlich ausnahmslos dialogische Situationen, in welchen die Helden zu den eigentlichen Erzählern ihrer Geschichten werden. Dennoch ist der fiktive Erzähler stets gegenwärtig. Er ist derjenige, der die Erzählung in Gang bringt, auch wenn es manches Mal nicht die von ihm erwartete Erzählung ist. – Bereits in der Titelerzählung des Bandes gerät er unverhofft in die »falsche Geschichte«, in die Geschichte eben, die sich als die »richtige Geschichte« erweist. Anfänglich hatte er lediglich vorgehabt, einen Totschläger zu interviewen. Wie meist bei Vertlib erklärt sich jedoch die Gegenwart erst aus dem Rückblick in die Geschichte. Die so banale wie unbefriedigende Geschichte von einem sinnlosen Totschlag erhält – für den Zuhörer überraschend – einen anderen, beunruhigenden, ihren wirklichen Sinn: »›Sie wollen mehr?‹« fragt ihn der Mörder. »›[…] Hören Sie zu, ich werde Ihnen von einem Erlebnis erzählen, das sehr lange zurückliegt. Das wird, glaube ich, alle Ihre Fragen beantworten, auch jene, die Sie nicht stellen wollten …‹«[190] Damit steht der Erzähler mitten in der Geschichte des 20. Jahrhunderts, in den Jahren des Zweiten Weltkriegs und jenen der frühen Nachkriegszeit, in der auch die folgenden beiden »Lebensgeschichten« spielen. Hier scheint das Interesse des Ich-Erzählers bereits von Anbeginn auf die Geschichte gerichtet zu sein. Es ist beinahe so, als habe er vor der Erkenntnis kapituliert, dass es harmlose, nur gegenwärtige Geschichten ohnehin nicht gibt. Also geht er umgekehrt vor, beginnt am Anfang, in der Vergangenheit seiner Interviewpartner, aus der sich die Traumata, die Verhärtungen und die Rollen, die sie in der Gegenwart spielen, fast nebenher erhellen:[191]

Robert Hamminger erzählt bereitwillig, fast im Plauderton, von Ereignissen, die mehr als ein halbes Jahrhundert zurückliegen, erzählt, als wäre es die Geschichte eines Freundes, den er vor langer Zeit gekannt hat, macht hin und wieder eine Pause, schenkt Wein nach, schweift ab, flicht die eine oder andere Anekdote ein. Das Erzählte kommt mit einer über die Jahre erarbeiteten Sicherheit daher. Doch wenn man ein feines Ohr für Zwischentöne hat, spürt man

---

189   Vertlib, Rosa Masur (wie Anm. 58), S. 177.
190   Vertlib, Mörder (wie Anm. 67), S. 12 f.
191   Ders.: Nach dem Endsieg. In: Mörder, Lebensgeschichten (wie Anm. 67), S. 191–253, hier S. 194 f.

die Spannung, die sich weder im Wein ertränken, noch im Scherz auflösen lässt. Das Vergangene erscheint im Licht der Gegenwart, die Gegenwart als Spiegel der Vergangenheit. Verschiedene Zeiten in einem Gruppenbild.

Die dialogischen Situationen stellen allemal Grenzüberschreitungen dar. Sie suchen, Brücken zu schlagen – aus der Gegenwart in die Vergangenheit, über die Grenzen der Generationen hinweg, von den Kindern der Opfer zu denen der Täter –, ohne dass die zwischen beiden Seiten bestehende Kluft sich in jedem Fall überbrücken ließe. Mit dem Totschläger will der Interviewer, nachdem er dessen Geschichte kennt, kein zweites Glas teilen, wie Vladimir Vertlib in einer geschickten Asymmetrie zur letzten, oben zitierten Geschichte des Bandes, zeigt: »Der Gastgeber möchte mir Wein nachschenken, aber ich bedecke das Glas mit der Hand. ›[…] Wollen Sie wirklich keinen Wein mehr?‹ / ›Nein danke.‹« [192] – Wenigstens aber nimmt einer den anderen wahr, das ist viel. So gelingt den Erzählern und Zeitzeugen der Schritt aus den Rollen heraus – ein Schritt, der bei Vertlib typischerweise mit dem Verlassen gewohnter Erzählmuster und über Jahrzehnte verfestigter Deutungen verbunden ist. Eine Grenzüberschreitung zur Identität wird dadurch zwar nicht unbedingt möglich, denkbar ist sie indessen schon. Das ist auch der diskreten Gegenwart des fiktiven Ich-Erzählers zu danken, der sich hier so wenig wie sonst irgendwo in Vladimir Vertlibs Texten über seine Figuren erhebt. Er ermutigt sie vielmehr zum Weitererzählen: »Deshalb sei es so wichtig, Zeugnis abzulegen, erkläre ich.« [193] Und Robert Hamminger erzählt. – Die Last der Vergangenheit kann der Zuhörer den Erzählenden zwar nicht abzunehmen, aber er kann sie teilen; erzählen zu können und zuzuhören, so zeigt jede einzelne »Lebensgeschichte« aus Vertlibs Band, sind dazu ein erster – manchmal der einzig mögliche – Schritt. Denn unbewältigt, so ist Vladimir Vertlib bewusst, bleibt das Vergangene allemal: [194]

Man kann die Vergangenheit nicht bewältigen. Man kann lernen, damit umzugehen, und das, was weh tut, tut weh, und manches, was weh getan hat, rückt in eine gewisse Ferne, wenn man festgestellt hat, wo die wirklich groben, die schweren Verletzungen erfolgt sind.

192   Vertlib, Mörder (wie Anm. 67), S. 82.
193   Vertlib, Endsieg (wie Anm. 191), S. 252.
194   Schütz, Vertlib im Gespräch (wie Anm. 46).

Die Dialogsituationen aus Vertlibs jüngstem Band können zugleich als Muster für die Funktion von Literatur in der Gesellschaft gelesen werden. Denn der Zuhörer, der hier zum Zeugen wird, ist kein beliebiger Freund oder Zufallsbekannter, sondern – so Vertlibs Erzählkonstruktion – der künftige Autor der »Lebensgeschichten«, die in *Mein erster Mörder* versammelt sind. Das ist den Ich-Erzählern der Binnenhandlungen schon von Beginn an bewusst. Es habe, so der Totschläger am Anfang seiner Erzählung, »bis jetzt niemand etwas über ihn schreiben wollen«; [195] und wo ein »Aufnahmegerät [...] auf dem Tisch« steht, [196] ist den Beteiligten ohnehin klar, dass das Erzählen zugleich dem Bewahren dieser Geschichten gilt, dem Weitererzählen, welches die Zeugen dem Schriftsteller und künftigen Autor ihrer Geschichten anvertrauen: dem sekundären Zeugen einer späteren Generation. – In seinem Essay *Der subversive Mut zur Naivität* hat sich Vladimir Vertlib dazu bekannt, dass er »[i]nsgeheim immer noch« hoffe, »dass die Welt durch Bücher [...] zumindest marginal besser und erträglicher wird.« (S. 121) Wenn dies möglich sein – wenn also »Schreiben einen Sinn« (S. 117) haben – sollte, dann wohl zuerst durch einen solchen Brückenschlag – über die Zeiten und Generationen hinweg –, wie ihn sein letzter Erzählband vorführt. Der Dialog, der diesen Brückenschlag erst ermöglicht, erhält bei Vertlib dadurch eine Bedeutung, in der Martin Bubers Lehre vom Dialog – in einer allerdings säkularisierten Form – nachzuklingen scheint: »Alles wirkliche Leben ist Begegnung. [...] Im Anfang ist die Beziehung [...]. Der Mensch wird am Du zum Ich [...].« [197]

Er hoffe, hat Vladimir Vertlib mehrfach betont, dass seine Texte »zusammen mit den Texten vieler anderer Autorinnen und Autoren, die sich mit vergleichbaren Themen [...] beschäftigen, ein Gesamtbild ergeben, das die Vergangenheit im Kontext der Gegenwart sieht und die Gegenwart in einen Bezug zur Vergangenheit setzt.« [198] Dabei geht es um mehr, als das Gedächtnis an die Geschichte zu wahren – Erinnerung ist kein Selbstzweck –, und auch die Lehren, die aus ihr zu ziehen wären, sind Vertlib zufolge nicht ihr einziger Zweck. Für Vladimir Vertlib hat das Erinnern an die Geschichte vielmehr einen existenziellen Sinn: [199]

195　Vertlib, Mörder (wie Anm. 67), S. 9.
196　Vertlib, Endsieg (wie Anm. 191), S. 194.
197　Martin Buber: Ich und Du. Stuttgart: Reclam jun. 1995, S. 12, 27 f.
198　Vertlib, Schattenbild (wie Anm. 25), S. 36.
199　Vertlib, Träume (wie Anm. 6), S. 30.

Für mich [...] ist Erinnerung eine unverzichtbare Bedingung, mit mir selbst im Einklang zu bleiben. Nicht die Bewältigung des Unbewältigbaren ist dabei entscheidend, sondern dessen Akzeptanz.

Was bei diesem Weg zurück zu erkennen sein könnte, ist die Tatsache, dass die Vergangenheit, wie Vertlib sagt, nur »vermeintlich weit weg« ist – dass wir, mit anderen Worten, »das Produkt einer gewissen Epoche« sind, [200] der wir uns stellen müssen, wenn wir uns finden wollen. Obwohl Vertlib in seinem Selbstverständnis kein religiöser Mensch ist, steht er mit diesem Gedanken, der auf dem existenziellen Wert der Erinnerung insistiert, der kabbalistischen Lehre von der Heilung der Welt durch die Erinnerung nahe. Zwar ist diese Lehre in einer politisierten und popularisierten Form auch im Diskurs über die Shoah allgegenwärtig: die Worte des Baal Schem Tov – »Vergessen verlängert das Exil, das Geheimnis der Erlösung heißt Erinnerung« – führen bekanntlich programmatisch in die Jerusalemer Shoah-Gedenkstätte Yad vaShem ein. Bei Vertlib jedoch scheint der Gedanke mehr zu sein als das griffige Schlagwort einer konsequenten ›Erinnerungspolitik‹. Denn Vladimir Vertlib geht stets vom einzelnen Menschen aus: Er ist es, der sich finden – der sich erinnern muss.

Erzählen und zuzuhören und in diesem Prozess eine Gemeinschaft der Erinnerung – der Sich-Erinnenden und derer, die weitererzählen können – zu stiften, ist für die Erzählenden und die Zuhörer gleichermaßen, obschon in unterschiedlicher Weise, bedeutsam. Nur so, wenn überhaupt, führt Vertlib zufolge ein Weg aus dem Zirkel der Traumata – des Einzelnen und der Gesellschaft – heraus: [201]

Wenn wir die Geschichten unserer Eltern und unserer Großeltern und unserer Urgroßeltern als konstitutives Merkmal für unser Selbstverständnis anerkennen [...], dann finden wir auch den Zugang zu unseren eigenen Seelen und zu unseren eigenen Problemen, zu unseren Ängsten und unseren Sehnsüchten.

Erzählen braucht Zuhörer, braucht ein Gegenüber, sucht nach Antwort: Vladimir Vertlibs erzählte Poetik ist eine Einladung zum Dialog.

200 Schütz, Vertlib im Gespräch (wie Anm. 46).
201 Tschistjakowa, Vertlib [Interview], (wie Anm. 94).

INHALT